Die Einwirkung des bürgerlichen Rechts auf das preußisch-deutsche Verwaltungsrecht.

Von

Dr. Fritz Stier-Somlo,
Gerichtsassessor in Berlin.

Berlin 1900.
J. Guttentag, Verlagsbuchhandlung,
G. m. b. H.

Uebersicht
über
den Inhalt des ganzen Werkes.

Erster Teil.

Das deutsche bürgerliche Recht und das preußisch-deutsche Verwaltungsrecht außerhalb der vorbehaltenen Landesrechte.

I. Abschnitt.

1. Kapitel.

Die rechtlichen Einwirkungen des bürgerlichen Rechts im allgemeinen.

2. Kapitel.

Die Lehre von den Rechtsquellen. Die Rechtsquellen des öffentlichen und des Privatrechts; ihr gegenseitiges Verhältnis.

II. Abschnitt.

Die Einzelpersönlichkeit und die Verwaltung.

1. Kapitel.

Die Grundlagen.

2. Kapitel.

Besondere Rechtsverhältnisse der Einzelpersönlichkeit im Verwaltungsrechte.

III. Abschnitt.

Juristische Personen.

IV. Abschnitt.

Allgemeine, dem öffentlichen und privaten Rechte gemeinsame Lehren.

1. Kapitel.

2. Kapitel.

3. Kapitel.

4. Kapitel.

5. Kapitel.

V. Abschnitt.

Das öffentliche Vermögensrecht und das Privatrecht.

VI. Abschnitt.

Verwaltungsrechtliche Schuldverhältnisse.

1. Kapitel.

2. Kapitel.

3. Kapitel.

VII. Abschnitt.

VIII. Abschnitt.

IX. Abschnitt.

Famile und Verwaltung.

X. Abschnitt.

XI. Abschnitt.

Besondere Gebiete.

1. Kapitel.

2. Kapitel.

3. Kapitel.

XII. Abschnitt.

Zweiter Teil.

I. Abschnitt.

Das Verwaltungsrecht und die vorbehaltenen preußischen Landesrechte.

II. Abschnitt.

Das Verhältnis des bürgerlichen Rechts zu den Verwaltungen

Vorrede.

Das nachfolgende Werk verdankt seine Entstehung in erster Reihe der Überzeugung, daß die durch die neue Gesetzgebung des bürgerlichen Rechts bewirkte Umwälzung auch für das Gebiet des Verwaltungsrechts von weittragender Bedeutung sein müsse. Diese Ansicht hat sich dann durch eingehendes Studium befestigt. Der Entschluß, sie wissenschaftlich zu begründen und im Interesse des Verwaltungsrechts zu verwerten, reifte heran. Als es aber hieß, die Aufgabe zu stellen und sie abzugrenzen, bot die immer reicher werdende Fülle des Stoffes, die unabweislich der Beherrschung und Verwendung harrte, reichliche Schwierigkeiten. In diese Zeit des Sammelns und Suchens nach einem System fällt das Preisausschreiben des „Verwaltungsarchivs", das vornehmlich den Einfluß des allgemeinen Teils des BGB. auf den allgemeinen Teil des Verwaltungsrechts zu behandeln aufgab. War auch aus hier nicht zu erörternden Gründen eine Teilnahme an dem Wettbewerbe für mich ausgeschlossen, so diente das Preisausschreiben dennoch zur Aufmunterung. Denn es betonte, unter dem Schutze bestklingender Namen von Männern der Verwaltungsrechtswissenschaft, das Bedürfnis der Bearbeitung des Gegenstandes. Es lief keine der Krönung würdige Arbeit ein. Mochte dies auch die Schwierigkeit der Aufgabe in das hellste Licht rücken, so hatte doch schon die Theorie begonnen, in einer Anzahl von kleineren Arbeiten und auch in zwei als Uebersicht dienenden Abhandlungen den Anbau eines lange brach gelegenen Gebietes in Angriff zu nehmen, die Beziehungen, die zwischen privatem und öffentlichem Rechte gerade bei ihrer grundsätzlichen Scheidung bestehen, aufzusuchen, zu prüfen, ihre Bedeutung und Wirkung festzustellen. Hierüber Näheres in der Litteratur-Uebersicht dieses Buches (§ 8). An das Ganze jedoch, an eine Arbeit, die das vollständige System des Verwaltungsrechts auf die Einwirkung des Privatrechts prüft, hatte sich noch niemand gewagt. Die mehrjährige Beschäftigung mit dem weitausschauenden Problem ließ jedoch seine Wichtigkeit immer mehr erkennen. Da mit der Zeit alle Einzelheiten gleichsam persönliche Gestalt annahmen und in dieser einen lebhafteu Verkehr unter einander und mit ihrem Beobachter pflogen, aus ihrer unsicheren und verkannten Stellung herausdrängten, ihnen auch das Recht hierzu nicht bestritten werden konnte, schien ein mutiges Zugreifen trotz aller Fährlichkeiten nützlich und dankbar zugleich.

Allmählich wuchs die Arbeit durch die Stellungnahme zu grundlegenden Fragen, mehr als geplant war, an. Es fand sich, daß die Theorie seit dem selbständigen Herausentwickeln des Verwaltungsrechts teils aus älteren Disziplinen, teils aus dem Privatrecht, das bei solchem Ursprunge unvermeidliche Hinabreichen der Wurzeln in das Erdreich der Mutter-Wissenschaft ganz unbeachtet ließ. So kam es, daß Rechtsinstitutionen auf dem Grenzgebiete vom bürgerlichen und Verwaltungsrechte nicht die richtige Stellung angewiesen worden war und daß man oft genug nach privatrechtlichen Grundsätzen behandelte, was zum öffentlichen Rechte gehört. Es galt deshalb zunächst, die Scheidungslinie zu ziehen, oder es wenigstens zu versuchen.

Sodann ergab sich, daß an der oft beklagten Unsicherheit in der Erfassung der Grundbegriffe des öffentlichen Rechts eben diese Verkennung der ursprünglichen Gemeinsamkeit der beiden Rechte schuld ist und daß das Verwaltungsrecht als neuer Ast des Rechtssystems, in diesen Materien, von seinem ursprünglichen Stamme losgelöst, nicht blühen kann. So bedurfte es einer genauen Prüfung aller derjenigen allgemeinen Lehren, die dem privaten und dem öffentlichen Rechte gemeinsam sind und dennoch, je nach der Sonderart der Rechtsdisziplinen, verschieden ausgeprägt sein müssen. Es ist, um mich der Worte von Adolf Trendelenburg mit einiger Freiheit zu bedienen, eine alte und immer junge Aufgabe, welche zu keiner Zeit in der Wissenschaft ruhen darf, die Grundlagen des Rechts aus dem Schwanken der Meinungen und Strebungen in eine festere Lage zu bringen. Wenn, wie es thatsächlich der Fall ist, die grundlegenden Fragen des Rechts überhaupt auf dem Gebiete des Privatrechts zuerst ausgebildet worden sind, so ist es doppelt geboten, sie immer wieder aufs Neue zu prüfen und ihnen eine dem Wesen des Verwaltungsrechts entsprechende Gestaltung zu geben. Ich verweise nur auf die schwerwiegenden Lehren von den Rechtsquellen, von Dispens, Privileg, Konzession, Wohnsitz und Aufenthalt, auf die Frage des Irrtums in seiner Bedeutung hinsichtlich der Verwaltungsakte und anderes mehr.

Auch die Stellung von Rechtseinrichtungen, die sowohl im privaten wie im öffentlichen Rechte vorkommen, mußte präzisiert, auf ihre jeweilige Eigenart untersucht werden. Es ist hier z. B. zu denken an die Summe von Rechtsfragen, die in den Worten „Das öffentliche Vermögensrecht und das Privatrecht" umschlossen sind, an die Lehre von den Sachen in Bezug auf das öffentliche Recht, an die Stellung der Verwaltung zum Eigentum, zu Nachbarrechten, zu Gebrauchsrechten; ferner an das Fundrecht, an Aneignung und Enteignung, an öffentlich-rechtliche Dienstbarkeiten, an Pfandrecht und Pfandleihe. Es wird sich zeigen, daß hier noch vieles zu thun übrig bleibt.

Hierzu kommt noch folgende Gruppe: Eine Anzahl von Institutionen, die auf dem Gebiete des privaten Rechts erwachsen, diesem vorzugsweise angehören und von ihm ihre Ausbildung erfahren haben, treten mit, ihrerseits wieder nur auf dem Gebiete des öffentlichen Rechts heimischen Satzungen in Folge der Verwickelungen des Rechtslebens in Verbindung. Es ist hier zu denken an Haftpflicht und Schadensersatz, an die Lehre von den Werthpapieren und Staatsanleihen mit Rücksicht auf das Verwaltungsrecht, an Unterhaltspflicht und

Armenwesen, an das Verhältnis des Gewerberechts zum bürgerlichen Rechte und an Aehnliches mehr.

Alle diese Einwirkungen des Privatrechts auf das Verwaltungsrecht bestanden sicherlich schon vor Einführung des BGB., ohne freilich in ihrer ganzen Bedeutung erkannt und gewürdigt worden zu sein. Mit ihm tritt die Aufgabe dringender an die Wissenschaft heran. Es liegt nahe, zu forschen, was von ihm berührt, was verändert wird. In dem BGB. selbst und in der durch dasselbe hervorgerufenen Wissenschaft werden die Grundlagen des Privatrechts in Deutschland überhaupt auf eine ferne Zukunft hinaus neu gelegt. Es bietet aber auch jenes ein einheitliches, leicht übersehbares Arbeitsfeld, von dem aus nach verschiedenen Richtungen, insbesondere auch in der des öffentlichen Rechts, Wege führen. Jene oben skizzierten Aufgaben erhalten durch das neue Recht eine gewisse Stetigkeit ihrer Bedeutung. Sie wachsen mit ihm, sind von seinen Richtlinien und seiner Entwickelung, wollend oder nichtwollend, abhängig.

So geht dieses Werk auf nichts weniger und nichts mehr aus, als auf die Aufdeckung der privatrechtlichen Grundlagen des Verwaltungsrechts; auf ihren selbstständigen, dem öffentlichen Rechte gemäßen Ausbau; auf die Betonung des Gemeinsamen und Verwandten und, trotz alledem, auf die Scheidung nach den, jedem Rechtsgebiete eigenen Grundsätzen.

Wohl darf ein solches Unternehmen auf Nachsicht hoffen: Das Meiste, was es bringt, ist in dieser Verbindung neu, will auf eigenen Füßen stehen und in mutiger Bescheidenheit der Bedeutung der Beziehungen zwischen den zwei Rechtsgebieten Anerkennung verschaffen. Oeffentliches und privates Recht ist man gewohnt für historisch vermengt, grundsätzlich verschieden zu halten; aber wie die Mengelage auf jedes wirkt, wie weit dies seine Berechtigung hat und wie weit nicht, wie weit die grundsätzliche Scheidung gehen kann und wo sie Halt machen muß, all dies harrt noch der Prüfung.

Freilich regt es sich schon an mancherlei Orten. Ein wenn auch geringer Teil der einschlägigen Fragen ist in Fluß gekommen. So hat z. B. der 21. Band von Fischer's Zeitschrift für Praxis und Gesetzgebung der Verwaltung in diesem Jahre mit einer Arbeit über das neue Liegenschaftsrecht in seinen Beziehungen zum öffentlichen Rechte in Sachsen von Gallenkamp begonnen. Hierzu hat der Herausgeber der Zeitschrift nicht nur seiner Hoffnung Ausdruck gegeben, daß recht bald weitere Bearbeitungen von Fragen, die die Wechselbeziehung des neuen bürgerlichen Rechts zum öffentlichen Rechte darstellen, nachfolgen werden, sondern auch die Behandlung einer Anzahl von besonders hervorgehobenen Gegenständen anheimgestellt. Es ist nicht zu erwarten, daß diese Aufforderung ohne Echo verhallt. Ein Buch also, das heute abgeschlossen würde, müßte in kurzem veraltet sein. Es kann deshalb zwar natürlich nicht das Erscheinen von einschlägigen Einzelarbeiten, die möglicherweise in Angriff genommen werden könnten, abgewartet werden. Doch wendet sich erfahrungsgemäß die wissenschaftliche Arbeit nur eine bestimmte Zeit gewissen Gebieten zu, um sie nach einigen Leistungen wieder zu verlassen. Es scheint daher höchst wahrscheinlich, daß sich bis zum Abschlusse dieses Werkes die Hochflut verlaufen haben wird. Die beschleunigte Fortführung dieser Arbeit ist jedenfalls sichergestellt. Während sich die bisherige Litteratur fast ausschließlich nur insofern einer Bearbeitung unterzogen hat, als das unmittelbare Interesse der praktischen Verwaltung es zu fordern scheint, ist die Bedeutung der gedachten grundlegenden Gesichtspunkte noch nicht in vollem Maße erkannt. Deshalb kann die Veröffentlichung der Studien über alle hier in Betracht kommenden grundlegenden Fragen ohne Zögern gewagt werden — in dieser Richtung ist von anderer Seite wohl nichts zu gewärtigen. Da das vorliegende, zunächst der Wissenschaft dienende Werk mit diesen Erörterungen den Anfang macht, hofft es, zu rechter Zeit und nicht zu früh zu kommen.

Kritik und Tadel wird ihm vermutlich so wenig fehlen, wie Aufmunterung und Hinweis auf noch nicht Beachtetes. Es soll alles dankbar entgegengenommen und, soweit es der Sache dient, berücksichtigt werden. Das Erscheinen des Buches in Teilen wird es möglich machen, Vorschläge und Wünsche, die noch vor Abschluß des Werkes herantreten, zu verwerten. Möge die reine Absicht und die Schwierigkeit des Vorhabens das Urteil der Fachgenossen wohlwollend stimmen und manche Kühnheit auf Rechnung der Begeisterung setzen, die den Verfasser für die große und zukunftreiche Wissenschaft des Verwaltungsrechts erfüllt.

Berlin, im April 1900.

Stier-Somlo.

Teil I.

Grundlegung.

Inhalts-Verzeichnis

für Teil I.

Das deutsche bürgerliche Recht und das preußisch-deutsche Verwaltungsrecht außerhalb der vorbehaltenen Landesrechte.

I. Abschnitt.

1. Kapitel.

Die rechtlichen Einwirkungen des bürgerlichen Rechts im allgemeinen.

2. Kapitel.

Die Lehre von den Rechtsquellen. Die Rechtsquellen des öffentlichen und des Privatrechts; ihr gegenseitiges Verhältnis.

II. Abschnitt.

Die Einzelpersönlichkeit und die Verwaltung.

1. Kapitel.

Die Grundlagen.

2. Kapitel.

Besondere Rechtsverhältnisse der Einzelpersönlichkeit im Verwaltungsrechte.

Erster Teil.

Das deutsche bürgerliche Recht und das preußisch-deutsche Verwaltungsrecht außerhalb der vorbehaltenen Landesrechte.

I. Abschnitt.

§ 1.

Einleitung.

Seitdem es in Deutschland ein öffentliches Recht und als dessen Teil ein Verwaltungsrecht unter diesem Namen oder unter anderen älteren Bezeichnungen gegeben hat und giebt, hat seine Beeinflussung durch das Privatrecht stattgefunden. Wie aber der begriffliche Gegensatz der beiden Rechte ein historisch gewordener ist, wie er sich erst mit der bewußten Scheidung der rechtlichen Interessen-Sphären des Individuums und der Gesamtheit — nicht blos in der Wirklichkeit, hier bestand er schon lange —, sondern auch in gedanklicher Erkenntnis herausgearbeitet und gefestigt hat, ist auch die Einwirkung eine verschiedene gewesen, sowohl was die Menge als auch was die Art betrifft.

Artmäßig war sie es insofern, als bei der ursprünglichen Auffassung von der Einheit alles Rechts die Einwirkung der uns heute privatrechtlich erscheinenden Rechtssätze auf die öffentlich-rechtliche Eigenschaft zeigenden Normen eine solche einzelner Teile auf andere Teile Eines Ganzen war; die Rechtsregeln besonderer Natur wurden einheitlich behandelt. Deshalb war auch kei . Gegensatz der juristischen Methode und Systematik, keine Abweichung in der Erfassung der Begriffe öffentlicher und privater Art denkbar, und thatsächlich haben die Rechtsnormen privaten und öffentlichen Rechts während des Mittelalters in größter Unbefangenheit nebeneinander gelagert und sich unterschiedslos vermengt.

Ganz anders mußte es werden, als die Vorstellung von der Verschiedenheit der beiden Rechtsgebiete aufkam. Die Frage, wie jene Unterscheidung entstand, gehört zu den anziehenden psychologischen Rätseln, auf deren vollständige Lösung wir sicherlich verzichten müssen, wegen Mangels an damaligem zeitgenössischem Verständnis für entsprechende Beobachtung und infolgedessen wegen fehlender maßgebender Überlieferungen. Soviel scheint jedoch nur allzu wahrscheinlich, daß das in der mittelalterlichen Kirche wie im Staate unbedingt durchgeführte Autoritätsprinzip auch die Gestaltung des ganzen Rechtslebens nach dem Grundsatze der Über- und Unterordnung herbeiführen mußte. Nach dem Schema obrigkeitlicher Herrschaftsverhältnisse wird das ganze System des Privatrechts behandelt, und das Naive und Unbewußte dieser Behandlung verbürgt uns das Vorhandensein jenes Grundsatzes als eines inneren kulturgeschichtlichen Motivs. Das Recht der Familie, insbesondere auch im Erbrecht, das Grundbesitzrecht, das Gebiet der Regalien, der Dienstbarkeit, um nur einige aber schwerwiegende Lehren hervorzuheben, standen gänzlich im Banne öffentlich-rechtlicher, besser: herrschaftsmäßiger Auffassung. Die feudalen Unterthänigkeitsverhältnisse waren Ursache wie Wirkung solcher Betrachtungsweise, wenn auch hier schon in dem Begriffe des Allods als eines der freien Verfügung unterliegenden Vermögensbestandteils die Verschiedenheit der das Mein und Dein betreffenden Rechtsfragen von den die Über- und Unterordnung betreffenden aufzudämmern begann. Im großen und ganzen blieb jedoch alles beim gegenseitigen Sichverflechten von privatem und öffentlichem Wesen. Ich wage zu behaupten, daß die Renaissance auch hier die Banden der Individualität gelöst und ihr auch in rechtlicher Beziehung zu eigener selbstherrlicher aber auch selbstverantwortlicher Höhe zu helfen versucht hat. Erst als, bekanntlich unter bedeutendem Einflusse wirtschaftlicher Thatsachen, die Über- und Unterordnung sich zu lösen begann, als der Herrschende von seiner Höhe herabglitt, der Unterjochte sich erhob, mußten sich beide nähern. Einer geringen Ausgleichung der wirthschaftlichen Unterschiede ging eine durch die neu aufgekommenen Ideen der Neugeburt und der Reformation geschaffene Auffassung von der menschlichen Gleichberechtigung zur Seite. Bauernkriege und Schwächung der staatlichen Gewalten gehören in dieses Kapitel. Mit der Abstreifung des Autoritäts-Grundsatzes hinsichtlich der Über- und Unterordnung, der feudalen Weltauffassung und der Gebundenheit tritt das Recht des Einzelnen, wenn auch in überaus langsamer und oft rückläufiger Entwickelung in den Vordergrund. Das Hinstreben zum freien Individualrecht wird immer stärker, und nachdem es auf dem Gebiete der wirthschaftlichen und häuslichen Rechtsordnung Siege errungen hatte (Privatrecht), forderte es auch seinen Teil der Mitwirkung am politischen, öffentlichen Leben (Verfassungs- und Verwaltungsrecht). Die leise Ahnung von dem vorhandenen Unterschiede des privaten und öffentlichen Rechts, die in der Renaissance ins Gemüth geschlichen war, gelangte nach und nach ins Bewußtsein und wurde zur Gewißheit. So scheidet sich mit der Ausbildung eines wirksamen Persönlichkeitsrechts ein besonderes Recht des Gemeinwesens ab, in Begriff und System, in Wesen und Bedeutung von einander verschieden und unabhängig. Da aber das Rechtsleben eine Einheit bildet, da die den verschiedensten Rechtsgebieten Unterworfenen immerhin im großen und ganzen dieselben Personen sind — wenn auch in jeweilig verschiedener Wesensäußerung — kann es an einer gegenseitigen Einwirkung nicht mangeln. Doch jetzt ist diese der Art nach, wie schon angedeutet, eine ganz andere als zur Zeit der unterschiedlosen Vermischung. Waren damals gleichsam Teile ein und desselben Organismus in Wechselwirkung, so handelt es sich jetzt um zwei selbständige Größen, zwei getrennte Gebiete. Gemeinsam sind sie nur in der Unterordnung unter ein gemeinsames Höhere, das Rechtsleben des Volkes überhaupt. System und Methode, beherrschende Gesichtspunkte des einen und des andern Gebiets, seine Begriffe und die Gesichtswinkel der Betrachtung sind verschieden. Ihre Wechselwirkung ist zum Teil auf dem Gegensatz begründet, der zwischen den Interessen des

Staates und des Individuums, des Teiles und des Ganzen hervortritt.

Der Menge nach ist die Einwirkung des Privatrechts auf das Verwaltungsrecht mit der Abgrenzung beider Gebiete eine größere geworden, als sie ehedem war. Dies hat einen inneren und einen äußeren Grund. Je klarer sich öffentliches und privates Recht von einander abscheiden, je mehr die von beiden beherrschten Lebensverhältnisse eine verschiedene Prägung erhalten, je nachdem sie ihre Ausgestaltung dem, allgemein gesprochen, rechtlich geschützten Interesse des Staates oder des Einzelnen verdanken, desto klarer tritt der Gegensatz beider hervor, desto öfter erhebt sich zu schlichtende Gegnerschaft bezüglich desselben Objektes. Abgesehen hiervon giebt die aus der früheren Unterschiedslosigkeit ebenso wie aus der Natur der Lebensverhältnisse sich ergebende Gemeinsamkeit hinsichtlich vieler Punkte gerade deshalb Anlaß zu rechtlichen Streitfragen und zur Prüfung des gegenseitigen Verhältnisses, weil eben die öffentlich-rechtliche und privatrechtliche Betrachtung zu abweichenden Ergebnissen führen muß. Der äußere Grund liegt darin, daß nach der Natur staatlicher Verwaltung selbst der Neuzeit die Kunde von einzelnen Verwaltungsakteu über das von ihnen beherrschte, verhältnismäßig geringe Territorium nicht hinausgeht, in seiner Wirkung und in seinem Bekanntsein das Gebiet der unmittelbar Betroffenen nicht überschreitet und deshalb auch hier in Bezug auf seine juristische Grundlage zunächst außerhalb aller Betrachtung zu bleiben pflegt. Man denke an Verwaltungsakte auf Grund städtischer nnd provinzieller Observanzen und Statuten. Auch bezüglich der größere Landesteile oder etwa die ganze preußische Monarchie umfassenden Gesetze, wie Städte-, Kreis-, Provinzialordnungen, Landesverwaltungsgesetz u. s. w. trifft dies in gewissem Umfange zu. Erst wo die Verwaltungsrechtsprechung statt hat, wo die der Zweckmäßigkeit gehorchenden Verwaltungshandlungen der richterlichen Prüfung auf Grund präziser Gesetzesvorschrift unterliegen, vollzieht sich eine Wandlung. Die Judikatur des preußischen Oberverwaltungsgerichts bietet ausreichend zu betrachtende Beläge für die zunehmende Erkenntnis der Grenzstreitigkeiten zwischen öffentlichem und privatem Rechte. Die von obrigkeitlichen Gesichtspunkten beherrschte Verwaltungsthätigkeit stößt je länger je öfter auf das einzelne Individualrecht, und das in der Ausbildung begriffene Verwaltungsrecht hat hier schwere Aufgaben zu erfüllen. Nicht vergessen darf aber werden, daß die auffallende Nichtbeachtung des privatrechtlichen Einflusses auf das Verwaltungsrecht auch darin seinen Grund hat, daß noch lange nicht ganz Deutschland Verwaltungsgerichtsbarkeit besitzt. Bekanntlich hat sie außer Preußen nur Bayern, Württemberg, Baden, Hessen, Anhalt, Braunschweig, Sachsen-Meiningen und Lippe, neuerdings auch Gotha eingerichtet. Es fehlen noch 13 deutsche Staaten. Und auch wo sie eingeführt ist, ist der überwiegende Teil der Rechtsprechung bestimmungsgemäß dem Verwaltungsrecht in seiner Gesamtheit gewidmet; die Grenzgebiete können naturgemäß nur einen geringen Bruchteil der streitigen Rechtssachen abgeben.

Manche zweifeln, ob erhebliche Berührungspunkte zwischen öffentlichem und privatem Rechte vorhanden sind, oder wenigstens daran, daß bei Aufdeckung von solchen wissenschaftlich bedeutende und praktisch wichtige juristische Folgen sich ergeben könnten. Diese Zweifel soll das nachfolgende Werk sowohl in allgemeiner theoretischer Auseinandersetzung als auch durch die konkrete Darstellung der fraglichen Rechtseinrichtungen beseitigen. Jedoch nicht der Nachweis aller oder der meisten Berührungspunkte kann für sich allein ein wissenschaftliches Interesse in Anspruch nehmen, sondern es muß hinzukommen die Klarstellung der beiderseitigen Beziehungen und deren Tragweite. Die Bedeutung, welche das meist unbeabsichtigte Aufeinanderwirken des bürgerlichen Rechts und des preußisch-deutschen Verwaltungsrechts gewinnen muß, ist eindringlichst vor das Auge zu führen.

Dies kann in verschiedener Weise geschehen, sei es, daß man das private, sei es, daß man das öffentliche Recht als das zu beeinflussende oder das beeinflußte darstellt. Es ist klar, daß die ganze Forschungsmethode und zum Teil auch die Ergebnisse verschieden sein müssen, je nachdem, was im Mittelpunkte der Erörterung steht. Das Interesse soll beherrscht werden von den Wandlungen und Schicksalen desjenigen Rechtsgebietes, das Änderungen und Verluste, d. h. Lücken erleidet. Es ist der Forschungsgegenstand, nach dem sich unsere inneren Blicke, unsere Fragen und Bedenken richten. Dagegen steht das beeinflussende Rechtsgebiet gleichsam außerhalb des Bannkreises, bezüglich dessen sich unsere Streitfragen erheben, es wirkt von nebenher, es ist das Fremde gegenüber dem Einheimischen und Vertrauten.

Das Privatrecht nicht als das dienende, das Verwaltungsrecht nicht als das herrschende zu betrachten hat sich aus der Einsicht ergeben, daß sonst nur ganz geringfügige Ergebnisse zu gewärtigen sind. Dagegen erschien bei näherer und nächster Prüfung das preußisch-deutsche Verwaltungsrecht so außerordentlich von den Einwirkungen des bürgerlichen Rechts ergriffen zu werden, daß eine systematische Darbietung der sich ergebenden Wandlungen erhebliche Bedeutung gewinnt.

Beeinflußt wird es nicht nur vom Bürgerlichen Gesetzbuch in seiner Gesamtheit, sondern auch von der privatrechtlichen Wissenschaft, soweit sie neben dem BGB. besteht und in Zukunft, mit Rücksicht auf die als bekannt vorauszusetzende Struktur des Gesetzbuches, bestehen bleiben muß. Alles, was die Wissenschaft ergänzend und ausfüllend, Grundsätze ausbauend und die Kasuistik bereichernd, alles was sie klärend und zuweilen auch bessernd, Zusammenhänge aufweisend und in der Form Gebundenes im Gedanken trennend geleistet hat, alles, was sie und die Rechtsprechung noch hiernach schaffen werden, gehört in das bürgerliche Recht Deutschlands. Daneben wirkt noch das Privatrecht ein, das außerhalb des Bürgerlichen Gesetzbuches, außerhalb der, seine Rechtssätze, deren Voraussetzungen und Wirkungen prüfenden und ausgestaltenden Wissenschaft und Praxis besteht, so insbesondere das Handels- und Genossenschaftsrecht, das Urheber- und Patentrecht, überhaupt die das geistige Eigentum im weitesten Sinne betreffende Gesetzgebung, das Konkursrecht, das Gesetz über die Zwangsversteigerung und die Zwangsverwaltung in das unbewegliche Vermögen und das formelle Grundbuchrecht. Auch die durch diese letztgenannten hervorgebrachte Theorie der Gelehrten und die Rechtsprechung der Gerichte ist ein Komplex für sich, der nicht ermangelt, Einflüsse zu äußern.

Hiermit erschöpft sich das deutsche bürgerliche Recht; denn die vom BGB. vorbehaltenen Landesrechte sind nicht deutsche schlechthin, sondern Preußische, Bayerische, Sächsische u. s. w. Auch dieses unberührt gebliebene Partikularrecht hat das Verwaltungsrecht beeinflußt und wird es auch in Zukunft thun Bei näherer Betrachtung findet sich aber, daß diese Rechte meist solche sind, die mit dem öffentlichen Rechte auf das engste zusammenhängen, ja mit Rücksicht hierauf von der besonderen Regelung durch Reichsrecht ausgeschlossen worden sind. Meist ist in diesen vorbehaltenen Rechtsmaterien Verwaltungsrecht mit privatem Recht verbunden und deshalb ist der Einfluß dieser unberührt gebliebenen Privatrechte auf das Verwaltungsrecht oft ein solcher, der innerhalb des betreffenden vorbehaltenen Gebietes wirkt. Hiernach rechtfertigt sich, daß in dem in diesem Werke gebrauchten Begriffe „deutsches bürgerliches Recht" das in den vorbehaltenen Gesetzen enthaltene Privatrecht nicht aufgenommen ist.

Dem bürgerlichen Recht als dem einwirkenden steht das „preußisch-deutsche Verwaltungsrecht" als das der Einwirkung unterliegende gegenüber. Auch hier sind drei besondere Gruppen zu unterscheiden. Einmal das Verwaltungsrecht Preußens im eigentlichen Sinne, also die Summe der Rechtssätze, über deren Zugehörigkeit zum Verwaltungsrecht Preußens in Theorie und Praxis kein, oder wenigstens kein wesentlicher und bedeutsamer Streit besteht. Hierzu kommt das Verwaltungsrecht, das auch außerhalb Preußens im ganzen deutschen Reiche gilt. Endlich ist es die Wissenschaft des Verwaltungsrechts, auf deren Grundsätze, besonders insoweit sie sich auf theoretische Lehren des Privatrechts zu stützen gewöhnt war, das neue bürgerliche Recht Einfluß ausübt.

Eine besondere Stellung nimmt auch hier das in den vorbehaltenen Landesrechten enthaltene Verwaltungsrecht ein. Es erleidet die Einwirkung des in den vorbehaltenen Landesrechten enthaltenen Privatrechts, soweit eine Beziehung zwischen beiden vorliegt, und sie wird nicht selten sein. Sodann aber auch die des neuen Rechts, wie wir es in mannigfacher Gestalt sehen werden. Immerhin gehört es auch zum „preußisch-deutschen Verwaltungsrecht" und wird eingehende Erörterung erfahren.

In dem gedachten Sinne wird im ganzen Werke der Begriff des „bürgerlichen Rechts" und des „preußisch-deutschen Verwaltungsrechts" verstanden werden.

Ist auch eine Vollständigkeit erstrebt, so kann hierunter nur eine wissenschaftliche, d. h. eine Vollständigkeit der wissenschaftlich erheblichen (nicht in der Praxis denkbaren) Fragen verstanden werden. Es liegt nicht im Interesse der Wissenschaft und auch nicht im Bereiche der Möglichkeit, alle Kombinationen, die sich zwischen deutschem bürgerlichen Recht und Verwaltungsrecht ergeben, zu erschöpfen. Zwar wird eine reiche Fülle von Streitfragen, die in Bezug auf das bisher geltende Privatrecht hinsichtlich des Einflusses auf das Verwaltungsrecht entstanden sind, nach menschlichem Ermessen einen erheblichen Teil der auch in Zukunft in Betracht kommenden Differenzpunkte ausmachen. Deren Behandlung nach heutigem bürgerlichem Rechte dürfte daher von einiger Vollständigkeit sein hinsichtlich der Erörterung von Problemen, die schon bisher in Frage zu kommen pflegten. Da darüber hinaus das vielgestaltige Leben immer neue Verwickelungen und Räthsel bietet, ist die Ergründung und Aufstellung von allgemeinen Grundsätzen erforderlich aber auch ausreichend. Weiter wird ein notwendiges Bescheiden am Platze sein hinsichtlich des Einflusses der Wissenschaft des bürgerlichen Rechts auf das Verwaltungsrecht, denn sie ist wie jede Wissenschaft in stetem Flusse, und von ihren Ergebnissen kann nur verwertet werden, was zur Zeit vorhanden ist. Wollte man ferner jeden beeinflussenden Rechtssatz in historischer oder logisch-dogmatischer Behandlung prüfen, so würde man zu einer in der Tiefe und Breite zu weit gehenden Behandlung des Privatrechts als solchen nnd dann auch jedes beeinflußten Verwaltungsrechtssatzes kommen. Ein solches Verfahren wäre nutzlos, aber auch uferlos. Hier kann es sich daher nur um das Reflektieren der fest gegebenen Größe des bürgerlichen Rechts auf die vorhandene Größe des Verwaltungsrechts handeln. Die wissenschaftliche Thätigkeit muß eintreten einmal in der Auslese der einander berührenden Punkte, sodann aber auch, und hauptsächlich, beim Untersuchen der durch diese Berührungspunkte sich ergebenden Wirkungen. Ihre Zahl und Bedeutung, die sich ergebenden Schlüsse und Neugestaltungen darzustellen, die Schlichtung einer großen Menge von Streitpunkten wird, um es ganz allgemein auszudrücken, unsere Aufgabe sein.

Es wird sich hierbei finden, daß eine Anzahl von Lücken entstanden sind, die im Wege der Gesetzgebung oder durch Verwaltungsverordnungen, Verfügungen u. s. w. auszufüllen sein werden. Wenn meine Ausführungen zu solchen legislativen oder executiven Arbeiten Veranlassung geben, wenn an Stelle der wissenschaftlichen Ansicht der staatliche Wille, an Stelle der Diskussion der unbestreitbare Rechtssatz treten sollten, so würde mir dies zur Genugthuung gereichen.

Die Praxis der Verwaltung und der Gerichte wird aber endlich unter der Herrschaft der vielen alten und neuen Gesetze, die den Begriff des deutschen bürgerlichen Rechts ausmachen, in Zukunft noch mehr als bisher unzähligen Erfordernissen des täglichen Geschäftsverkehrs gerecht werden und einer Unmenge von rechtlichen Zweifeln begegnen müssen, die weder in den vorliegenden Untersuchungen noch in anderen theoretischen Werken Platz gefunden haben. Man müßte eine, wohl keinem Sterblichen zugängliche eingehendste Kenntnis der örtlich verschiedenen Bedürfnisse der Verwaltung und eine bis ins kleinste Detail gehende Erfahrung in allen Spezialmaterien der Verwaltung besitzen, um vorausschauend, oder besser: vorausahnend, alle Wechselfälle des Verwaltungsrechtslebens juristisch kennzeichnen zu können. Auch hier wird, wie oben bei den theoretisch denkbaren Fällen bereits gesagt wurde, nur mit Grundsätzen auszukommen sein, freilich solchen, die sich zu einer brauchbaren Anwendung in der Mehrzahl der Fälle eignen und bei den dem Praktiker wohl bekannten Verwickelungen des täglichen Lebens und der Verschiedenheit der Rechtssätze nicht versagen.

---

1. Kapitel.

Die rechtlichen Einwirkungen des bürgerlichen Rechts im allgemeinen.

§ 2.

Die Aufgaben.

Will man zunächst auf Grund allgemeiner theoretischer Auseinandersetzungen die Zweifel zerstören, die bestehen hinsichtlich der juristischen Bedeutung der Berührungspunkte zwischen bürgerlichem und Verwaltungsrecht, so bedarf es einer tieferen Grundlegung. Es handelt sich dann zunächst um die Beantwortung der Frage, ob ein bestimmtes Privatrecht auf das für dasselbe Gebiet geltende öffentliche Recht, ob insbesondere das deutsche bürgerliche Recht auf das preußisch-deutsche Verwaltungsrecht überhaupt Einfluß ausüben kann; ob nicht gerade die grundsätzliche Verschiedenheit der sich gegenüberstellenden Rechtsgebiete zum Abbrechen jeder Brücke zwischen beiden geführt hat. Begreiflich ist das Bedenken, daß in der Betonung der gegenseitigen Beziehungen zwischen öffentlichem und privatem Rechte eine Wiederkehr zu jener glücklich überwundenen Zeit der grundsatzlosen Vermengung beider Rechtsmaterien zu erblicken sei. Zwar, daß es Rechtseinrichtungen und Rechtssätze giebt, deren Elemente hüben und drüben zu finden sind, wird nicht bestritten. Auch nicht, daß bestimmte Lehren dem bürgerlichen und dem Verwaltungsrecht gemeinsam sind und dennoch spezifisch ausgeprägt sein müssen. Auch das kann nicht zweifelhaft sein, daß bei ausdrücklicher Aufnahme privatrechtlicher Bestandteile in das öffentliche Recht überhaupt und das Verwaltungsrecht insbesondere Gestaltungen eigenster Art sich ergeben. Doch Manche betrachten all dies lediglich als unvermeidliche Folge der Einheit alles Rechts und wünschen, daß die Berührungspunkte nicht juristisch ausgebaut werden, um dadurch nicht eine Unklarheit der Grenzen herbeizuführen. Doch dies ist irrig. Gerade die Hervorhebung des Verwandten und Fremden wird die Grenzlinie schärfer hervortreten lassen. Abgesehen von der noch zu erweisenden, nur relativen Sicherheit aller Grenzziehung besteht ferner eine grundsätzliche Verschiedenheit nur nach der Form, nicht nach dem Wesen, nur hinsichtlich des Gesichtswinkels, unter dem, privatrechtlich oder öffentlich-rechtlich, betrachtet wird.

Jene obige Frage aber hängt ab von zwei Vorfragen. Einmal von der nach der Grenze zwischen privatem und öffentlichem Rechte überhaupt und Verwaltungsrechte im besonderen; denn erst, wenn das Beeinflußte und das Beeinflussende sich klar von einander abheben, kann festgestellt werden, ob eine Wechselwirkung vorhanden ist. Erst dann kann sie abgeschätzt und nutzbar gemacht werden. Bei aller zu erstrebenden Präzision wird es trotz der festzustellenden Scheidungsmerkmale Zweifel geben. Hieraus wird sich aber auch die Antwort auf die weitere Vorfrage entnehmen lassen, ob es eine solche, sich grundsätzlich auf das Privatrecht beschränkende Kodifikation und ob es ein solches bürgerliches Recht (in dem entwickelten Sinne) geben kann, das ohne Einfluß auf das öffentliche Recht bliebe. Nach Lösung dieser beiden Vorfragen ergiebt sich von selbst die Antwort auf jene Hauptfrage nach der Möglichkeit eines erheblichen Einflusses von bürgerlichem Recht und Verwaltungsrecht überhaupt.

Eine allgemeine Übersicht über die gegebenen, denkbaren und wahrscheinlichen Einwirkungen des BGB. muß sich diesen Erörterungen anschließen, auch eine solche über den Einfluß des bürgerlichen Rechts namentlich in den von dem Gesetzbuche vorausgesetzten und nicht geregelten Materien. Die einschlägigen, nicht im BGB. enthaltenen Sätze des Privatrechts, deren Einfluß auf das Verwaltungsrecht untersucht werden soll, bedürfen bei ihrer Zusammenhanglosigkeit einer übersichtartigen allgemeinen Betrachtung nicht. Ihnen wird die Einzeldarstellung gerecht werden.

§ 3.
Die Grenzziehung zwischen bürgerlichem und öffentlichem Recht.

1. Die Wichtigkeit der uns hier beschäftigenden Frage ist ernstlich niemals bezweifelt worden. Noch heute erscheint der Satz von Stahl zutreffend, daß für die Gerichte das Gesetz Zweck, für die Verwaltung Schranke sei[1]). Mithin ist es von großer Bedeutung, ob es sich um ein Gesetz, eine Rechtsnorm für die (bürgerliche) Rechtsprechung oder für die Verwaltung handelt. Im erstern Falle ist lediglich der Grundsatz der, dieselben Rechtsverhältnisse ohne Rücksicht auf die Person und die besondere Sachlage behandelnden Gerechtigkeit maßgeblich, im zweiten Falle auch die der Notwendigkeit, Zweckmäßigkeit und des Staatswohls, gerade unter Berücksichtigung der Eigenheit des Falles[2]). Und weiter ist die Unterscheidung von Erheblichkeit wegen der Frage der Zulässigkeit des Rechtsweges, d. h. der Zulässigkeit der Handhabung der ordentlichen Gerichtsbarkeit in bürgerlichen Rechtsstreitigkeiten. Von der allergrößten Bedeutung ist die Frage endlich für das neue bürgerliche Recht, weil nach Art. 55 EG. BGB. alle privatrechtlichen Vorschriften der Landesgesetze mit dem Inkrafttreten des BGB. außer Kraft treten, soweit nicht in dem BGB. oder in seinem EG. ein Anderes bestimmt ist. Ob eine landesrechtliche Vorschrift bestehen bleibt oder außer Kraft tritt, hängt also davon ab, ob sie privatrechtlichen oder öffentlich-rechtlichen Inhaltes ist.

Trotz der Wichtigkeit der Frage hat sich in letzterer Zeit eine gewisse Entsagung bezüglich einer endgültigen Klärung der Frage eingestellt, die nicht nur in der Schwierigkeit der Problemlösung ihren Grund hat[3]).

---

[1]) Stahl, R. u. St.-Lehre II. §§ 57, 173; Bähr, Rechtsstaat (1864) § 17 S. 52; Ulbrich in Grünhut's Zeitsch. Bd. 9 S. 1; Schulze, D. Str.-R. II S. 67. S. auch v. Stengel, Begriff, Umfang und System des Verwaltungsrechts, Z. f. St. Bd. 38 (1882) S. 223.

[2]) Schulze-Gaevernitz, Das Preuß. Staatsrecht 2. Aufl. (1890) Bd. II. S. 67.

[3]) Es fehlt an einer den gegenwärtigen Stand der Forschung umfassenden Darstellung. Uns will es scheinen, als wenn die ganze Frage des-

2. Was die Lehrbücher des Privatrechts angeht, so haben sich die meisten derjenigen Definition des römischen Rechts angeschlossen, die bekanntlich in verschiedenen Stellen (L. 1 § 2 § 4 J. de j. et j. I. 1 und L. 246 de orig. jur. I. 2) für öffentliches Recht dasjenige erachtet quod ad statum rei Romanae spectat, privatum, quod ad singulorum utilitatem. Man thut den verdienten Lehrern des Pandektenrechts und des deutschen Privatrechts kein Unrecht, wenn man behauptet, daß sie seit Glück's Erläuterungen der Pandekten 1797 (1. Teil S. 89 ff.) mit geringen Ausnahmen, zu denen Dernburg[4]) und Pernice[5]) gehören, zu eigener Forschung keine Mühe und zu selbständiger Auffassung keinen Anlauf genommen haben. Daher denn die überlieferten Vorstellungen für einen späteren Bearbeiter gewaltige Hindernisse bieten, ohne neue Ausblicke zu eröffnen[6]). Falsch ist das Festhalten an der römisch-rechtlichen Terminologie schon deshalb, weil der Begriff des jus publicum im römischen Rechte niemals einen prägnanten ausschließlichen Sinn gehabt, jedenfalls niemals mit unserer Vorstellung vom öffentlichen Rechte kongruiert hat[7]). Unrichtig ist deshalb auch die Auffassung von Bluntschli: Es bleibe das große welthistorische Verdienst der

---

halb nicht von der Stelle gerückt ist, weil man unterlassen hat, die bisherigen Theorien zu sammeln und zu sichten, das Zutreffende aus der Fülle des Unrichtigen hervorzuheben und weiter zu bilden. Die einzige wissenschaftliche Methode, das eigene Urteil erst nach Auseinandersetzung mit früheren Schriftstellern, jedenfalls unter Beachtung der Bedeutenderen zu fällen, ist hier nicht befolgt worden. Mit größter Geschicklichkeit spricht man an einander vorbei. Der Boden, auf dem gepflügt werden soll, hat lange brach gelegen. Schwer ist es, auch nur die Scholle zu umbrechen. Doch es muß versucht werden.

[4]) Dernburg, Pand. 6. Aufl. (1900) unter Mitwirkung von Biermann Bd. I S. 45.

[5]) Pernice, Parerga IX. Zeitschrift der Savigny-Stiftung Bd. 19 S. 140.

[6]) Mit Rücksicht hierauf sind geprüft die Lehrbücher von Vangerow (7. Aufl. 1876), Scheurl (8. Aufl. 1883), Brinz (3. Aufl. 1884), Bekker (1886), Arndts (3. Aufl. 1886), Hölder (1888), Wendt (1888), Regelsberger (1894 Bd. I § 28), Salkowski (7. Aufl. 1898), Beseler (4. Aufl. 1885), Stobbe (3. Aufl. 1893), Gierke wird später besonders erwähnt und behandelt. S. Ziffer 6 d. Paragraphen.

[7]) S. Glück a. a. O. und Brinz a. a. O. I. 108. Anm. 1.

Römer, daß sie zuerst diesen Gegensatz des öffentlichen und privaten Rechts wissenschaftlich erkannt und in ihrer Rechtsordnung durchgebildet haben[8]). Besondere Erwähnung darf Savigny beanspruchen. In seinem System (Bd. 1 S. 22 ff. [1840]) läßt er sich dahin aus: Das Staatsrecht habe zum Gegenstande den Staat, d. h. die organische Erscheinung des Volkes: das Privatrecht die Gesamtheit der Rechtsverhältnisse, welche den einzelnen Menschen umgeben, damit er in ihnen sein inneres Leben führe und zu einer bestimmten Gestalt bilde. Nicht als ob es, wenn wir diese beiden Rechtsgebiete vergleichen, an Uebergängen und Verwandtschaften fehlte, denn die Familie habe in ihrer dauernden Gliederung, sowie in dem Verhältnis des Regierens und des Gehorchens unverkennbare Aehnlichkeit mit dem Staate, und ebenso treten die Gemeinden, die wahre Bestandteile des Staates seien, nahe an das Verhältnis des Einzelnen heran. Dennoch bleibe zwischen beiden Gebieten ein festbestimmter Gegensatz darin, daß in dem öffentlichen Recht das Ganze als Zweck, der Einzelne als untergeordnet erscheine, anstatt daß in dem Privatrecht der einzelne Mensch für sich Zweck sei und jedes Rechtsverhältnis sich nur als Mittel auf sein Dasein und auf seine besonderen Zustände beziehe.

Die Definition Savigny's ist in ihrem ersten Teil eine Wiedergabe der römischen-rechtlichen. Darüber hinaus hat aber Savigny das Wesen des öffentlichen und privaten Rechts treffend in dem Vorhandensein bezw. Mangel der Unterwerfung, im Staatszwecke und Selbstzwecke gefunden. Allein es fehlen begreiflicherweise eine Fülle von Momenten, die gerade für unsere modernen Verhältnisse bedeutsam geworden sind. Wie ist die Grenzscheide zu suchen, wenn an einem Rechtsverhältnisse, wie etwa bei der Enteignung, dem Beamtenverhältnisse, dem Wucherverbot, sowohl der status rei publicae, als auch die utilitas singulorum be-

---

[8]) Bluntschli, Kritische Ueberschau III. S. 229; Allgemeines Staatsrecht S. 1. Zu vergleichen wäre auch Bruns in Holtzendorff's Encyklopädie Bd. 1 S. 317. Über die viel und verschieden interpretierte Stelle Ulpians vgl. Pfaff und Hofmann, Kommentar zum österr. a. b. G. (1877) I. Bd. 1. Abteilung S. 118—121.

rührt wird? Wenn das Staatsrecht „die organische Erscheinung des Volkes, den Staat“ zum Gegenstand hat, wie verhält es sich mit der rechtlichen Natur dessen, was nicht Staatsrecht in diesem Sinne ist, sondern Gesellschaftsrecht im modernen Sinne? Wenn das Interesse des Staates, dessen Nutzen, maßgebend sein soll, so fragt es sich doch sehr, welchen Inhalt, welche Richtung und welche Maßstäbe dieses Interesse besitzt. Auch hier können wir deshalb nicht endgültig beharren. Dasselbe ist zu sagen von Puchta (Kursus der Institutionen 8. Aufl. [1875] S. 29 ff.). Er faßt das Privatrecht einfach als Vermögensrecht und Familienrecht auf und stellt ihm das öffentliche Recht gegenüber, welches den Verhältnissen des Menschen, in denen er sich als Glied des Staates befinde, rechtliche Form und Natur gebe; es beziehe sich teils auf innere, teils auf äußere Staatsverhältnisse.

3. Manche bescheiden sich mit dem Hinweis auf die vom positiven Rechte gezogenen Begrenzungen und finden, daß bei deren Abweichen in den verschiedenen Ländern eine einheitliche, harmonische Gestaltung der Lehre nicht denkbar sei. So die meisten Praktiker[9]).

Andere halten die Grenzziehung überhaupt nicht für durchführbar, so Haenel[10]) wenn er den Grundsatz aufstellt, daß das Privatrecht im Verhältnis zum öffentlichen kein ausschließliches Herrschaftsgebiet, keinen ihm spezifischen Stoff habe. Das Privatrecht sei als Rechtsnorm eine unvollständige Bestimmung der an den Lebensverhältnissen sich entwickelnden Rechte und Pflichten, weil es dieselben nur für einen bestimmten Kreis der daran Beteiligten feststelle. Es bedürfe der Ergänzung durch das öffentliche Recht, welches die Rechte und Pflichten des Staates entwickele, insofern und insoweit auch er in den nämlichen Lebensverhältnissen seiner Aufgabe gemäß beteiligt sei. Als Objekte wissenschaftlicher Betrachtung aber seien das Privatrecht und das öffentliche Recht Abstraktionen. Diese Auffassung ist unhistorisch,

---

[9]) S. auch Oppenhoff, die preuß. Gesetze über die Ressortverhältnisse zwischen den Gerichten und den Verwaltungsbehörden, S. 16 ff. Anm. 35. Meißner, Das BGB. für das Deutsche Reich 1898 S. XIV.

[10]) Haenel, Deutsches Staatsrecht (1892) Bd. 1 S. 156.

indem sie die in unserer Einleitung skizzierte Entwickelung der beiden Rechtsgebiete unbeachtet läßt, aber auch insofern unrichtig, als sie die grundlegende natürliche Verschiedenheit der Interessensphäre des Einzelnen und der Gesamtheit, und infolgedessen den notwendig werdenden Interessenschutz der Individuen und des Staates, der sich jeweilig verschieden ausprägt, übersieht. Im letzten Grunde ist freilich überall, wo mit Begriffen umgegangen wird, eine gedankliche Abstraktion vorhanden, es kommt jedoch darauf an, ob diese in den wirklichen Lebensverhältnissen ihren Rückhalt findet. Dies ist aber sicherlich hier der Fall. Es folgt ferner aus den von Haenel angeführten Thatsachen: daß das Privatrecht keine homogene Masse bildet, daß die von ihm geordneten gesellschaftlichen Lebensverhältnisse verschiedener Natur sind und ferner von ihm nicht erschöpfend und damit das öffentliche Recht ausschließend geregelt werden, — keineswegs, daß nunmehr gleichsam alle oder die meisten Rechtsverhältnisse eine öffentliche und eine privat-rechtliche Gestaltung haben und daß nur die beiden Gestaltungen zusammen eine vollständige rechtliche Regelung darstellen. Es giebt ausschließlich privatrechtliche und ausschließlich öffentlich-rechtliche Lebensverhältnisse; und auch dort, wo sich bei privatrechtlichen mit der Zeit Einflüsse des öffentlichen Rechts geltend machen, liegt nicht vor eine die Natur des Rechtsverhältnisses ändernde Entwickelung, sondern eine Ausbildung des selbständigen öffentlichen Rechts hinsichtlich eines bereits vom bürgerlichen — in örtlich, zeitlich und dem Grunde nach verschiedenen Beziehungen — erfaßten Gegenstandes. So betrachten wir beispielshalber im Gegensatz zu Haenel die Bestimmung des Eigentums als der ausschließlichen generellen rechtlichen Herrschaft über eine Sache, als die vollständige rechtliche Ordnung des das Eigenthum bildenden Thatbestandes[11]), während die öffentlich-rechtliche Regelung des Eigentums eine dem Privatrecht fremde, das Wesen der Begriffsbestimmung nicht berührende Ordnung eines öffentlich-rechtlichen Thatbestandes ist;

[11]) Welche Modifikationen des Eigenthumsbegriffes wir für notwendig halten, haben wir an anderer Stelle dargethan. S. Verwaltungsarchiv Bd. 6 S. 289 ff., 300 ff.

diese kann je nach der Örtlichkeit, der staatlichen Macht, der Absicht der regierenden Gewalten verschieden sein. Nach der bekämpften Ansicht wäre eine Scheidung zwischen öffentlichem und privatem Rechte im Grunde nur eine logische Operation. Dies scheint durch das von uns Gesagte genügend widerlegt zu sein.[12]) Anfechtbar ist auch die Definition Haenel's: Das öffentliche Recht bezeichnet die Gesamtheit der rechtlichen Regelungen, welche die durch die Organisation und durch die Thätigkeit des Staates bedingten gesellschaftlichen Verhältnisse zum Gegenstande haben und hebt als wesentliches Merkmal des öffentlichen Rechts den Staat als Subjekt der Rechte und Pflichten hervor (a. a. O. S. 153 und 159). Hier ist der Begriff der gesellschaftlichen Verhältnisse ein unbestimmter, ja ein sich verflüchtigender. Auch kann die rechtliche Regelung von Individual- nicht nur von gesellschaftlichen Verhältnissen u. E. öffentlich-rechtlich sein. Daß andererseits auch private Rechtsregeln „durch die Thätigkeit des Staates bedingten gesellschaftlichen Verhältnissen" ihre Entstehung verdanken können, wird übersehen. Endlich ist nicht immer der Staat Subjekt der öffentlichen Rechte, sondern auch das einzelne Individuum, dessen Rechte gegenüber dem Staate zu wahren sind. Ich denke hier an die subjektiven öffentlichen Rechte.

4. Die meisten Schriftsteller des neuen bürgerlichen Rechts glauben auf Erörterung und Angabe solcher allgemeinen Grundsätze verzichten zu dürfen, nach deren Maßgabe die hier fragliche Grenzziehung vorgenommen werden soll. Schon die Motive zum I. Entwurf eines BGB. haben (Bd. I S. 1) einem gewissen Nihilismus hier die Wege geebnet. Sie halten dafür, daß mit einer Abstraktion, lehrhaften Abgrenzung des BGB. gegenüber dem öffentlichen Rechte, abgesehen von sonstigen Bedenken, nichts gewonnen sei. Das Privatrecht und das öffentliche Recht hätten zahlreiche, mannigfach geartete Berührungspunkte. Gewisse Verhältnisse seien gemischter Natur; andere wiesen verschiedene Seiten

---

[12]) S. auch Pfaff und Hofmann, Komm. zum österr. allg. b. G.B. (1877) I. Bd. S. 118—121.

auf, vermöge deren das Verhältnis teils dem einen, teils dem anderen Rechtsteile angehöre. Das Grenzgebiet sei nur durch eine Prüfung der einzelnen in Betracht kommenden Materien zu ermitteln. Auch die Motive zu dem gedachten Art. 55 EG. BGB. (E. I 32; E. II 29) enthalten sich einer Ausführung über die Grenzziehung zwischen den privatrechtlichen und den öffentlich-rechtlichen Beziehungen. Es wird dort (S. 147) das Schweigen damit gerechtfertigt, daß sich die Grenzen zwischen beiden Rechtsgebieten nicht aprioristisch, sondern nur an der Hand der Rechtsentwickelung, die in den einzelnen Bundesstaaten zum Teil sich verschieden gestaltet habe, in befriedigender Weise bestimmen lassen. Es erübrige nichts, als der Jurisprudenz die Aufgabe zuzuweisen, da, wo es fraglich sein mag, ob eine Vorschrift dem bürgerlichen oder öffentlichen Rechte angehöre, die der Rechtslage entsprechende Entscheidung im Einklang mit der Verfassung und den öffentlichen Einrichtungen der einzelnen Bundesstaaten zu treffen.

Planck, BGB. Bd. 1 S. 16 führt aus: Das Bürgerliche Recht werde in den Motiven I S. 1 als Inbegriff derjenigen Normen bezeichnet, welche die den Personen als Privatpersonen zukommende rechtliche Stellung und die Verhältnisse, in welchen die Personen als Privatpersonen untereinander stehen, zu regeln bestimmt sind. Man könne diese Begriffsbestimmung im allgemeinen als richtig anerkennen. Die Grenzlinie zwischen bürgerlichem und öffentlichem Rechte werde indessen, wie man auch die Begriffe bestimmen mag, häufig zweifelhaft bleiben. Für die Lösung der Frage werde durch allgemeine Erörterungen über den Begriff des öffentlichen und privaten Rechts wenig gewonnen, vielmehr werde man nur durch Untersuchung der einzelnen Fälle zu dem richtigen Ergebnisse gelangen.

Riedner[13]) giebt auch keine Begriffsbestimmung, behauptet nur, daß auch die neueren Forschungen auf diesem Gebiete zu keinem anderen Ergebnisse geführt hätten, wie zu den in den Motiven des EG. BGB. angegebenen.

---

[13]) Riedner, Das Einführungsgesetz zum BGB. (1899) S. 117.

Cosack[14]) verkennt nicht, daß der Begriff des Privatrechts nicht bloß methodische Bedeutung habe. Er definiert das öffentliche Recht dahin, es sei das Recht der dem öffentlichen Interesse dienenden Organisationen, also des Staates, der Gemeinden, der Kirche u. s. w.; nur soweit diese Organisationen den Privatpersonen rechtlich gleichgestellt werden, was regelmäßig der Fall sei, wenn sie in den privat-wirtschaftlichen Verkehr eintreten, z. B. Grundstücke erwerben oder Anleihen aufnehmen, gehörten auch ihre Rechtsverhältnisse in das Privatrecht. Cosack giebt auch selbst zu, daß diese Begriffsbestimmung etwas „äußerlicher Art" sei, sie solle nur angeben, welche Rechtsregeln aus Zweckmäßigkeit oder Verlegenheitsgründen herkömmlich zu einem geschlossenen System vereinigt werden. Er hält dafür, daß es bedeutsamer wäre, den Begriff des Privatrechts auf Rechtsregeln zu beschränken, die sich mit den Rechtsverhältnissen der Privatpersonen in deren Privatinteresse befassen. So verstanden wäre das Privatrecht ein System von Regeln einheitlichen Charakters, er meint aber zu Unrecht, daß in diesem Falle ein Ausschluß des Eheschließungs- und des Ehescheidungsrechts aus dem Bereiche des Privatrechts notwendig wäre. Entstehe ein Zweifel darüber, ob eine Materie — z. B. eine Steuer, die eine nicht zur Landeskirche gehörige Religionsgemeinschaft zu Lasten ihrer Angehörigen ausschreibe — dem öffentlichen Rechte angehöre, so sei die Entscheidung dem Landesrechte zu entnehmen. Nur dürfe das Landesrecht bei Zuweisung einer Materie an das öffentliche Recht nicht willkürlich verfahren, sondern müsse sich im Rahmen der angeführten grundsätzlichen Begriffsbestimmung bewegen; ein Landesgesetz z. B., das alle Stiftungen für öffentlich-rechtlich erklärte, wäre ungültig.

Endemann[15]) rügt scharf, daß die prinzipielle Abgrenzung des Begriffes der bürgerlichen Rechtsstreitigkeit trotz Art. 6 EG. BGB. in den Motiven unterblieben sei. Das herkömmliche

---

[14]) Cosack, Lehrbuch des deutschen bürgerlichen Rechts, 2. Aufl. (1899) S. 3 und 35.

[15]) Endemann, Einführung in das Studium des BGB. 5. Aufl. (1899) Bd. 1 S. 28 ff.

Einteilungsprinzip laute: Das Recht, das den Interessen der Einzelnen dient, ist privates; dasjenige aber, welches auf die Staatswohlfahrt abzielt, ist öffentliches. Im Erfolge seien wir über diese römischen Rechtsregeln auch heute nicht viel hinausgekommen. Weder sei das Vermögensrecht ein sicheres Zeichen für das Privatrecht, noch gebe die Beteiligung des Staates einen sicheren Maßstab ab. Das Streben gehe zweifellos dahin, die individuelle Rechtssphäre unter den Schutz des bürgerlichen Rechts und damit der ordentlichen Gerichte zu stellen. Die Grenze aber sei zweifelhaft.

Goldmann-Lilienthal[16]) zählen zum bürgerlichen Rechte die Rechtsnormen, welche die rechtliche Stellung der Individuen als solcher und deren Verhältnis zu einander bestimmen. Positiv gelten als bürgerliches Recht alle vom BGB. geregelten Materien, selbst wenn sie begrifflich öffentlich-rechtlichen Charakters seien. Inwieweit andere Gesetze bürgerliches oder öffentliches Recht enthalten, entscheide sich nach den Grundsätzen, welche sich aus dem BGB. oder den sonst in Frage kommenden Reichsgesetzen ergeben. Nur soweit die Vorbehalte für die Landesgesetzgebung reichen, sei auch die Frage, ob bürgerliches oder öffentliches Recht, nach Landesrecht zu beantworten. Die Verfasser vergessen ganz, daß es keine Landeswissenschaft und keine Reichswissenschaft giebt, und daß allgemeine Grundsätze über solche Fragen, die in Gesetzbüchern nicht geregelt sind, lediglich der Theorie vorbehalten sein können. Daß sich aus dem BGB., oder den sonst in Frage kommenden Reichsgesetzen Grundsätze über bürgerliches oder öffentliches Recht ergeben, ist eine monströse Behauptung.

Eck[17]) stellt nur fest, daß auch zur Anwendung des Art. 55 EG. BGB. die bei manchem Rechtsinstitute recht zweifelhafte Frage, welche Regeln desselben privatrechtlich und somit aufgehoben seien, nicht allgemein durch eine Begriffsbestimmung des privaten und des öffentlichen Rechts, sondern immer nur für das einzelne Rechtsinstitut durch Absonderung seiner privatrechtlichen und sonstigen Bestandteile zu lösen sein werde.

---

[16]) **Goldmann-Lilienthal**, das BGB. (1897) S. 1.

[17]) **Eck**, Vorträge über das Recht des BGB. (1898) S. 13.

Engelmann[18]) rechnet diejenigen Rechtssätze, welche den Einzelnen der Herrschergewalt eines mit Befehlsmacht ausgestatteten und also ihm übergeordneten Verbandes (Staat, Provinz, Gemeinde, öffentliche Körperschaften) unterwerfen, wie diejenigen, welche dieses Verhältnis der Unter= nnd Überordnung an Voraussetzungen knüpfen oder beschränken, zu dem öffentlichen Recht. Diejenigen Rechtssätze aber, welche das Verhältnis der Einzelnen als gleichberechtigter, nebengeordneter Individuen zu einander regeln, bilden das Privatrecht. Hiernach seien die durch das objektive öffentliche Recht begründeten Rechte öffentliche, die durch die Privatrechtsnorm begründeten Rechte Privatrechte. Die Hervorhebung der Herrschergewalt in dieser Form ist sicherlich nicht zutreffend. Denn einerseits unterwirft jeder staatliche Rechtssatz den Einzelnen der Herrschaftsgewalt des Staates, falls die Voraussetzungen seiner Anwendung vorliegen. Die Befehlsmacht einer Provinz, einer Gemeinde, einer Körperschaft kann nur eine vom Staate abgeleitete sein, und notwendig liegt öffentliches Recht einerseits nur dann vor, wenn es sich um ein solches staatliches Recht handelt; andererseits kann ein Verband im konkreten Falle, wie z. B. bei den Freimaurergesellschaften, bei religiösen Orden u. s. w. dem Einzelnen übergeordnet sein, ohne daß seine Sätze öffentliches Recht enthielten. Der zweite Teil der Begriffsbestimmung, es seien auch diejenigen Rechtssätze öffentliches Recht, welche das Verhältnis der Über= und Unterordnung an Voraussetzungen knüpfen oder beschränken, geht insofern fehl, als alle Rechtssätze öffentlicher Natur ohne das Bestehen gewisser Voraussetzungen nicht denkbar sind. Das Hervorheben der das Unterthanenverhältnis beschränkenden oder zum Teil aufhebenden Rechtssätze ist offenbar willkürlich und deshalb ungerechtfertigt.

Kuhlenbeck[19]) hält dafür, daß es der Wissenschaft nicht gelungen sei, ein bestimmteres Kriterium für das Wesen des öffentlichen Rechts zu entdecken als das mehrfach erwähnte in

---

18) Engelmann, Das alte und das neue bürgerliche Recht Deutschlands (1897) S. 25, 35.

19) Kuhlenbeck, Von den Pandekten zum BGB. (1897) S. 2, 3.

dem Satz des Ulpian L. 181 D. de j. et j. I. 1 enthaltene. Mit Unrecht bezieht er sich aber auf Ihering (Geist des römischen Rechts 4. Aufl. [1888] III § 61) unter Ablehnung des von diesem gegebenen Merkmals „Selbstschutz des Interesses". Er meint, praktisch werde sich das Interesse an der Unterscheidung des Privatrechts immer gerade um die Frage drehen, ob eben im einzelnen Falle ein Privatanspruch, ein Selbstschutz des Interesses gegeben sei oder nicht, ob z. B. der Rechtsweg zulässig sei oder nicht. Da könnte jene formale Definition nichts nützen.[20])

[20]) Ihering ist freilich weit entfernt davon, an der gedachten Stelle ein Merkmal zu geben, daß das Privatrecht vom öffentlichen Rechte unterscheidet. Er behandelt dort nur das formelle Moment des Rechts und findet es in dem rechtlichen Schutz, in dem rechtlich (auch staatlich, gesetzlich s. Anm. 462 daselbst) geschützten Interesse. Lediglich der Begriff des subjektiven Rechts beschäftigt ihn (s. auch a. a. O. S. 351 Zeile 7 von oben und S. 353 Zeile 6 von oben), nicht die Frage der objektiven Rechte beider Gebiete. Daß übrigens Ihering's Ausführungen unhaltbar sind, möchte ich in aller geziemenden Ehrfurcht behaupten. Das Gesetz, welches im Interesse gewisser Fabrikationszweige Schutzzölle einführe, komme dem Fabrikanten zu Gute, fördere, schütze seinen Gewerbebetrieb, gewähre ihm aber keine Rechte. Fragt man, warum nicht, so antwortet Ihering: es liege hier nur eine Reflexwirkung vor, ein Verhältnis, das allerdings mit dem Rechte die größte Ähnlichkeit habe, aber um so sorgfältiger von ihm geschieden werden müsse. Eine Erklärung für diese seltsame Auffassung bietet er in einer späteren Ausführung. Ihering erblickt das unterscheidende Merkmal zwischen rechtlich geschütztem Interesse und den bloßen Reflexwirkungen des Gesetzes in der Möglichkeit der Konstatierung einer individuellen Rechtsverletzung (S. 353). Eine solche liegt bei der Reflexwirkung nicht vor. Werden die Schutzzölle nicht richtig gehandhabt, so sei es nicht dieser bestimmte Fabrikant oder Landwirt, der darunter leide, sondern alle — die Wirkungen der mangelhaften Handhabung des Gesetzes verlieren sich ins Allgemeine, Unbestimmte. Hier liegt also nach Ihering kein rechtlich geschütztes Interesse vor. Ganz anders, meint er weiter, wenn jemand an der Ausübung seines Wahlrechts verhindert oder seiner Freiheit beraubt werde, so sei es doch ein Unrecht, das speziell ihn getroffen habe. Sollte dies wirklich zutreffend sein? Sollte die Versagung der Ausübung des Wahlrechts, die Beraubung der Freiheit eines Einzelnen, mit dem auch die Versagung des Rechts eines bestimmten Thronfolgers auf die Nachfolge gleichgestellt werden kann, nur für die einzelne Person Bedeutung haben? Verlieren sich nicht auch hier „die Wirkungen der mangelhaften Handhabung des Gesetzes ins Allgemeine, Unbestimmte?" Zunächst wird der einzelne Wahlberechtigte, Thronfolger, als solcher betroffen, aber das Interesse der Allgemeinheit ist vorhanden, ebenso wie bei dem Fabrikanten, dem Landwirt, auf dessen Schultern der Schutzzoll gewälzt wird.

Das wirklich entscheidende Moment sei doch die materielle Würdigung des Interesses. Die Rechtsgeschichte lehre, daß die Wertung eines Interesses als bloßes Sonderinteresse flüssig sei und vielfach der öffentlichen Interessenschätzung weiche und umgekehrt. Z. B. seien zahlreiche delicta privata des älteren Rechts jetzt publica. Einen historisch so wandelbaren Begriff festlegen zu wollen, sei vergebliches Bemühen. Inhaltlich genau werde die Definition des Privatrechts nur durch die systematische Darstellung aller zur Zeit der Privatrechtsverfolgung überlassenen Ansprüche und hierauf bezüglichen Normen erschöpft. Dabei sei die Verfolgbarkeit im eigentlichen Civilprozesse nicht ausschließlich maßgebend; privatrechtlicher Natur sei auch der Anspruch auf Bußen, den der Nebenkläger im Strafprozesse erhebe, privatrechtlicher Natur seien viele Ansprüche, die nur im Verwaltungsstreitverfahren oder vor einem der zahlreichen Sondergerichte erhoben werden können. Auch gebe es zahlreiche Rechtsnormen, die einen gemischten sowohl öffentlichen wie privatrechtlichen Charakter trügen (z. B. im Privatfürstenrecht).

Kuhlenbeck übersieht, daß das Interesse des Einzelnen oder der Gesamtheit ein wesentlicher Punkt der ganzen Frage ist; ferner daß der zeitliche Wechsel in der Auffassung der öffentlichen Interessenschätzung keinen Beweisgrund gegen Ihering abgeben kann. Denn es würde sich hieraus die nicht zu bestreitende aber auch nicht zu beklagende Thatsache ergeben, daß in verschiedenen Epochen der Geschichte, selbst innerhalb desselben Volkes, der Gesamtbestand des öffentlichen und des privaten Rechts jeweilig verschieden gewesen ist. Man kann deshalb zwar folgern, daß für eine bestimmte Zeit etwas anderes Privatrecht, etwas anderes öffentliches Recht ist, wie zu einer anderen Zeit, nicht aber, daß der Begriff wandelbar ist. Das Kriterium des Interesses kann bleiben, die Materie des Interesses kann wechseln. Schließlich bleibt auch Kuhlenbeck nicht folgerichtig, indem er doch auf die Frage zurückkommt, wie in den zuletzt zweifelhaft bleibenden Fällen die Grenzlinie zwischen den beiden Gebieten zu ziehen ist. Er meint, man müsse prüfen, ob nach dem Standpunkte der herrschenden Wissenschaft und

Gesetzgebungstendenz in der fraglichen Rechtsmaterie der privatrechtliche oder öffentliche Interessenstandpunkt vorwiege. Nicht zugegeben werden kann die Richtigkeit der Auffassung dieses Verfassers, daß eine inhaltlich genaue Definition des Privatrechts nur durch die systematische Darstellung aller zur Zeit der Privatrechtsverfolgung überlassenen Ansprüche und hierauf bezüglichen Normen sich erschöpfe. Einmal ist die Fülle der im Leben sich darbietenden Ansprüche wissenschaftlich und ziffermäßig nicht faßbar, ja man kann sogar an ihrer Endlichkeit zweifeln. Deshalb ist auch praktisch unausführbar eine Aussonderung der dem Privatrechte überlassenen Ansprüche aus der unbestimmbaren Menge der Ansprüche überhaupt. Sodann fragt es sich immer wieder, nach welchem letzten Grundsatze könnte eine solche Aussonderung denn eigentlich erfolgen? Der Verfasser kann nicht meinen, daß es sich lediglich um die Darstellung der infolge besonderen Gesetzes als privatrechtlich anerkannten Ansprüche handelt. Denn dies wäre kein wissenschaftliches Merkmal und würde auch überall versagen, wo eine solche Zuweisung kraft positiven Rechts nicht erfolgt ist.

Enneccerus-Lehmann[21]) sagen nur, daß der Begriff des Privatrechts, zumal seine Abgrenzung vom öffentlichen Rechte vom BGB. infolge der Schwierigkeit nicht festgestellt ist und auch durch eine Definition die Frage nicht in befriedigenderer Weise hätte gelöst werden können. Schließlich geben sie die Entscheidung der Wissenschaft anheim, ohne selbst eine Lösung zu versuchen.

Bendix[22]) stellt sich auf den Standpunkt, daß es sich nur positiv an der Hand der Rechtsentwickelung, die in den einzelnen Bundesstaaten sich zum Teil verschieden gestaltet habe, bestimmen lasse, ob eine Vorschrift dem bürgerlichen oder öffentlichen Rechte angehöre. Begrifflich rechnet er diejenigen Rechtssätze zum Privatrecht, die die Befugnisse und Verpflichtungen der Personen als

---

[21]) Enneccerus-Lehmann, Das bürgerliche Recht. Eine Einführung in das Recht des BGB. (1898) S. 13.

[22]) Bendix, Das deutsche Privatrecht auf Grund des deutschen BGB. (1898) S. 20.

solcher, als Individuen, und ihre Rechtsbeziehungen zu einander regeln, während das öffentliche Recht die Rechtsregeln umfaßt, welche das auf der Verfassung und in öffentlichen Einrichtungen des Reiches und der Bundesstaaten beruhende Abhängigkeitsverhältnis der einzelnen Rechtssubjekte von höhern, rechtlich übergeordneten Verbänden normieren. Diese Definition ist vollständig unzureichend.

Weyl[23]) wie Krückmann[24]) haben die hier fragliche Lehre ebenfalls nicht gefördert. Dasselbe ist zu sagen von Wanjek[25]), Scherer[26]), Leske[27]).

Gegenüber all diesen Schriftstellern wird man wohl die Frage aufwerfen dürfen: Wenn es auch zugegeben werden mag, daß die Entscheidung zu finden sei unter Aussonderung der öffentlich-rechtlichen und der privatrechtlichen Bestandteile — nach welchen Gesichtspunkten, Regeln, Grundsätzen kann denn eine solche Aussonderung erfolgen? Wenn es heißt, daß man nur durch Untersuchung der einzelnen Fälle zu dem richtigen Ergebnisse gelangen werde, so fragt es sich, welche die Maßstäbe dieser Untersuchung denn eigentlich seien? Uns scheint hier überall ein Zirkelschluß vorzuliegen. Denn wüßte man erst, auf welche Weise die Scheidung des privaten und des öffentlich-rechtlichen Elementes zu erfolgen hätte, dann besäße man doch schon den Schlüssel zur Beantwortung der Frage, welche Regeln eines Rechtsinstituts privatrechtlich und welche öffentlich-rechtlich sind. Und deshalb soll mit aller Bestimmtheit gegenüber einer überreichen Anzahl von Juristen die Behauptung aufgestellt und im Folgenden verteidigt werden, daß es ohne die so verächtlich behandelte allgemeine abstrakte Erörterung hinsichtlich der hier in Betracht kommenden Grundprobleme doch nicht abgeht. Bald wird es sich ja von selbst zeigen, daß vom Standpunkte keiner Theorie ein Verzicht auf die letzte Frage nach dem Kriterium

---

23) Weyl, Beiträge über das BGB. für Praktiker (1898) Bd. 1 S. 26, 32 ff., 48.

24) Krückmann, Institutionen des BGB. (1899) S. 4.

25) Wanjek, Preußisches und Deutsches Civilrecht 1897.

26) Scherer, Allg. Teil des BGB. 1897.

27) Leske, Vergleichende Darstellung des BGB. und des preuß. ALR. 1900.

der öffentlich- oder privatrechtlichen Natur der Rechtssätze möglich ist und ferner wie auch die Rechtsprechung der höchsten Gerichte am letzten Ende dieser Ansicht, wenn auch in etwas versteckter Form, zuneigt[28]).

5. Der Standpunkt der namhafteren Rechts-Philosophen ist meist durch die dogmatische Auffassung der Römer gefärbt. Ahrens[29]) vermeint, das private und öffentliche Recht scheide sich nach seinen Zwecken; das erstere enthalte die von den Einzelnen zu verwirklichenden Sonderzwecke, letzteres Gesamtzwecke, deren Verwirklichung einem höheren selbständigen Organismus, der die Interessen einer Gesamtheit vertrete, anheim gegeben werde. Das Unzureichende dieser Begriffsbestimmung wird bald dargelegt werden. Jhering neigt mit seiner bereits erwähnten[30]) Behauptung, daß als Kriterium der Privatrechte der Selbstschutz des Interesses, die Klage, diene, Thon zu. Dieser nimmt ihn deshalb auch[31]) für seine Theorie in Anspruch, die in dem Satze gipfelt, daß dem durch Privatrechtsnormen Geschützten im Falle der Normübertretung ein Mittel zur Beseitigung der Normwidrigkeit von der Rechtsordnung gegeben und zu beliebigem Gebrauche überlassen wird. Die ausführliche Widerlegung dieser Ansicht bleibt ebenso der Gesamtdarstellung unserer Ansicht vorbehalten, wie auch dort die Auffassung bekämpft werden muß, als ob die Einteilung des privaten und öffentlichen Rechts nicht danach bemessen werden könnte, ob die Normen zu Gunsten des Gemeinwesens oder der Einzelnen gegeben seien. Wir werden vielmehr finden, daß diese Auffassung den richtigen Weg weist, auf dem man zum Ziele kommen kann, ohne freilich diese im Grunde römisch-rechtliche Begriffsbestimmung als vollständig anzusehen. Hingegen ist den trefflichen Auseinandersetzungen Thon's beizuflichten bezüglich der Ablehnung derjenigen Theorien, die die Unterscheidung zwischen Privatrecht und öffentlichem Recht zu gründen suchen auf einen Unterschied in der Entstehung oder

---

28) Vergl. Anm. 66 und Text dazu.

29) Ahrens, in Holtzendorff's Encykl. Bd. 1 S. 48.

30) S. oben Anm. 20.

31) Thon, Rechtsnorm und subjektives Recht (1878) S. 118ff. Anm. 9.

dem Inhalte der Norm selbst, oder bezüglich der Subjekte, an die die Norm sich richtet, endlich in der Gegnerschaft zu denen, die die öffentlich-rechtlichen Normen als unbedingte ansehen, dagegen die Wirksamkeit der privatrechtlichen als vom Willen der Berechtigten abhängig erachten.

Neuner[32]) sagt, das Privatrecht habe gegenüber dem öffentlichen Rechte zum Inhalt die rechtliche Ordnung derjenigen Güter und Interessen des Privatlebens, welche als Bestandteile des Gemeinlebens ihrem Subjekte durch dritte Personen äußerlich verletzbar und durch das Gemeinwesen äußerlich schützbar, mithin einer rechtlichen Normierung empfänglich und bedürftig seien. Kein einziges Merkmal ist hier zutreffend. Nimmt man das Wort „Privatleben" aus der Begriffsbestimmung heraus, so bleibt nichts für das Privatrecht bezeichnende übrig. Eine Ordnung von Gütern und Interessen regelt auch das öffentliche Recht, auch dem Subjekte des öffentlichen Rechts sind diese äußerlich verletzbar, durch das Gemeinwesen schützbar und auch „einer rechtlichen Normierung empfänglich und bedürftig".

Bierling[33]) will sowohl das „öffentliche Recht" als auch das „Privatrecht" eines Staates als je ein Rechtsverhältnis aufgefaßt wissen (§§ 196—201). Das staatliche Rechtsverhältnis stelle sich zu oberst als ein ungleich zusammengesetztes zwiefaches Rechtsverhältnis dar. Einmal als Rechtsverhältnis aller seinem Rechte Unterworfenen in Beziehung auf die als Einheit gedachte Gesamtheit, andererseits als Rechtsverhältnis der zuerst Genannten, der einzelnen Genossen des staatlichen Rechts in Beziehung zu einander. Dies trifft — abgesehen davon, daß eine Reihe wichtiger Merkmale unberücksichtigt geblieben ist — deshalb nicht zu, weil es öffentliche Rechte giebt, die das Rechtsverhältnis der Staatsglieder untereinander betreffen; man denke an die Krankenversicherungskassen einzelner Handwerke, an die in der Kreis- und Provinzialordnung gegebenen Wahlrechte.

---

32) Neuner, Wesen und Arten der Privatrechtsverhältnisse (1866) S. 1, 9, 130.

33) Bierling, Zur Kritik der juristischen Grundbegriffe (1883) 2. Teil Kap. VII. S. 150—168.

Stahl[34]) vermeint, daß die Privatrechtsverhältnisse dazu dienen, den einzelnen Menschen zu befriedigen und sein Dasein zu vollenden, während die öffentlichen Rechtsverhältnisse darauf abzielen, die Menschen gemeinsam zu beherrschen, sie zu einem Gesamtdasein zu verbinden und dieses als solches zu beherrschen. Diese Auffassung steht im Zusammenhange mit der Ansicht Stahl's, daß es die Aufgabe der Rechtsordnung sei, dazu beizutragen, daß das Reich Gottes auf Erden herbeikomme. Der Begriff des Rechts ist ihm die gemeinsame Beherrschung der Menschen zur Vollendung ihres Gemeinzustandes. Wie das Privatrecht auf dem Gedanken der Persönlichkeit ruhe, so das öffentliche Recht auf dem Gedanken des sittlich-intellektuellen Reiches. Mit dieser theologischen, religiösen Weltauffassung will die moderne Rechtswissenschaft mit Recht nichts gemein haben.

6. Den Übergang zu den Lehrern des öffentlichen Rechts vermitteln drei Schriftsteller: Pann, Gierke und Staudinger.

Pann[35]) definiert: Eine Civilsache ist dann vorhanden, wenn die Hülfe des Staates zur Geltendmachung eines Rechtsverhältnisses wider einen im entgegengesetzten Interesse beteiligten Gegner auf Grund einer bestehenden Norm in Anspruch genommen wird. Auffällig ist hierbei die Betonung der Hülfe des Staates bei der Geltendmachung des Rechtsverhältnisses. Dies ist überflüssig; denn jedes Rechtsverhältnis, auch das des öffentlichen Rechts, ruht auf der Gestattung und Hülfe des Staates. Weiter bezeichnet der Verfasser das Privatrecht als das die Verhältnisse zwischen den Angehörigen eines Staates in ihrer bürgerlichen Beziehung regelnde Recht; ausgeschlossen seien deren öffentlich-rechtliche Beziehungen zur Staatsgewalt. Beim Privatrecht könne nie ein Subjektionsverhältnis in Frage kommen, sondern ein, das Mein und Dein einer Einzelperson oder seine Familienbeziehungen betreffendes Verhältnis. Diese Begriffsbestimmung ist, abgesehen von dem bereits gerügten Fehler, schon deshalb nicht richtig, weil sie den Begriff der „öffentlich-rechtlichen Be-

---

[34]) Stahl, Philosophie des Rechts Bd. 2 Abteilung 1 S. 239.

[35]) Pann, Die Grenzlinien zwischen privatem und öffentlichem Recht (1881).

ziehung", also einen erst festzustellenden Begriff als bekannt voraussetzt, ferner, weil es sich auch im öffentlichen Rechte um Mein und Dein handeln kann und endlich, weil das letzte geltend gemachte Begriffselement, das zum Vorhandensein eines Privatrechtsverhältnisses einen Gegner, der im entgegengesetzten Interesse beteiligt ist, voraussetzt, nicht bezeichnend ist, soweit es sich um den Gegensatz zum öffentlichen Rechte handelt. Denn es giebt auch im öffentlichen Rechte, wie wir sehen werden, „Gegner". Im Anschluß hieran wird der Begriffsinhalt des öffentlichen Rechts von Pann darin gefunden: daß eine Thätigkeit der öffentlichen Gewalt entfaltet wird, um ein Interesse des öffentlichen Wohls auf Grund einer bestehenden Rechtsnorm, oder — wenn dem freien Ermessen in diesem Falle Raum gegeben werden darf — auf Grund des freien Ermessens zur Geltung zu bringen. Unrichtig ist hier die Konstruktion eines Gegensatzes zwischen einer Rechtssache „bei welcher die Hülfe des Staates in Anspruch genommen wird" (Privatrecht) und einer Rechtssache, bei welcher die Thätigkeit der öffentlichen Gewalt sich entfaltet (öffentliches Recht). Denn eine rechtliche Ordnung im Gegensatz zu einer willkürlichen setzt immer staatliche Hülfe voraus, die, wenn sie von dem Staate sich selbst gewährt wird, auf Grund von Gesetzen, also auf Grund einer vor dem Streitfalle entstandenen Bindung erfolgt. Die Geltendmachung des öffentlichen Wohls ist auch nicht ausschlaggebend für die Kennzeichnung des öffentlichen Rechts, denn auch das subjektiv-öffentliche Recht des Einzelnen gegenüber der Gesamtheit, also ein reines Individualrecht, das sich lediglich in seinem Ursprung und seinem unmittelbaren Zusammenhange mit staatlichen Verhältnissen von Privatrechten — dadurch aber wesentlich — unterscheidet, gehört zum öffentlichen, mindestens zum Verwaltungsrecht.

Gierke bedarf zur Unterscheidung des privaten und öffentlichen Rechts eines weiteren sehr fruchtbaren Gedankens, der jedoch m. E. noch nicht ausgebaut ist. Er scheidet Individualrecht, das Recht, insoweit es die menschlichen Willensträger als Einzelwesen zu einander in Beziehung setzt, von dem Sozialrecht, das die Beziehungen der menschlichen Willensträger als Gesellschaftswesen ordnet. Nach germanischer und moderner Rechtsanschauung erschöpfe sich die Gesellschaft nicht im Staate, sondern komme zugleich in einer Fülle anders gearteter Gemeinschaften mit eigenem Lebenszweck zur Erscheinung: in der Familie, in der Kirche, in der Gemeinde, in der Genossenschaft, in der internationalen Gemeinschaft. Es gäbe also unendlich viel Sozialrecht, das nicht Staatsrecht sei. Gierke sieht sich dann genötigt, dieses Sozialrecht zu teilen und je nach positiver Rechtssatzung dem privaten oder öffentlichen Rechte zuzuweisen. Nach ihm ist Privatrecht alles Individualrecht und außerdem dasjenige Sozialrecht, das nicht durch einen staatsrechtlichen Satz dem öffentlichen Rechte einverleibt ist; somit auch das Familienrecht, das Genossenschaftsrecht und das Körperschaftsrecht der privaten Verbände. Privatrecht ist hiernach nicht nur das die menschlichen Willensträger als Einzelwesen zu einander in Beziehung setzende Recht, sondern auch das nicht durch positiven Rechtssatz[36]) als öffentlich-rechtlich bezeichnete Sozialrecht. Und andererseits sei öffentliches Recht alles Staatsrecht, d. h. alles Recht, das den Staat als Ganzes und die einzelnen Menschen sowie die übrigen Verbände als Staatsglieder betreffe und außerdem dasjenige Sozialrecht, welches wegen der Beschaffenheit der von ihm geordneten Gemeinschaften als öffentlich anerkannt sei, somit auch das Kirchenrecht, das Gemeinderecht, das Recht der öffentlichen Genossenschaften und das Völkerrecht.

Zweifellos richtig ist, daß die Zuweisung von Rechtsmaterien seitens der Staatsgewalt an das öffentliche oder private Recht unanfechtbar ist. Die Souveränität des modernen Staates ist unbestritten, seine Erklärungen und Befehle stellen die letzte Instanz dar. Es entstehen aber sofort zwei unbeantwortete Fragen:

---

[36]) Unseres Erachtens darf man hier nicht an einen Rechtssatz denken, der von der Wissenschaft als öffentlich-rechtlicher anerkannt wird, sondern an einen staatlichen Rechtssatz. Denn einmal giebt es eine solche gemeinsame Überzeugung der Gelehrten nur in Bezug auf wenige Punkte, sodann aber könnte diese Anerkennnng nur Bedeutung haben, wenn sie sich auf wissenschaftlich unanfechtbare Gründe stützen würde. Nach diesen aber wird hier gerade gefragt, zunächst ohne befriedigende Antwort.

Wenn die Geltung dieses Grundsatzes, die Unterscheidung nach positiver Gesetzesbestimmung zu bewirken, maßgeblich wäre, wozu überhaupt noch eine weitere, auf wissenschaftlichen Grundsätzen beruhende? Man könnte das Vertrauen hegen, daß die Zuweisung der im Großen und Ganzen nach bisheriger Auffassung zum öffentlichen oder privaten Recht gehörigen Materien auch durch staatliches Machtwort in einer, der Natur der Verhältnisse entsprechenden Weise erfolgen würde. Erkennt man erst die positive Grenzziehung an Stelle der juristisch-grundsätzlichen an — und dies thut Gierke, indem er das Sozialrecht nicht aus inneren Gründen, sondern nach positiver Gesetzesbestimmung bald dem einen, bald dem andern Rechtsgebiete zuteilt —, so liegt eigentlich kein Anlaß zu wissenschaftlicher Untersuchung vor[37]); weil diese Folgerung unabweislich ist, erscheint jener Vordersatz unzutreffend. Und die zweite hiermit in Zusammenhang stehende Frage ist die: Wie verhält es sich mit dem Sozialrecht, das nicht positiv-rechtlich dem einen oder andern Gebiete zugewiesen ist? Die Zuteilung alles sozialen Rechts, das nicht als öffentlich-rechtliches (gesetzlich) anerkannt wird, zum Privatrecht, ist offenbar willkürlich. Denn bezüglich einer Fülle von sozialem Recht fehlt es an der Äußerung eines staatlichen Willens hinsichtlich der Anerkennung des Rechts als öffentlichen, und das unbeabsichtigte Schweigen kann nimmermehr Zuweisung zum Privatrecht bedeuten. Man denke auch an das Wasser-, Forst-, Rentengüter-, Familienfideikommisrecht, an das Recht der öffentlichen Sachen, an andere viele Rechtsgebiete, in denen öffentliche und privatrechtliche Bestandteile zweifellos beisammen liegen, wo das Überwiegen der einen oder anderen Bestandteile erst festgestellt werden muß, und wo es sehr wenig am Platze wäre, von einem Sozialrecht, das als öffentlich-rechtlich anerkannt oder nicht anerkannt ist, zu sprechen. Auch ist die der ganzen Unterscheidung zu Grunde liegende Auffassung des Sozialrechts eine recht zweifelhafte, nicht nach seiner Grundidee, sondern nach seiner Fähigkeit zu faßbarer Abgrenzung. Die „Beziehungen der menschlichen Willensträger

[37]) S. unsere Ausführung unten zu Ziff. 9.

als Gesellschaftswesen" sind juristisch doch sehr schwer greifbar. Es wird sehr bald die Frage entstehen, was ist Sozialrecht? Ob Sozialrecht vorliegt oder nicht, wo eins der für das Privatrecht maßgebenden Begriffsmomente, nämlich das Verhältnis der Einzelnen in das Mein und Dein betreffenden Rechtsfragen zutrifft? Sozialrecht ist u. E. zweifellos enthalten im BGB. § 571 (Kauf bricht Miete); § 618 (die Arbeitsräume und Gerätschaften müssen so beschaffen sein, daß die Gefahr für Leben und Gesundheit möglichst verringert wird); § 624 (ein auf Lebenszeit begründetes Dienstverhältnis unterliegt der Kündigung schon nach 5 Jahren); ferner §§ 626, 847, 904 BGB. Und zwar scheint hier soziales Recht deshalb vorzuliegen, weil, trotzdem es sich um die menschlichen Willensträger als Einzelwesen zu einander handelt, ein sehr leicht faßbares Interesse der Gemeinschaft geschützt erscheint. Aber „Beziehungen der menschlichen Willensträger als Gesellschaftswesen" werden darin gewiß nicht ausschließlich geordnet, sondern zunächst doch sicherlich nur der rein privatrechtliche Geschäftsverkehr.

Die Unterscheidung zwischen sozialem Privatrecht und sozialem öffentlichen Recht, wie sie sich notwendig aus Gierke's Theorie ergiebt, enthält auch insofern einen inneren Widerspruch, als das Soziale — mag man den Begriff, der durch Stammler's Wirtschaft und Recht (1896) und durch das Vereinsrecht des BGB (besonders § 43) wieder in den Mittelpunkt lebhafter Erörterungen gerückt worden ist, fassen, wie man will — mehr bedeutet als ein persönliches, ja mehr als ein gesellschaftliches Element. Ein soziales Recht ist ein solches, das das Interesse nicht nur des Einzelnen und nicht blos des staatlichen Gemeinwesens berücksichtigt. Hiernach kann man wohl ohne Gefahr der Tautologie von einem sozialen Privatrecht, nicht aber von einem sozialen öffentlichen Rechte sprechen. Denn gerade wo dieses nicht blos das den Staat und die Staatsglieder, sondern auch die Gesellschaft und deren Gruppen betreffende Recht, und zwar unter vorzugsweiser Berücksichtigung der größeren Gruppen und Gemeinschaften, aber doch stets innerhalb des Staates, enthält, fällt Sozialrecht und öffentliches Recht notwendig zusammen[38]). Außerdem giebt es nach unserer Ansicht zweifellos Individualrecht, das öffentliches Recht ist. Doch hierüber später[39]).

Unseres Ermessens ist die Frage der rein positiven Grenzziehung durch das Gesetz gänzlich auszuscheiden[40]). Denn soweit sie sich im einzelnen Falle mit dem Ergebnisse wissenschaftlicher Forschungen vereinbaren läßt, wird eine Streitfrage nicht mehr möglich sein. Insoweit das Ergebnis ein verschiedenes ist, wird die Kraft der wissenschaftlichen Erkenntnis mitunter groß genug sein, um eine Abänderung des Staatswillens zu erreichen und sie wird, wenn sie diesen Erfolg nicht erreicht, nicht zurückweichen dürfen. Aber selbst wenn man aus juristisch-praktischen Gründen die durch die Gesetzgebung herbeigeführte Grenzziehung als ein Unberührbares betrachtet, so wird in Ermangelung der gesetzlichen Abscheidung überall gegenüber der Gierke'schen Lehre eine Prüfung des Begriffs des Sozialrechts und seiner Zugehörigkeit zum öffentlichen oder Privatrechte einzutreten haben und außerdem wird sich fragen, ob das Privatrecht, abgesehen von dem nach Gierke etwa hierher gehörigen Sozialrecht, lediglich das Individualrecht, d. h. das die menschlichen Willensträger als Einzelwesen zu einander in Beziehung setzende Recht ist. Endlich wird klar gestellt werden müssen, ob es ausreicht, als öffentliches Recht das Staatsrecht und das Sozialrecht zu bezeichnen, das wegen der Beschaffenheit der von ihm geordneten Gemeinschaften als öffentlich anerkannt ist[41]).

Staudinger[42]) begnügt sich, festzustellen, daß eine gesetzliche Begriffsbestimmung für bürgerliches Recht nicht besteht, daß

---

38) Wenn Gierke Sozialrecht, das nicht Staatsrecht ist, kennt, so versteht er offenbar darunter die Disziplin des festumschlossenen „Staatsrechts" gegenüber anderen Materien des öffentlichen Rechts. Im Text handelt es sich für uns um staatliches Recht. Nur ein solches ist für das Rechtsleben von Bedeutung. Auch das Völkerrecht und das internationale Recht gilt nur kraft ausdrücklicher Anerkennung seitens der Staatsgewalt.

39) S. unten Anm. 51.

40) Mit den unten unter Ziff. 9 gegebenen Maßgaben.

41) S. auch die ergänzenden Ausführungen unter Ziff. 9 dieses Paragraphen

42) Staudinger, Vorträge aus dem Gebiete des Bürgerlichen Gesetzbuches für Verwaltungsbeamte (1899/1900) S. 3.

den Gegensatz zum bürgerlichen Rechte das öffentliche Recht bilde und auch dieser Begriff gesetzlich nicht definiert sei. Es gelte daher im ganzen und großen dieselbe Grenzscheide, wie sie seither schon durch Wissenschaft und Praxis gezogen gewesen sei. Im bürgerlichen Rechte stehe die Person als Einzelindividuum den andern Personen — beiderseits als Träger von Einzelrechten und Einzelpflichten — gegenüber. Im öffentlichen Rechte spiegeln sich vorwiegend die Rechte und Pflichten der Angehörigen eines den Staat darstellenden oder in demselben für Zwecke der Allgemeinheit bestehenden Organismus als solchem. Eine erschöpfende Definition will hiernach der Verfasser nicht geben.

7. Von den Staatsrechtslehrern haben nicht viele zu unserm Problem Stellung genommen. Laband[43]) bezeichnet Herrschen als das Recht, freien Personen (und Vereinigungen von solchen) Handlungen, Unterlassungen und Leistungen zu befehlen und sie zur Befolgung derselben zu zwingen. Hierin liege der Kernpunkt für den Gegensatz der öffentlichen Rechte und der Privatrechte. Das Privatrecht kenne eine Herrschaft nur über Sachen, zu denen, wie kaum hervorgehoben zu werden brauche, auch die Sklaven gehören; freien Personen gegenüber kenne es nur Forderungen, welche kein Zwangsrecht gegen den Schuldner enthalten und die nicht die Rechtsmacht in sich schließen, ihm etwas zu befehlen. Den Gegensatz zur bürgerlichen Rechtsstreitigkeit bilde die Streitigkeit des öffentlichen Rechts, d. h. die Streitigkeit über ein Rechtsverhältnis, welches gar nicht oder nicht ausschließlich zur Rechtssphäre der Individuen gehöre, sondern als ein Teil der öffentlichen Rechtsordnung, als Ausfluß der staatlichen Hoheitsrechte oder der Regierungs- und Verwaltungsthätigkeit anzusehen und aus diesem Grunde der Privatdisposition der berechtigten und verpflichteten Individuen ganz oder teilweise entrückt sei. Die Abgrenzung des Privatrechts von dem öffentlichen Rechte sei die Grundlage für den Gegensatz der bürgerlichen und der nicht bürgerlichen Rechtsstreitigkeit. Die Abgrenzung sei nicht a priori

---

[43]) Laband, Das Staatsrecht des Deutschen Reiches (1895) Bd. 1 S. 62 und Bd. 2 S. 340f.

zu finden, sondern sie sei bedingt von dem in dem positiven Recht festgestellten Umfange und der Art der Geltendmachung der staatlichen Hoheitsrechte auf den verschiedenen Zweigen der staatlichen Thätigkeit. Für einen Teil dieser Thätigkeit habe das Reich durch seine Gesetze die Norm aufgestellt und die Grenzen bezeichnet, bis zu denen sich das öffentliche Recht erstrecke; insoweit diene die Gesamtheit der Reichsgesetzgebung negativ zur Feststellung des Begriffes der bürgerlichen Rechtssache; das Reich habe andererseits auch positiv durch eine sehr umfangreiche Privatrechtsgesetzgebung einen Kreis von Rechtsverhältnissen fixiert, welche „bürgerliche" seien. Im Übrigen aber sei es den Einzelstaaten und ihrer Gesetzgebung überlassen, diejenigen Rechtsverhältnisse, welche als öffentliche zu erachten und deshalb der Rechtssphäre der Individuen entrückt seien, zu bestimmen.

Von dieser Begriffsbestimmung möchten wir uns lediglich der Teilansicht anschließen, daß die Streitigkeit über ein Rechtsverhältnis, das gar nicht oder nicht ausschließlich zur Rechtssphäre der Individuen gehört, öffentliches Recht ist. Dagegen dürfte wohl nicht ganz zutreffend sein, sie als einen Teil der öffentlichen Rechtsordnung anzusehen, weil man dann zu der gewiß nicht zu billigenden Auffassung gelangen müßte, daß die Privatrechtsstreitigkeit nicht zur öffentlichen Rechtsordnung gehöre. Kann man auch ferner Laband darin beistimmen, daß öffentliches Recht als Ausfluß der staatlichen Hoheitsrechte gedacht wird, so muß u. E. doch diese Zustimmung der weiteren Ausführung versagt werden, es sei öffentliches Recht auch als Ausfluß der Regierungs- und Verwaltungsthätigkeit anzusehen. Nicht jeder Akt insbesondere der Verwaltungsthätigkeit fällt unter das öffentliche Recht, vor allem nicht immer, wie wir sehen werden, das Vermögensrecht.

Nach Löning[44]) enthält das öffentliche Recht die Normen über die Organisation und die Ausübung der öffentlichen Gewalt, sowie über das Verhältnis der Beherrschten zu dem herrschenden Staate und seinen Organen. Dies ist wohl richtig,

---

[44]) Löning, Lehrbuch des deutschen Verwaltungsrechts (1884) S. 9.

doch zu allgemein und versucht für eine Fülle von einschlägigen Fragen keine Antwort.

Nach Otto Mayer[45]) setzt das Verwaltungsrecht immer voraus, daß der Staat durch seine Handlung in Beziehung tritt zu den Einzelnen, und zwar als hoheitliche Macht; deren Thätigkeit ihre Ordnung und Regelung nur erhält von innen heraus durch die verfassungsmäßige Machtverteilung zwischen den handelnden Faktoren und die Selbstbeschränkung des Gesetzes auf die Form der allgemeinen Regel. Da die Verwaltungsthätigkeit nicht immer gesetzlich geregelt sei, trete in die Lücke die Verfassung ein. Die verfassungsmäßige Machtverteilung allein sei ihr dafür die maßgebende Rechtsordnung. Das Civilrecht beherrsche das ganze Gebiet der Verhältnisse des Einzelnen, nicht aber das Verwaltungsrecht. Beim Civilrecht falle Rechtssatz und Rechtsgeschäft auseinander. Die Bestimmung von Zwecken und Gegenständen werde erst durch die Verwendung des formellen Rechtssatzes zum praktischen Geschäfte. Civilrechtspflege ist auf die Staatsthätigkeit anwendbar, wenn für den Staat eine Thätigkeit geübt werde, welche so wie sie ist, auch für einen Privatmann geübt werden könnte. Es könne sich dabei nur handeln um Akte wirtschaftlicher Natur, um Thätigkeiten, welche Vermögensinteressen zum Gegenstande haben.

Jellinek[46]) geht von dem Begriff des Anspruches aus, den er als eine konkrete, aus dem subjektiven Rechte entspringende, gegen eine bestimmte Person gerichtete aktuelle Forderung bezeichnet. Der Anspruch sei gegenüber dem abstrakt-potentiellen Rechte stets konkret-aktuell. Ergehe auch das Verbot, mein Eigentum zu stören, an alle, so erwachse mir ein Anspruch auf Unterlassung oder Wiederaufhebung der Störung doch nur gegen den, der bereits irgendwie mit der Störung begonnen habe. In der rechtlichen Möglichkeit, Ansprüche an einen Andern zu erheben in Verbindung mit der Dispositionsmöglichkeit über Recht

---

[45]) Otto Mayer, Theorie des franz. Verwaltungsrechts (1886) S. 153 und desselben deutsches Verwaltungsrecht (1895) Bd. 1 S. 50, 134—147 und dort zitirte bezeichnende Litteratur und Rechtsprechung.

[46]) Jellinek, System der subjektiven öffentlichen Rechte (1892) S. 50—63.

und Anspruch selbst, äußere sich das Dürfen. Es sei das spezifische Kennzeichen des Privatrechts. Privatrecht sei prinzipiell trennbar von der Person seines Trägers durch den Willen des Trägers selbst. Beschränkung der Dispositionsmöglichkeit könne durch zwingendes Recht und Verordnung stattfinden, entspringe jedoch niemals dem Wesen des Rechts selbst.

Das Privatrecht habe deshalb stets eine Richtung auf eine andere nebengeordnete Persönlichkeit; das Entstehen und Vergehen neuer Privatrechte mehre und mindere die Persönlichkeit nicht. Diese sei unabhängig von dem Maaße des Dürfens, das sie besitze. Anders verhalte es sich mit dem Können, welches auf Grund machtverleihender Sätze mit jedem Privatrechte verbunden sei und das spezifische Kriterium des subjektiven-öffentlichen Rechts bilde. Dieses Können sei ohne Minderung der Person unabtrennbar von ihr und unabhängig von dem konkreten Besitzstande an Privatrechten. Wollenkönnen sei das formale Kriterium des öffentlich-rechtlichen, Wollendürfen des privatrechtlichen Anspruches. Das materielle Moment beider Ansprüche sei dasselbe: das Interesse[47]). Alle Ansprüche des Staates, welche ausschließlich in seinem Imperium ihren Grund finden, seien öffentlich rechtlicher Natur, daher, welche Instanz auch immer über sie zu judizieren habe, ausschließlich nach öffentlich-rechtlichen Gesichtspunkten zu beurteilen. Andererseits aber bleibe eine Institution rein privatrechtlich, wenn sie, obwohl im Gemeininteresse konstituiert, vom Staate nicht, oder doch nicht überwiegend zur Versorgung der Zwecke dieser Institution, sondern zu außerhalb derselben liegenden fiskalischen Zwecken entweder ganz oder zum Teil normiert werde. So seien die Rechtsgeschäfte, welche der Staat auf Grund eines ihm zustehenden Tabaksmonopols abschließt, auch privatrechtlich, denn nicht, um die Einzelnen mit

[47]) S. auch Jellinek, Gesetz und Verordnungen (1887) S. 191: „Die Macht des unbedingten Gebietens hat nur der Staat. Nur er kann herrschen und alle Herrschaft im Staate kann nur von ihm ausgehen. Die Macht der dem Staate Unterworfenen, der Einzelnen und der Verbände ist ein Wollendürfen, die Herrschermacht ein Wollenkönnen. Alle Rechtsmacht der dem Staate Subjuzierten ist durch den Staat bedingt, und eben durch diese Bedingung unterscheidet sie sich von der Herrschermacht.“

Tabak zu versorgen, sondern um Geld zu gewinnen, habe er das Monopol geschaffen. Bei den staatlichen Verkehrsanstalten sei zwar die Verwaltung dieser gemeinnützlichen Institute selbst im Gemeininteresse Staatsaufgabe, aber nicht ausschließlich um des Gemeininteresses willen werde die Verwaltung geführt. Endlich seien Ansprüche des Individuums an den Staat von vermögensrechtlichem Charakter öffentlich-rechtliche dann, wenn sie einerseits einem öffentlich-rechtlichem Verhältnisse — der gliedlichen Stellung des Individuums im Staate — entsprängen, andererseits an ihrer Gewährung das Gemeininteresse überwiegend beteiligt sei. Rückforderung irrtümlich gezahlter Steuern habe zwar im öffentlich-rechtlichen Verhältnisse ihren Grund, sei aber, als nicht überwiegend im Gemeininteresse gewährt, eine einfache condictio indebiti.

Der ganze Aufbau der Theorie ist bedingt von der Auffassung Jellinek's über das subjektive Recht überhaupt, sodaß sie mit dieser steht und fällt. Auch bei Thon (a. a. O. § 151 f.) ruht das ganze logische Gebäude auf dem unsicheren Grunde der Fassung des subjektiven Rechts.[48]) Man kann die von Jellinek gewonnenen Erkenntnisse mit Recht als bedeutende einschätzen, ohne daß man annehmen könnte, daß ein endgültiges maßgebliches Merkmal, das sich in Zweifelsfällen bewährte, gewonnen wäre.

Denselben Einwand muß man Gerber[49]) entgegenhalten, der seine Ansicht dahin zusammenfaßt, daß nur die Privatrechte — abgesehen von dem eine besondere Beurteilung erfordernden Familienrechte — ganz in der Willenssphäre des Einzelnen liegen, während die öffentlichen Rechte dem Einzelnen nicht als Einzelnem, sondern nur in seiner Verbindung mit der Gesamtheit zukommen. Eine weitere Ausführung Gerber's besagt, daß die öffentlichen Rechte in der Regel nicht bloß reine Befugnisse, sondern auch bestimmte Verpflichtungen enthielten, daß insbesondere der Einzelne zwar bei den seinem Rechtskreise

[48]) Zu vergl. ist auch Bierling a. a. O. § 194 und Anm. dazu.

[49]) Gerber, Über öffentliche Rechte (1852) S. 31.

völlig überwiesenen Privatrechten in Bezug auf die Art ihrer rechtlichen Ausübung gänzlich unabhängig sei, während dagegen die öffentlichen Befugnisse in der Weise ausgeübt werden müssen, wie sie nach dem fortdauernden objektiven Grunde ihres Zustehens, nämlich dem Bedürfnisse der Gesamtheit, von dem sie sich niemals abtrennen ließen, ausgeübt sein wollen. Es genügt hiergegen auf den von Thon (a. a. O. Teil I S. 156 f.) unwiderleglich geführten Nachweis hinzuweisen, daß ein Zusammentreffen von Recht und Pflicht in demselben Subjekte weder bloß bei öffentlichen Rechten noch bei allen öffentlichen Rechten vorkommt und daß daher öffentliche Rechte nicht zugleich Pflichten sind.

Hoffmann[50]) rechnet zum Polizeirecht diejenigen Normen, welche um allgemeiner Zwecke willen bestehen und deshalb durch die Polizeibehörde von Amtswegen gehandhabt werden müssen, wenn auch die einzelnen zunächst dabei beteiligten Personen nicht darauf dringen sollten; in das Privatrecht werden diejenigen Normen gewiesen, welche nur in Bezug auf die Verhältnisse der Einzelnen zu einander aufgestellt sind, hinsichtlich deren daher jener Zwang zur Vollziehung nicht besteht.

Hiergegen ist einzuwenden, daß die Erzwingung eines Rechts und die Freiheit der Nichterzwingung keine beständigen Merkmale des öffentlichen und privaten Rechts bilden. Es giebt öffentlich-rechtliche Normen, die nicht erzwungen werden, weil vieles in das Belieben der Verwaltungsbehörde gestellt ist und es giebt ferner Normen, wo es sich um ein subjektiv-öffentliches Recht eines Einzelnen handelt, das der Ausübung je nach seinem freien Willen unterliegt oder nicht. Hierher zu rechnen ist etwa das Wahlrecht auf Grund der Art. 20 ff. der Reichsverfassung und der Art. 71 ff. 115 der preußischen Verfassungsurkunde, der Verordnung vom 30. Mai 1849 und des Gesetzes vom 29. Juni 1893, auf Grund der Kreis- und Provinzialordnung, ferner das Recht des Thronfolgers auf den Thron, pr. V. U. Art. 53, das Recht

[50]) Hoffmann, Über den Begriff, den Inhalt und die Bedeutung des positiven Staatsverwaltungsrechts, Zeitschrift für die gesamte Staatswissenschaft Bd. 1 S. 190, 219.

der Beschwerde und des Verwaltungsrechtsweges bei Verletzung öffentlich-rechtlicher Gesetze u. s. w.[51])[52]).

Halbey[53]) hat zunächst durch die breite Erörterung von Kompetenz-Konflikten, welche in Bezug auf die Verpflichtung zur öffentlichen Armenpflege entstanden sind, den Anschein erweckt, als ob er die Frage der Grenzziehung zwischen öffentlichem und privatem Rechte lediglich davon abhängig machen will, ob der Satz durch Zivilgerichte entschieden werde oder nicht. Zu seiner am Schluß seiner Abhandlung gegebenen Begriffsbestimmung fügt er weder eine Erläuterung noch eine Rechtfertigung bei und wenn sie auch viel Treffendes enthält, so läßt sie doch eine Durcharbeitung der Einzelheiten vermissen. Nach ihm habe das öffentliche Recht zum Gegenstand die Staatsgewalt, die Normen

[51]) Die berühmte Streitfrage über die subjektiven öffentlichen Rechte zu erörtern geht hier nicht an. Ich verweise auf Laband a. a. O. 3. Aufl. Bd. 1 S. 133 f., besonders Anm. 1 S. 134 und Jellinek, System S. 54 a. E. und S. 96, wo auch besonders hervorgehoben ist, daß das Individualinteresse, welches in den legislatorischen Formulirungen der Grundrechte verborgen liege, ausdrücklich anerkannt und geschützt worden sei insbesondere durch die Errichtung der Verwaltungsgerichte in den verschiedenen deutschen Staaten. Unserer Ansicht nach kann für Preußen jedenfalls soweit das Bestehen subjektiver öffentlicher Rechte der Einzelnen nicht bestritten werden, als das Gesetz sie gewährt, und zwar insbesondere seit dem Erlaß der die Reform der inneren Verwaltung einleitenden Kreisordnung vom 13. Dez. 1872. S. auch den sogenannten Vorbehalt des Gesetzes von Otto Mayer, Deutsches Verwaltungsrecht Bd. 1 S. 74 f., besonders Anm. 10 und 11 auch S. 104—118; Gerber a. a. O.; Ulbrich, Ueber öffentliche Rechte und Verwaltungsgerichtsbarkeit; Dantscher von Kollesberg, Die politischen Rechte der Unterthanen; Schuppe, Begriff des subjektiven Rechts S. 88; Bornhak, Preuß. St.R. I, 269. Für Preußen erkennt das OVG. zweifellos das Vorhandensein von subjektiven öffentlichen Rechten an in den Entsch. Bd. I S. 380; II S. 353; III S. 10, 11, 189, 214, 222; IV S. 233; V S. 265, 412; VII S. 313; IX S. 401; X S. 192; XII S. 365; XIV S. 382; XV S. 423; XVII S. 8; XVIII. S. 248; XXVIII. S. 76; Vergl. hierzu Müller, Verwaltungsrechtspflege S. 71, 150, 151; LVG. § 127 Nr. 1.

[52]) Hier wird auch zu erwähnen sein Schulze, Preuß. Staatsrecht Bd. 2 S. 359, der den Begriff des Privatrechts dahin definiert, es sei ein Recht, welches dem Inhaber um seinetwillen, unabhängig von dem Staate als ein Teil seiner individuellen Rechssphäre zustehe. Das Unzulängliche dieser Begriffsbestimmung ergeben die obigen Ausführungen.

[53]) Halbey, Begriff und Wesen des öffentlichen Rechts im Verwaltungsarchiv Bd. 4 S. 129—165.

über deren Organisation und Ausübung, die Rechtsverhältnisse, welche aus der Herrschermacht des Staates (imperium) gegenüber den Einzelpersonen, als Gliedern des Staates und den dem Staatszwecke oder überhaupt dem Gemeinwesen dienenden Verbänden entstehen, die im Gemeininteresse begründeten Befugnisse und Verpflichtungen der öffentlichen Gewalt und ihrer Organe, sowie die auf dem öffentlich-rechtlichen Status (der Persönlichkeit) der Einzelnen oder der Verbände beruhenden Verpflichtungen und Ansprüche dieser (physischen oder juristischen) Personen. Die Eigenschaft der öffentlich-rechtlichen Verpflichtungen der der Staatsgewalt unterworfenen Persönlichkeiten als solcher kennzeichne sich dadurch, daß sie entweder überhaupt oder doch vorwiegend im Gemeininteresse konstituiert seien. Die öffentlichen Rechte der Staatsangehörigen stellen sich ihrem innern Wesen nach als Inbegriff bestimmter Befähigungen dar, welche die Rechtsordnung (das objektive Recht) ihnen verleihe und durch welche die einzelnen Persönlichkeiten eine Erweiterung ihrer Rechtsbefugnisse erfahren.

Bornhak[54]) vermeint: Wie die Grenze zwischen beiden Rechtsgebieten überhaupt flüssig und in der Entwickelung begriffen sei, sich auf höheren Kulturstufen mehr und mehr zu Gunsten des öffentlichen Rechts verschiebe, so vermöge auch die Wissenschaft zu einem abschließenden Ergebnisse nicht zu gelangen. Man werde jetzt geneigt sein, das Wesen des einzelnen in Frage kommenden Rechtsinstitutes zu untersuchen. Sei es bestimmt von dem Grundsatze des staatlichen Herrschaftsrechts, so gehöre es dem öffentlichen Rechte an. Handle es sich um die vermögens- oder familienrechtlichen Beziehungen der einzelnen Privatpersonen zu einander, so sei es Privatrecht. Hier werden entscheidende Merkmale, wenn auch nicht vollständig, treffend hervorgehoben. Eine Förderung der Lehre hat schließlich nicht beabsichtigt Georg Meyer[55]), der

---

[54]) Bornhak, Der Entwurf des BGB. und das öffentliche Recht in Hirth's Ann. Jg. 1891 S. 212—224 und desselben Verwaltungsrecht in Preußen unter der Herrschaft des BGB. (1899) S. 2.

[55]) Georg Meyer, Lehrbuch des deutschen Staatsrechts 5. Aufl. (1899) S. 30

lediglich die Privatrechte von den öffentlichen subjektiven Rechten unterscheidet und zwar dadurch, daß er annimmt, daß diese dem Berechtigten nicht in seiner Eigenschaft als Individuum, sondern als Glied des Gemeinwesens zustehen. Die Privatrechte dienen dem eigenen Interesse des berechtigten Subjektes. Die öffentlichen Rechte werden im öffentlichen Interesse geschaffen. Das Verhältnis zum Privatrecht hat derselbe Verfasser a. a. O. S. 591 nur gestreift, in seinem Lehrbuch des deutschen Verwaltungsrechtes (2. Aufl. [1893] S. 3—6) ohne begriffliche Schärfe nebenher behandelt.

8. Wenn wir nun unserer eigenen Meinung Ausdruck zu geben unternehmen, so dürfen zunächst einige Bemerkungen allgemeiner Natur vorausgeschickt werden. Wie bereits angedeutet, ermangelt die Wissenschaft einer in der Hauptsache erschöpfenden Darstellung vom Stande des Problems und damit einer Förderung über die vom römischen Rechte gegebene Begriffsbestimmung hinaus. Der Zweck unserer Ausführungen ist nun zwar die Überzeugung Anderer von der Richtigkeit des Vorgetragenen. Wir wähnen aber nicht, Endgültiges zu geben, Sätze von unbedingter Geltung aufzustellen; dazu ist die Lehre trotz ihres Alters noch zu unentwickelt, noch zu wenig von allen Seiten erörtert und noch keineswegs vertieft. Genügen würde uns die Anerkennung, sie vorwärts gebracht zu haben. Hiermit hängt ein Weiteres zusammen. Es ist begreiflich, daß bei einer Frage wie der vorliegenden, an die, wenn auch ohne befriedigendes Ergebnis, die Rechtswissenschaft vieler Jahrhunderte die freilich nicht kräftig anfassende Hand gelegt hat, bestimmte mit der Natur der Sache gegebenen Grundanschauungen und Gedanken wiederkehren. Etwas durchaus Neues zu bieten ist hier gänzlich unmöglich. Vielmehr kann es sich nur darum handeln, Irrtümer abzuweisen, das Wesen der Dinge hervorzuheben, Gegebenes, wie bereits geschehen, zu sichten und zu ordnen, endlich auch — worauf besonderes Gewicht gelegt werden muß — das Problem mit einzelnen Gesichtspunkten zu bereichern, die bislang übersehen wurden, oder sich erst durch die Gestaltung des modernen Staatslebens dargeboten haben.

9. An die Spitze aller Erörterungen muß der Satz gestellt werden: Sobald durch Gesetz (des Reiches oder der Einzelstaaten) bestimmte Rechtsverhältnisse zu öffentlich-rechtlichen oder privaten gestempelt sind, hat es dabei sein Bewenden, jedoch mit folgenden Maßgaben. Es fragt sich einmal, ob hierbei die Grundsätze maßgebend gewesen sind, die auch bei einer von der Wissenschaft (nach noch zu erörternden Prinzipien) vorzunehmenden Zuweisung in das Gebiet des öffentlichen oder privaten Rechts in Betracht zu kommen haben. Ist dies der Fall, so hat eine juristische Diskussion keine Stätte mehr. Ist dies nicht der Fall, so wäre zu fragen, ob Zweckmäßigkeitsgründe, besondere Interessen des Gemeinwohls eine solche, den als richtig erkannten Grundsätzen nicht gemäße Bestimmung rechtfertigen. Falls dies bejaht werden kann, scheidet auch dieser Fall aus dem Bereiche der Erörterung. Anders, wenn solche Gesichtspunkte des öffentlichen Interesses nicht ersichtlich sind, die staatliche (gesetzliche) Zuweisung auf Zufall, Anwendung unrichtiger Grundsätze, Atavismus oder Willkür beruht. In diesem Falle wird es Aufgabe der Wissenschaft sein, durch Darlegung des Sachverhalts in der Überzeugung der gesetzgebenden Faktoren eine Wandlung herbeizuführen. Konkret gesprochen muß, wenn auf Grund des § 13 GVG. reichs- oder landesgesetzlich bestimmte Rechtsverhältnisse für bürgerliche oder öffentlich-rechtliche Rechtsstreitigkeiten erklärt werden, dies nach denselben Grundsätzen erfolgen, die für die rein wissenschaftliche Bestimmung ihrer rechtlichen Natur maßgebend sind. Die staatliche Zuweisung hat — unbeschadet der gedachten Ausnahme im Falle des Gemeininteresses — diese Regel zu befolgen und dieselben Schranken inne zu halten, wie die wissenschaftliche Zuweisung.

10. Bevor deren Grundsätze betrachtet werden, müssen einige landläufige Irrtümer beseitigt werden.

Unrichtig ist die oft aufgestellte Behauptung, daß die Verfolgbarkeit auf dem Wege des Civilprozesses das Wesen der Privatrechte bestimme und daß deshalb umgekehrt die rechtliche Natur eines Satzes hinsichtlich seiner Zugehörigkeit zum öffentlichen oder privaten Rechte davon abhängig ist, ob für ihn der

Rechtsweg ausgeschlossen ist oder nicht. Dies träfe bloß dann zu, wenn die Civilgerichte nur bürgerliche, nicht auch öffentliche Rechtsstreitigkeiten entscheiden würden. Daß dies nicht der Fall ist, beweist außer der Thatsache der Entscheidung von Strafsachen noch der § 17 GVG. Denn hiernach erkennen grundsätzlich die Gerichte über die Zulässigkeit des Rechtsweges. Falls daher ein Gerichtshof eine materiell öffentlich-rechtliche Frage als zu seiner Zuständigkeit gehörig angesehen hat und dies durch rechtskräftiges Urtheil ausgesprochen ist, so bleibt die Entscheidung des Gerichtes maßgebend (Absatz 2 Ziff. 4 a. a. O.). Hiernach kann je nach der Ansicht des Richters eine materiell bürgerliche Rechtsstreitigkeit zur öffentlichen erklärt werden und umgekehrt, eine materiell öffentlich-rechtliche von Civilgerichten entschieden werden. Die Entscheidung von bürgerlichen Rechtssachen erfolgt auch nicht immer durch Civilgerichte. Es judizieren diese mitunter über öffentlich-rechtliche Verhältnisse. Die Forderung, daß alle bürgerlichen Rechtssachen von (Civil)-Gerichten, alle anderen von Verwaltungsbehörden entschieden werden müssen, bezeichnet Schulze-Gaevernitz[56]) unter Darlegung der historischen Entwickelung als eine utopische, die bis jetzt noch kein Staat verwirklicht habe[57]). Das Reichsgericht hat mehrfach — Entsch. in Civilsachen Bd. 3 S. 410; Bd. 11 S. 71; Bd. 14 S. 263; Bd. 15 S. 237, 239; Bd. 22 S. 288; Bd. 25 S. 302; Entsch. des RG. vom 11. April 1896 in Rassow-Küntzel's Beiträgen zur Erläuterung des deutschen Rechts Bd. 40 S. 630, endlich Beschluß

---

[56]) Schulze-Gaevernitz a. a. O. S. 68 ff.

[57]) Thon, Rechtsnorm und subjektives Recht (1878) S. 108 ff., 131 steht, wie mancher andere auf dem bekämpften Standpunkte. Dieser wird jedoch in Theorie und Praxis neuerdings vielfach angefochten. So Jellinek, System der subjektiven Rechte (1892) S. 57; Bierling, Zur Kritik der jur. Grundbegriffe Bd. 2 S. 153; Dernburg, Pandekten a. a. O. § 21; Haenel, Deutsches Staatsrecht (1892) Bd. 1 S. 163; Wach, Handbuch des deutschen Civilprozesses § 8 (Gierke citirt in seinem deutschen Privatrecht versehentlich § 83); Entsch. des RG. i. CS. Bd. 32 Nr. 86 S. 347 f. Immerhin kommen Rückfälle in die unhaltbare Anschauung noch vor, siehe Halbey, Begriff und Wesen des öffentlichen Rechts im Verwaltungsarchiv Bd. 4 S. 129—165; Prazák, Die prinzipielle Abgrenzung der Kompetenz der Gerichte und Verwaltungsbehörden im Archiv f. d. R. Bd. VI. S. 241 f.

der vereinigten Civilsenate vom 27. April 1898, JMBl. von 1898 S. 190 — den Grundsatz ausgesprochen, daß diejenige Staatsbehörde, der die Entscheidung über einen Anspruch zusteht, auch zuständig ist, über alle Rechtsfragen zu befinden, von deren Beantwortung die Entscheidung über den Anspruch abhängt, die Zuständigkeit der Gerichte daher auch die Fragen, welche öffentlich-rechtlicher Natur seien, umfasse[58]). In einer Entscheidung vom 16. 2. 1895 (Nr. 2378) erklärt auch der preußische Gerichtshof zur Entscheidung der Kompetenz-Konflikte: Daß die Gerichte nie über öffentlich-rechtliche Fragen entscheiden dürfen, sage kein Rechtssatz; so könne insbesondere — abgesehen von Anordnungen der Wegepolizei — im Streit zwischen Privatpersonen über die Öffentlichkeit eines Weges von Gerichten erkannt werden[59]).

Es steht aber ferner authentisch nicht fest, welche Streitsachen vor die bürgerlichen Gerichte gehören; nur wenn dies der Fall wäre, könnte man, — selbst wenn unser eben geltend gemachter Einwand fortfiele — alle Civilprozeßsachen als Civilsachen ansehen. Wenn der § 3 EG. z. CPO. anordnet, daß die CPO. für die bürgerlichen Rechtsstreitigkeiten Anwendung findet,

[58]) Ueberhaupt können die Gerichte in bürgerlichen Rechtsstreitigkeiten auch über öffentlich-rechtliche Fragen, von denen die Entscheidung des privaten Rechtsstreites abhängt, entscheiden, wenn sie auch gemäß § 148 (139) C.P.O. in solchen Fällen zur Aussetzung des Rechtsstreites bis zur Entscheidung der Verwaltungsbehörden berechtigt sind. Und umgekehrt können Verwaltungsbehörden und Verwaltungsgerichte in den ihnen zugewiesenen öffentlich-rechtlichen Sachen über privatrechtl. Fragen, welche bei rechtlicher Erörterung der öffentlich-rechtlichen Sachen — nicht nur bei der Entscheidung, wie allgemein angenommen wird — erheblich sind, erkennen. Dies hängt, wie Pann (a. a. O. S. 9) richtig bemerkt, damit zusammen, daß der Civilrichter sehr häufig gezwungen ist, ein Verwaltungsgesetz als Entscheidungsquelle zur Entscheidung zu bringen und als Entscheidungsmotiv zu benutzen und umgekehrt, daß das Verwaltungsorgan sich sehr häufig gezwungen sieht, eine privatrechtliche Norm zur Auslegung zu bringen, um sich bei Beurteilung einer Frage ein Entscheidungsmotiv bilden zu können. S. auch Oppenhoff a. a. O. S. 29 Anm. 70 und v. Brauchitsch, Die neueren preußischen Verwaltungsgesetze (15. Aufl.) Bd. 1 S. 23—24 Anm. 9—11.

[59]) O. Stölzel, Rechtsprechung des Gerichtshofs zur Entscheidung der Kompetenz-Konflikte (1897) S. 318. S. ferner § 56 Abs. 4 des Gesetzes vom 1. Aug. 1883.

welche vor die ordentlichen Gerichte gehören, und wenn § 13 GVG. besagt, vor die ordentlichen Gerichte gehören alle bürgerlichen Rechtsstreitigkeiten und Strafsachen, für welche nicht entweder die Zuständigkeit von Verwaltungsbehörden oder Verwaltungsgerichten begründet ist, oder reichsgesetzlich besondere Gerichte bestellt oder zugelassen sind — über das Wesen des bürgerlichen Rechtsstreites ist damit noch keine Bestimmung getroffen[60]). In der Reichsgesetzgebung wird der Begriff der bürgerlichen Rechtsstreitigkeiten nirgends definiert[61]), auch nicht mit Rücksicht auf den Art. 6 EG. BGB., der bestimmt, daß in bürgerlichen Rechtsstreitigkeiten, in welchen durch Klage oder Widerklage ein Anspruch auf Grund des BGB. geltend gemacht ist, die Verhandlung und Entscheidung letzter Instanz im Sinne des § 8 des EG. z. GVG. dem Reichsgerichte zugewiesen wird. Nicht viel weiter ist man gekommen durch die Ansicht des Reichsgerichts — Entsch. in Civilſ. Bd. 12 S. 281 und Urteil vom 5. November 1895 in Rassow-Küntzel's Beiträgen zur Erläuterung des deutschen Rechts (1897) Bd. 41 S. 694 — daß alle Gegenstände privater Berechtigung unter den Begriff der „bürgerlichen Rechtsstreitigkeit" fallen.

Deren Begriff muß daher auf zweierlei Weise festgestellt werden. Einmal nach positivem Gesetzesrechte. Es bestimmen den Begriff die Reichs- und Landesgesetze. So wiederholt das Reichsgericht[62]). Die Geltung und Wirksamkeit der in den Einzelstaaten bestehenden Ressortgesetze ist hierdurch grundsätzlich anerkannt[63]). Eine solche Bestimmung einer Rechtssache als einer

[60]) Den correspondirenden Rechtssatz stellt dar der § 7 Abs. 1 Satz 2 des Gesetzes über die allgemeine Landesverwaltung vom 30. Juli 1883: Die Entscheidung der Verwaltungsgerichte ergehe unbeschadet aller privatrechtlichen Verhältnisse.

[61]) Motive zum Gerichtsverfassungsgesetz S. 32—33. Hauser, Die deutsche Gerichtsverfassung (1879) S. 51 f.; Rönne, Preuß. Staatsrecht 3. Aufl. § 56 S. 267 ff.; Schulze, Preuß. Staatsrecht Bd. 2 S. 354 § 190; Otto Mayer, Theorie des franz. Verwaltungsrechts (1886) S. 155 Anm. 2.

[62]) Entsch. d. RG. i. CS. Bd. 5 S. 36; Bd. 18 Nr. 23 S. 125; Bd. 22 S. 287; in Strafsachen Bd. 15 Nr. 100 S. 324.

[63]) Wilmowski-Levy, CPO. zu § 13 a. a. O. Note 1 und 2; Struckmann-Koch, zu § 13 a. a. O. Nr. 1—3; Wach a. a. O. S. 78 ff.; Sarwey, Das öffentliche Recht und die Verwaltungsrechtspflege (1880) S. 287.

bürgerlichen ist eine maßgebliche, aber doch nur in dem Sinne, daß die Natur des Rechtsstreites als eines bürgerlichen, kraft Staatsgewalt ausgesprochen wird[64][65]).

Der Wissenschaft muß es vorbehalten bleiben, die Richtigkeit dieses staatlichen Ausspruchs zu prüfen und nothwendigenfalls zu berichtigen. Dies umsomehr, als die zu billigende Auffassung des Reichsgerichts (Entscheidungen Bd. 22 S. 234 i. Civils.): „Die Landesgesetzgebung sei durch den § 13 GVG. nicht behindert, Streitigkeiten, welche ihrer inneren Natur nach dem Privatrechte angehören und mithin als bürgerliche Rechtsstreitigkeiten anzusehen sind, ganz oder teilweise Verwaltungsbehörden oder Verwaltungsgerichten zu übertragen" — auf die letzten Fragen unseres Problems zurückweist und das Ent-

---

[64]) Die Begründung des Entwurfes eines Gesetzes über die Zuständigkeit der . . . Verwaltungsgerichtsbehörden, Anlage zu den stenographischen Berichten über die Verhandlungen des Hauses der Abgeordneten 1882—1883 Bd. 1 S. 211, 226 und die Begründung eines Zuständigkeitsgesetzentwurfes vom 27. Okt. 1880, Drucksachen des Abgeordnetenhauses 1880—81; Nr. 8 S. 45 ff., 50, 51 verhalten sich darüber, daß einzelne an sich privatrechtliche Ansprüche in Rücksicht auf ihre nahen Beziehungen zum öffentlichen Rechte andern Behörden als den ordentlichen Gerichten aus Gründen der Zweckmäßigkeit zur Aburteilung überwiesen werden und zwar in der ausgesprochenen Absicht, von der durch § 13 GVG. gegebenen Ermächtigung Gebrauch zu machen und allgemein die Zuständigkeit der Verwaltungsgerichte auf gewisse Rechtsstreitigkeiten auszudehnen, wenn sie gleich an sich als „bürgerliche Rechtsstreitigkeiten" anzusehen wären.

[65]) Beispiele gewähren §§ 46, 66 des Zuständigkeitsgesetzes vom 1. Aug. 1883 mit §§ 78, 98 des Zuständigkeitsgesetzes vom 26. Juli 1876 und § 160 jenes Gesetzes; Verordnung wegen verbesserter Einrichtung der Provinzial-, Polizei- und Finanzbehörden vom 26. Dez. 1808 § 42 Nr. 2 (GS. für 1817 S. 285); Verordnung vom 30. Juli 1853 § 1 Nr. 9 (GS. S. 909) und für die neueren Provinzen die Verordnung vom 22. September 1867 § 1 Nr. 6; § 4 (GS. S. 1553); Kab.O. vom 30. Mai 1843 M. Bl. für die innere Verwaltung S. 269; § 1 der Verordnung vom 7 Sept. 1879 betreffend das Verwaltungsverfahren wegen Beitreibung von Geldbeträgen (GS. S. 591); vergl. auch Wach über die positiv-rechtliche Detailbegrenzung des Gebietes von Justiz und Verwaltung a. a. O. S. 111—113; Sydow, Die Zulässigkeit des Rechtsweges und die Kompetenz-Konflikte in Preußen 1860. Durch die politische und Rechtsentwickelung ist dies Buch überholt. Die notwendige Bearbeitung der einschlägigen Materien hat neuerdings unternommen Droop, Der Rechtsweg in Preußen 1899. S. dessen I Teil 2. Abschnitt, besonders §§ 14, 31—41.

sprechende der durch die Landesgesetzgebung erfolgenden Zuweisung einer Rechtsstreitigkeit in das eine oder andere Gebiet an einem wissenschaftlichen nicht aber an einem positiv praktischen Kriterium gemessen wissen will[66]). Eine solche, auf die innere Natur der Rechtssachen zurückgreifende Prüfung wird festzustellen haben, ob nicht bloß eine formelle bürgerliche Rechtsstreitigkeit vorliegt, d. h. eine solche, die infolge des Staatswillens als bürgerliche gilt, während durch klare wissenschaftliche Erkenntnis des Thatumstandes, daß der betreffende Rechtssatz nicht privates Recht ist, die Rechtsstreitigkeit als eine materiell bürgerliche nicht anerkannt werden kann. Hier hängt es von der sich ändernden Überzeugung der gesetzgebenden Faktoren ab, eine Wandlung eintreten zu lassen. So weit dies nicht geschieht, ist eine im Einzelnen maßgebende Bestimmung über die Zulässigkeit oder den Ausschluß des Rechtsweges infolge des Gesetzes vorhanden.

Wo aber eine auf Grund des § 13 GVG. zulässige gesetzliche Ordnung der Zuständigkeitsfragen nicht erfolgt ist, ist lediglich eine wissenschaftliche Feststellung möglich. So kommt man zu den letzten Fragen zurück: Woran erkennt man die öffentliche, woran die privatrechtliche Natur eines Rechtssatzes? Wann liegt öffentliches, wann privates Recht vor[67])?

11. Für die Macht des historisch Gewordenen auch auf dem Gebiete des Rechts giebt es keinen besseren Beweis als die Thatsache, daß kein Streit besteht über die Zugehörigkeit des Prozeßrechts in bürgerlichen Streitigkeiten und in Strafsachen zum öffentlichen Rechte. Civilprozeßrecht ist die Gesammtheit derjenigen Normen, die die gerichtliche Verfolgung, Feststellung und Verwirklichung von Privatrechten regelt. Zur endgültigen Verwirklichung muß der Staat eintreten mit besonderen Einrichtungen, welchen die nötigen Zwangsmittel zur Verfügung stehen, also mit Gerichten und Zwangsvollstreckungsbeamten.

[66]) S. über diesen Punkt auch Entscheidung des RG. i. CS. Bd. 15 S. 40, 44; Bd. 22 S. 285 ff.; Bd. 25 S. 325.

[67]) Vergl. noch Bornhak, Art. „Rechtsweg“ in v. Stengels Wörterbuch Bd. 2 S. 331 ff.; Erg. Bd. 2 S. 188 ff.

Man nimmt allgemein an, und hiergegen kann nicht angekämpft werden, daß das Civilprozeßrecht infolge der Thätigkeit der Gerichte nur öffentliches Recht darstellt. Daß das Civilprozeßrecht aber eine Fülle von materiellem Rechte enthält und schon lange nicht mehr lediglich das formelle Recht, das Verfahren regelt, ja, daß es auch materielle Rechtswirkungen schaffen kann, wird übersehen. Dies beruht alles auf geschichtlicher Tradition. Denn das entscheidende Argument der meisten Schriftsteller, schon weil sich jedes Prozeßrechtsverhältnis zwischen dem Richter als Organ der Gerichtsbarkeit und den Parteien spanne, müsse es ein Verhältnis öffentlichen Rechts sein[68]) ist gar nicht stichhaltig. Eher schon das nicht immer angeführte unmittelbare Staatsinteresse. Dieses liegt klar zu Tage beim Strafprozeßrechte, das die Begründung, Entwickelung und Beendigung des Prozeßrechtsverhältnisses enthält (Binding).

Daß das Völkerrecht als das für den Verkehr der Staaten unter einander maßgebende Recht nicht privates ist, bedarf kaum der Erwähnung. Trotz des zum Teil privatrechtlichen Inhaltes der kanonischen Rechtsbücher ist auch unzweifelhaft auf Grund geschichtlicher Entwickelung als zum öffentlichen Rechte gehörig zu bezeichnen das Kirchenrecht, d. h. die Gesamtheit derjenigen Normen, welche die äußeren Verhältnisse und Beziehungen regelt, die hervorgerufen sind durch das Leben der Menschen in der kirchlichen christlichen Gemeinschaft (Hinschius). Da auch die Natur des Strafrechts als eines zur Aufrechterhaltung der staatlichen Rechtsordnung in erster Linie bestimmten Rechts nicht Gegenstand eines Zweifels bezüglich unserer Frage sein kann, bleibt lediglich als eine Schwierigkeit die Grenzziehung zwischen Verfassungs- und Verwaltungsrecht einerseits und Privatrecht andererseits übrig. Da die Grenze zwischen Verfassungs- und Verwaltungsrecht, nicht aber zwischen Verfassungs- und Privatrecht streitig werden kann, wird es sich im Folgenden lediglich handeln um die Scheidung des Verfassungs- oder Verwaltungsrechts vom bürgerlichen.

---

[68]) Degenkolb, Einlassungszwang und Urteilsnorm (1877) S. 266 ff.; Binding, Grundriß des Strafprozeßrechts (1900) S. 3.

12. Man muß endgültig mit der Auffassung brechen, als ob für alle Staaten der Welt ein einheitlicher Maßstab zur Unterscheidung der staats- und der privatrechtlichen Bestandteile des Rechtssystems gefunden werden könnte. Es ist ein unglückliches Beharren in einer naturrechtlichen Anschauung, wenn man hieran noch festhält. Innerhalb eines jeden Staates giebt es eine ganz bestimmte Rechtsentwickelung, in deren Bereich den historisch entstandenen Besitzverhältnissen der einzelnen Gebiete ihr Recht werden muß. Dies erkennt neuerdings auch Dernburg[69]) an, wenn er sich dahin äußert, was zum öffentlichen Rechte gehöre, darüber entscheiden nicht blos grundsätzliche Erwägungen, sondern auch, was sich historisch in den einzelnen Bundesstaaten als öffentliches Recht ausgebildet hat. Allein hier ist eine wesentliche Beschränkung von Nöten. Einer veränderten Ansicht über die Zugehörigkeit eines Satzes zum öffentlichen Rechte muß auch das historisch Gewordene, falls es überlebt ist, weichen. Es ist daher bei der Prüfung der rechtlichen Natur eines Satzes, abgesehen von dem noch zu erörternden Merkmale, auf die historische Entwickelung und die geschichtlich überkommene Stellung desselben zu achten. Immer bieten diese gute Fingerzeige. Ob ihnen aber eine, die Entscheidung beeinflussende Bedeutung eingeräumt werden soll, hängt von einem Umstande ab, der genau zu untersuchen ist. Wie die scharfe Scheidung des privaten und des Staatsrechts nur denkbar ist infolge der Erkenntnis von der Verschiedenheit der Rechtssphären des Individuums und des Staates, so handelt es sich im letzten Grunde stets um das Verhältnis der Befugnisse der Staatsgewalt zu dem Rechte nnd der Pflicht der Einzelnen. Wo eine Scheidung beider nicht, vielmehr nur ein Konglomerat von Rechtssätzen, wie im mittelalterlichen deutschen Recht, vorliegt, besteht auch kein, die Rechte der Privaten gegenüber dem Staate grundsätzlich schützendes Recht. Der Staat ist, nicht nur geschichtlich und thatsächlich, sondern auch — es hängt hier eben alles zusammen — rechtlich allmächtig. Das Einzelne hierüber muß einer besonderen rechts-historischen Unter-

---

[69]) Dernburg a. a. O. S. 46 Anm. 6.

suchung an anderer Stelle vorbehalten bleiben. In dem gedachten Sinne und auch nur bedingt ist deshalb die Ansicht der Motive zu Art. 55 EG. BGB. S. 147 richtig, daß die Entscheidung darüber, ob eine Vorschrift dem bürgerlichen oder öffentlichen Rechte angehöre, im Einklang mit der Verfassung und den öffentlichen Einrichtungen der einzelnen Bundesstaaten begriffen werden müßte [70]). Treffend sagt Otto Mayer [71]): Das Verhältnis zwischen der öffentlichen Gewalt und den Unterthanen, um deren Ordnung es sich im Verwaltungsrechte handle, sei von vornherein ganz anders gedacht im Staate der landesherrlichen Hoheitsrechte, wie im Polizeistaate und wieder anders im Rechtsstaate der Gegenwart [72]). Es wird deshalb bei allen historisch überkommenen Rechtssätzen unseres Ermessens mit Rücksicht auf die uns hier beschäftigende Grenzziehung gefragt werden müssen, ob sie, im Rahmen des Rechtsstaates gedacht, ihre Stellung im Privatrechte oder im öffentlichen Rechte einnehmen müssen.

Es spielt hier natürlich auch eine Rolle die Frage der Verfassungsform: Demokratie (reine, repräsentative; Demagogie), Aristokratie (unmittelbare und repräsentative; Oligarchie) und Monarchie (absolute und konstitutionelle Monarchie, Despotie; Parlamentarismus). Das Verhältnis des Staates zu den Einzelnen ist hier ein jeweilig verschiedenes. Auch die Grundsätze der Verwaltungsformen (Staatsverwaltung, Kommunalverwaltung, Selbstver-

---

[70]) S. auch Cosack a. a. O. oben S. 25—26.

[71]) Otto Mayer, Deutsches Verwaltungsrecht Bd. 1 S. 23.

[72]) Auf den Begriff des Rechtsstaates kann hier nicht eingegangen werden. Es ist zu verweisen auf Stahl, Rechts- und Staatslehre II S. 137; Bähr, Rechtsstaat (1864) S. 1; v. Stein, Verwaltungslehre 2. Aufl. (1869) Bd. 1 S. 294; v. Gneist, Rechtsstaat 2. Aufl. (1879) S. 16, 161; v. Sarwey, Verwaltungsrechtspflege (1880) S. 45 ff.; Gumplowicz, Rechtsstaat und Socialismus (1881) S. 13; Gareis, Allgemeines Staatsrecht (1883) S. 140; Gierke, Zeitschrift für Staatswissenschaft Bd. 30 S. 13; v. Kirchenheim, Einführung in das Verwaltungsrecht (1885) S. 18; Jellinek, Gesetz und Verordnung (1887) S. 216, 242; v. Sarwey, Allgemeines Verwaltungsrecht (1887) S. 17 Note 1; Seydel, Bayrisches Staatsrecht (1888) Bd. 1 S. 615; Schulze, Preuß. Staatsrecht Bd. 1 S. 358; Otto Mayer, Deutsches Verwaltungsrecht (1895) Bd. 1 S. 53—66; Rosin, Polizeiverordnungsrecht 2. Aufl. (1895) S. 3.

waltung) dürften von Erheblichkeit sein; denn je nach deren Durchführung ist die dem Einzelnen gegenüber dem gemeinen Wesen oder dem Staate gewährte Freiheit und Selbständigkeit, die Anteilnahme an der Staatsthätigkeit größer oder geringer[73]).

In dem hier entwickelten Sinne wird derjenige Teil unserer Begriffsbestimmung des öffentlichen Rechts zu verstehen sein, der eine Rücksichtnahme auf die geschichtliche Entwickelung und Stellung eines Rechtssatzes fordert.

13. Zu den Ergebnissen des geschichtlichen Werdeganges gehört auch die Zuweisung der Rechtssätze über die Verwaltungs-Organisation zum Verwaltungsrecht. Man nennt es auch formelles Verwaltungsrecht. Dieses handelt daher von der Einrichtung und den Formen der Thätigkeit der Verwaltungsorgane und des Staates[74]). Ueber seine scharfe Scheidung vom Privatrechte besteht kein Zweifel. Es wird sich hiernach — der Kreis verengt sich immer mehr — schließlich um die Grenze zwischen materiellem Verwaltungsrecht und privatem Rechte handeln.

14. Der Begriff des materiellen Verwaltungsrechts wird hier natürlich nicht ex professo untersucht werden können. Man kann von den Bestrebungen, dem Verwaltungsrechte die Selbständigkeit abzusprechen, es in Abhängigkeit vom Staatsrechte im weiteren Sinne zu betrachten (Held, System des Verfassungsrechts [1856] Bd. 1 S. 27 Anm. 1; Laband, Archiv für öffentliches Recht Bd. 2 S. 157) absehen. Nicht nur hat das Verfassungsrecht eine ganz andere Funktion im Rechtsleben als die Verwaltung, woraus sich eine notwendige Verschiedenheit, besonders hinsichtlich des innerhalb der Anwendung der Rechtssätze gewährten Spielraums ergiebt. Auch die staatswissenschaft-

[73]) Gute Beläge bietet Rehm, Allgemeine Staatslehre (1899) in Marquardsen's Handbuch des öffentlichen Rechts: Einl.-Bd. S. 296–353.

[74]) Machus, Politik der inneren Staatsverwaltung 1823; Rösler, Das sociale Verwaltungsrecht Bd. 1 S. 1; v. Kirchenheim, Einführung in das Verwaltungsrecht S. 130 ff.; Bornhak, Preuß. Staatsrecht Bd. 2 (1889); v. Stengel, Deutsches Verwaltungsrecht (1886) S. 67 ff.; E. Meier in Holtzendorff's Encyklopädie S. 1157 ff. Dagegen v. Inama-Sternegg, Verwaltungslehre in Umrissen § 2 und Otto Mayer a. a. O. Bd. 1 S. 16.

liche Betrachtung der Verwaltung gegenüber der juristischen birgt, wie schon gerügt worden ist, mannigfache Gefahren in sich, während dies für das Verfassungsrecht keine Anwendung finden kann. Endlich wird unsere Darstellung in diesem Buche erweisen, daß das Verwaltungsrecht nicht blos auf staatrechtliche Grundsätze historisch und dogmatisch fundiert ist, was für das Staatsrecht in weiterem Sinne nicht gilt. Was den Begriff des Verwaltungsrechts selbst betrifft, so wird es als das der Verwaltung eigentümliche öffentliche Recht (Otto Mayer), auch als der Inbegriff der auf die Verwaltung bezüglichen Rechtssätze bezeichnet (Georg Meyer). Es kommt bei solcher Definition alles auf den Begriff der Verwaltung an. Sie wird zunächst negativ bestimmt[75]) als die Thätigkeit des Staates, die nicht Gesetzgebung oder Justiz ist. Dann aber auch positiv als die Thätigkeit des Staates zur Verwirklichung seiner Zwecke unter seiner Rechtsordnung. Den Zusatz „außerhalb von Gesetzgebung und Justiz" erklärt Otto Mayer als entbehrlich. Denn in der Gesetzgebung, die nach ihm die Aufstellung von Rechtssätzen durch die oberste Gewalt unter Mitwirkung der Volksvertretung ist, stehe der Staat über seiner Rechtsordnung. In der Justiz geschehe nach seiner Ansicht alles für die Rechtsordnung. Das Verhältnis der Verwaltung zur Rechtsordnung, unter der sie vor sich gehe, sei ein freieres. In näherer Prüfung wird dann als Inhalt des Verwaltungsrechts gefunden, einmal die Verwaltungsorganisation oder Behördenordnung, dann der einem jeden einzelnen Geschäftskreise der Verwaltung zugehörige Kreis von Rechtssätzen und demgemäß auch eine Lehre von dem für ihn geltenden Rechte. Im wesentlichen kann man diesen Ausführungen, unter Betonung des Gegensatzes zu Laband (a. a. O. I. S. 643 ff.) beistimmen. Dieser nennt „Verwaltung" die Summe aller staatlichen Handlungen und Willensbethätigungen, welche der Leitung des Staatsoberhauptes unterliegen; seiner und seiner Minister staatlicher Disposition untersteht alles, was nicht der

---

[75]) v. Sarwey, Allgemeines Staatsrecht S. 14; Laband, Deutsches Staatsrecht 3. Aufl. Bd. 1 S. 643; Otto Mayer a. a. O. S. 9; Georg Meyer, Deutsches Staatsrecht (1899) S. 576.

Gesetzgebung vorbehalten ist, oder zur Zuständigkeit der Gerichte gehört (S. 643). Dieser Auffassung entspricht es denn auch, wenn Laband ausführt, jeder vom Staate zu verfolgende Zweck könne als Motiv der Verwaltungshandlungen wirken, also unter Umständen auch die Durchführung eines vom Staate angeordneten Rechtsatzes; die Motive könnten aber auch völlig außerhalb der Rechtsordnung liegen (S. 646). Infolge der Definition, daß Verwaltungsrecht die Thätigkeit der Staatsregierung behufs Durchführung der Staatsaufgaben sei, ergiebt sich für Laband, daß besondere Rechtsvorschriften für die Verwaltung begrifflich nicht notwendig, vielmehr nur Ausnahme sind (S. 653). Uns erscheint das Verwaltungsrecht in jedem Betracht an die Rechtsordnung gebunden. Nur der Spielraum der Verwaltungsthätigkeit ist innerhalb der Rechtsschranken ein weiterer. Während der Rechtssprechung eine andere Gewalt, nämlich die gesetzgebende, unbedingte Vorschriften zu machen hat, steht es der Verwaltung frei, von den gegebenen Rechtsvorschriften Gebrauch zu machen oder nicht, oder auch selbst (durch Verordnung und Verfügung), wenn auch unter der Rechtsordnung, einen Teil der gesetzgebenden Gewalt auszuüben. Der Richter muß das Recht befolgen, wenn es auch seine Sache ist, wie er es auslegt. Der Verwaltungsbeamte richtet sich nicht immer nach den konkreten Rechtssätzen, die für alle Einzelfälle der Administration nicht gegeben sein können, sondern nach allgemeinen Rechtsgrundsätzen. Nicht nötig ist jedoch die von Otto Mayer vorgenommene Schaffung eines neben Gesetzgebung, Justiz und Verwaltung bestehenden „vierten Gebietes"; es sei hier eine wirkliche Thätigkeit des Staates zur Verfolgung seiner Zwecke in Frage und doch läge keine Verwaltung vor, weil mit jener Thätigkeit der Staat aus dem Bereiche seiner Rechtsordnung heraustrete. Es gehören u. A. hierher: der diplomatische Verkehr, die Kriegsführung, das Staatsnotrecht. Wir halten dies nicht für richtig. Der diplomatische Verkehr ist die Ausführung eines Teiles des Völkerrechts und insofern zu diesem gehörig, andernteils eine von dem Staatsoberhaupte geübte herkömmliche Sitte und als solche außerhalb des Bereiches des Rechts überhaupt. Dasselbe ist der Fall mit der Kriegführung, wie denn überhaupt nicht jede Thätigkeit des Einzelnen oder des Staates von den Rechtsregeln ergriffen wird. Endlich ist das Staatsnotrecht ein Teil des Verfassungsrechts. Dies ist die Summe derjenigen Rechtsregeln, durch welche sich der an sich souveräne Staat die Grundlinien seiner Gewalt gezogen und nach einem einheitlichen, auf die Dauer berechneten, der Abänderung möglichst entzogenen Plane den Rahmen abgesteckt hat, innerhalb dessen die Staatsthätigkeit — sei es Gesetzgebung, Rechtsprechung oder Verwaltung — sich abspielen soll. Das Verfassungsrecht kann auch bestimmen und hat bestimmt, daß von den durch dasselbe gewährten Garantien im Notfalle eine Ausnahme gemacht werde. Dies und nichts anderes bedeutet das Notstandrecht. Es steht auch deshalb innerhalb der Rechtsordnung[76]). Die Rechtsnatur der Verwaltung ist betont von v. Stengel[77]). Nach ihm enthält das Verwaltungsrecht die Regeln über die Bildung und Errichtung der zur Durchführung der (materiellen) Zwecke des Staates bestimmten Organe, über die Art und Weise ihrer Thätigkeit, und über die denselben dabei zustehenden Befugnisse und obliegenden Pflichten.

Wenig befriedigend ist die Definition von Ulbrich[78]). Nach ihm nennen wir Verwaltung die von den Organen des Gemeinwesens ausgehende Geschäftsführung für Kollektivinteressen, die aus dem menschlichen Zusammenleben hervorgehen und ihren Ausdruck in den Zwecken des Staates finden (s. auch a. a. O. Anm. 2). Es kommt hier zunächst der Gegensatz zwischen Verwaltung überhaupt und Staatsverwaltung nicht genügend zum Ausdruck. Wie Gemeinwesen auch jede gesellschaftliche oder rechtliche Verbindung, abgesehen vom Staate, sein kann, so kann auch die von den Organen dieser nicht mit dem Staate zusammenfallenden

---

[76]) S. auch Mohl, Württembergisches Staatsrecht (1829), der zuerst die Teilung des Staatsrechts in Verfassungs- und Verwaltungsrecht durchführte. Schulze, Preuß. Staatsrecht I, 2 nennt jenes zutreffend die rechtliche Organisation des Volkes zur Gesammtpersönlichkeit des Staates. S. Glatzer, Das Recht der provisorischen Gesetzgebung, insonderheit nach preuß. Staatsrecht, 1900.

[77]) v. Stengel, Begriff, Umfang und System des Verwaltungsrechts Z. f. St. Bd. 38 S. 218 f.

[78]) Ulbrich, Der Rechtsbegriff der Verwaltung in Grünhut's Zeitschrift Bd. 9 (1882) S. 1 ff.

Gemeinwesen ausgeübte Verwaltung auch nur eine private oder gemeinwirtschaftliche sein, niemals aber eine staatliche. Man hat neuerdings (v. Philippovich, Grundriß der Politischen Ökonomie 3. Aufl. [1899] Bd. 1 § 7 ff.) verkehrswirtschaftliche Organisationen diejenigen dauernden Verknüpfungen der Menschen unter einander genannt, die sich aus dem Verkehr selbständiger Wirtschaftseinheiten ergeben, und gemeinwirtschaftliche Organisationen solche, die das Verhältnis umfassen, in dem die Glieder der Gemeinwirtschaften zum Ganzen stehen. Auch diese verfolgen zweifellos Kollektivinteressen, auch hier giebt es eine „von den Organen des Gemeinwesens ausgehende Geschäftsführung". Aber niemals ist dies Staatsverwaltung. Auch der Ausdruck Kollektivinteresse ist zweideutig; er trifft auf soziale, auf gesellschaftliche, auf Interessen von Vereinen, handelsrechtlichen Gesellschaften und Genossenschaften gleichmäßig zu. Das sind aber noch lange keine Staatsinteressen. Sehr richtig betont dagegen Rosin[79]), daß die fortgesetzte, planmäßige, zur Erfüllung der Staatsaufgaben ausgeübte Thätigkeit Staatsverwaltung sei. Gareis[80]) bezeichnet jede Handlung des herrschenden Gemeinwesens, welche nicht Gesetzgebung ist, als Verwaltung, unter Ablehnung der gangbaren Dreiteilung[81]). Verwaltungsrecht erkennt überhaupt nicht an Gerber[82]). Gegen ihn ist schon Mohl[83]) aufgetreten. Auf seinen Schultern steht Rösler[84]) mit seinem „sozialen" Verwaltungsrecht. Es enthalte die Rechtsordnung für die zusammenwirkende Thätigkeit der Organe des Kulturlebens der Menschheit. Bei dieser Feststellung fällt vieles, was zum Privatrecht gehört, aber mit dem Verwaltungsrecht Berührungspunkte hat, in den Begriff der

---

[79]) Rosin, Polizeiverordnungsrecht 2. Aufl. (1895) S. 2.

[80]) Gareis, Allgemeines Staatsrecht in Marquardsen's Handbuch des öffentlichen Rechts (1883) § 72.

[81]) Vergl. auch Schulze, Preuß. Staatsrecht (1890) II 44 f.; Hoffmann a. a. O.

[82]) Gerber, Grundzüge eines Systems des Deutschen Staatsrechts 2. Aufl. (1869) S. 3 f.

[83]) Mohl, in Aegidi's Zeitschrift Bd. 1 S. 369—472.

[84]) Rösler, Deutsches Verwaltungsrecht 2 Bände 1872/73.

Verwaltung. Je weiter dieser gefaßt wird, desto mehr verschiebt sich die Grenze der beiden Gebiete und der Umfang der beeinflußten und beeinflussenden Rechtsdisziplin. Daß auch Rösler nichts Neues geboten, daß auch schon Hegel die „bürgerliche Gesellschaft" als eine besondere Rechtsform aufgefaßt hat (Philosophie des Rechts § 182 ff.) und daß auch Mohl (Geschichte und Litteratur der Staatswissenschaft Bd. 1) ein neben Staats- und Privatrecht zu stellendes Gesellschaftsrecht zu begründen suchte, hat schon v. Stengel[85]) hervorgehoben. Hiernach wird man unter materiellem Verwaltungsrecht dasjenige Recht zu verstehen haben, das, außerhalb von Gesetzgebung und Rechtsprechung, und, nach Ausscheidung der Bestimmungen über die Behördenorganisation, die übrig bleibende Thätigkeit des Staates ordnet, sei es durch Anerkennung allgemeiner Grundsätze, in deren Rahmen die auf Zweckmäßigkeit und Individualisierung gerichtete verwaltende Staatsthätigkeit mit dehnbaren Rechtsbefugnissen wirksam ist, sei es durch Aufstellung von, den Einzelthatbestand ausschließlich feststellenden, zwingenden, speziellen Rechtssätzen[86]).

15. Das Merkmal des materiellen Verwaltungsrechts gegenüber dem Privatrechte wird u. E. sein, daß bei ersterem zur Erscheinung kommt das ausschließliche, vorwiegende, jedenfalls unmittelbare Interesse des, Hoheitsrechte ausübenden, Staates oder der ihm untergeordneten öffentlichen Verbände. Dagegen wird man alles zum Privatrechte zu zählen haben, das lediglich den Verkehr der Individuen zu einander regelt, das höchstens in unbeabsichtigter Wirkung über das Interesse und die Zwecke der an dem Rechtsverhältnisse beteiligten Personen hinaus-

[85]) v. Stengel a. a. O. Zeitschrift für Staatswissenschaften Bd. 38 S. 232 Anm. 1.

[86]) S. hierzu Regelsberger in der krit. Vierteljahresschrift Bd. 4 S. 52 ff.; F. F. Mayer, Grundzüge des Verwaltungsrechts (1862); v. Stein, Verwaltungslehre (1869) Bd. 1 S. 29; Seydel, Grundzüge einer allgemeinen Staatslehre (1873) S. 39; Bluntschli, Allgemeines Staatsrecht (1876) S. 398 ff.; Bernatzik, Rechtsprechung und materielle Rechtskraft (1886) S. 1—82; Jellinek, Gesetz und Verordnung S. 213 f. 366 ff.; v. Sarwey, Allgemeines Verwaltungsrecht (1887) S. 51; Anschütz, Krit. Studien S. 51 ff.; Haenel, Studien Bd. 2 S. 177 ff.; 204 ff., 246 ff.

geht, das unmittelbar nur zwischen den Einzelpersonen wirkt, und, außer familien- und erbrechtlichen Verhältnissen, deren Geldverkehr regelt.

Von Erheblichkeit ist für uns die in der Litteratur noch nicht versuchte Richtung- und Inhaltgebung des Begriffes „Staatsinteresse". In ersterer Beziehung kommt in Betracht, daß der betreffende Rechtssatz, im Rahmen des Rechtsstaates gedacht, daraufhin geprüft werden muß, ob er vorwiegend oder ausschließlich im Interesse des Staates oder der Einzelnen steht. Hier wird die von uns verlangte Rücksichtnahme auf die geschichtliche Stellung und Entwickelung eines Rechtssatzes am Platze sein. Ferner wird der Inhalt des Staatsinteresses anzugeben sein.

Diese Frage wird zu Unrecht verwechselt mit der nach den Staatszwecken. Die Theorie, die die Grenzziehung zwischen öffentlichem und privatem Rechte nach den Staatszwecken vornehmen will, ist vielmehr zu bekämpfen. Denn der Staatszweck kann nur allgemein, mit einer großen Latitude — heute wohl am besten als „Kulturpflege" — bezeichnet werden. Damit kommt man nicht weiter. Durch diese Auffassung ist der Unterschied unserer Interessentheorie von der Zwecktheorie betont[87]). Der Staatszweck, jeweilig verschieden gedacht, bezeichnet im Grunde immer nur einen allgemeinen Gesichtspunkt, eine Richtlinie, den Endpunkt eines Weges, ein letztes Ideal. Dagegen ist das Interesse etwas durchaus Konkretes. Das Leben schafft immer neue Verhältnisse, deren rechtliche Gestaltung notwendig wird. Es handelt sich zunächst um deren Stellung im Recht, deren Bestimmung von der Frage, welchem Interesse das Verhältnis dient, abhängig

---

[87]) S. v. Stengel, Begriff, Umfang und System des Verwaltungsrechts Z. f. St. Bd. 38 S. 253. Unserer Ansicht Rehm, Dogmatische Darstellung der rechtlichen Natur des Staatsdienstes nach deutschem Staatsrecht in Hirth's Annalen 1885 S. 89 ff. und die dort S. 91 Anm. 3 gedachte Literatur. Dort wird auch zutreffend gegen Leuthold, Öffentliches Interesse und öffentliche Klage im VR., in Hirth's Annalen 1884 S. 321 ff., polemisiert. S. auch Neumann, Das öffentl. Interesse mit Bezug auf das Gebühren- und Steuerwesen, die Expropriation und die Scheidung von privatem und öffentl. Recht, Hirth's Annalen 1886 S. 407 ff.

gemacht werden kann. Welchen Zwecken schließlich das Rechtsverhältnis entspricht, kann nicht abgesehen werden. Was dem Interesse des Staates oder der Einzelnen dienlich ist, braucht nicht deren letzten Zwecken günstig zu sein. Das Interesse ist die wirksame Gegenwart, der Zweck die ferne Zukunft.

Wie ist nun der Interessengehalt zu denken? Uns scheint es, daß dem Staate eine doppelte Funktion zugesprochen werden muß [88]). Es wohnt ihm erstens ein Streben inne nach Verwirklichung seiner Ziele als eines Ganzen, als einer Einheit. Er muß sich selbst behaupten in seiner äußeren Integrität, in seiner Souveränität nach Außen und nach Innen. Von Erheblichkeit ist hier die jeweilig verschiedene Gestaltung des Verhältnisses zwischen dem Herrschaft ausübenden Gemeinwesen und dem Einzelnen. Hierauf weist im letzten Grunde schon der Gegensatz von öffentlichem und privatem Rechte überhaupt hin [89]). Der moderne Rechtsstaat hat eine ganz andere Beziehung zu den Individuen, wie der mittelalterliche Feudal- und der spätere Polizeistaat, wiederum der konstitutionelle eine andere, wie der absolute. Die Ausübung der Gewalt, die dem Einzelnen gelassene oder gewährte Freiheit, die sich zu subjektiven Rechten verdichtet, ist entsprechend verschieden. So gehen hier die letzten Fragen auf die der Staatsformen und auf die der Verwaltungsformen zurück [90]).

Sodann aber verwirklicht zweitens der Staat seine Ziele durch die Thätigkeit, die man Kulturpflege zu nennen gewöhnt ist, und zwar als hoheitliche, über den Einzelnen stehende Gewalt, die, unter Ausgleichung der widerstrebenden Interessenrichtungen, das Gleichgewicht der sozialen Kräfte und Strebungen aufrecht zu erhalten hat. Beides fällt manchmal, keineswegs immer, zusammen. Mithin dürfte das staatliche Interesse

---

88) Ähnlich schon der Verfasser in seiner Abhandlung, die Pflicht des Eigentümers zur Erhaltung seines Eigentums im polizeigemäßen Zustande, im Verwaltungsarchiv Bd. 6 S. 287.

89) S. oben unsere Einleitung S. 1—3.

90) S. auch Leuthold, Öffentliches Recht und öffentliche Klage in Hirth's Annalen (1884) S. 356 ff. und unsere Ausführungen oben unter Ziff. 12.

zum Inhalte haben die konkrete Ausführung und Ausgestaltung dieser doppelten Funktion, soweit dies durch die Geltendmachung und Handhabung des Rechts geschehen kann. Es genügt aber zur Kennzeichnung des materiellen Verwaltungsrechtes nicht allein, daß es sich um Ansprüche der Staatsgewalt, welche ausschließlich in seinem Imperium ihren Grund finden, handle. Er muß noch ein vorwiegendes Interesse auf Grund seiner zweifachen Aufgaben an dem fraglichen Rechtsverhältnisse besitzen.

Beim Verwaltungsrecht besteht ein Selbstinteresse des Staates, das immer unmittelbar ist, so weit es sich auf die Erhaltung des Ganzen, der Einheit bezieht, aber auch mittelbar sein kann, so weit die andere Funktion des Staates in Frage kommt. Dagegen beim Privatrecht ist das Selbstinteresse der Privaten maßgeblich und erst in zweiter Reihe das des Staates. Es kann sich sowohl das primäre Interesse des Einzelnen mit dem sekundären des Staates berühren, wie das primäre des Staates mit dem sekundären des Individuums; woraus sich die bekannten Verwickelungen ergeben, aus denen man lediglich dadurch den Ariadnefaden auffindet, daß man zwischen unmittelbarem und mittelbarem Staats- und Privatinteresse unterscheidet.

Die Verschiedenheit in der verfassungsgeschichtlichen Entwickelung eines Staates bedingt naturgemäß eine jeweilige Verschiedenheit in der Ausübung der beiden Funktionen. Die Maßstäbe hierfür wird zum Teil das Landesrecht gewähren, aber nur zum Teil, weil sich der Begriff des Staatsinteresses hinsichtlich der Einzelheiten auf positive Rechtsregeln nicht beschränken kann. Es ist deshalb nur mit Vorbehalt richtig, was andere Schriftsteller gesagt haben, daß die Entscheidung, was privatrechtlich, was öffentlich-rechtlich sei, dem Landesrechte entnommen werden müsse. Es darf die Zuweisung nur materiellrechtlich sein, d. h. sich innerhalb der angeführten Begriffsbestimmung bewegen. Sie wird hier notwendig und nützlicherweise einige Freiheit besitzen müssen. Maßgebend ist daher der von uns schon ausgesprochene Satz: Die Materie des

Interesses kann wechseln, das Kriterium des Interesses bleibt[91]).

In allen Rechtsstaaten gehören aber zum materiellen Verwaltungsrecht — weil es sich eben hier um ein primäres Staatsinteresse handelt — die Rechtsverhältnisse der Staatsgewalt selbst, die Rechtsverhältnisse, die aus der Herrschaftsmacht des Staates gegenüber den einzelnen Personen in ihrer Eigenschaft als Staatsangehörige oder als Angehörige eines dem Staate untergeordneten, sein Recht durchführenden, öffentlichen Verbandes entstehen. Letzteres folgt aus der Souveränität des Staates; denn durch diese ist die Überordnung des Staates gegenüber allen auf Grund ihrer Staatsgliedschaft unmittelbar Unterworfenen gegeben. Die Thatsache der Begründung der Überordnung schließt das primäre Interesse schon in sich. Der Unterworfene hat schon sprachlich und begrifflich — wenn überhaupt — immer ein sekundäres Interesse.

Andererseits kann, wenn auch freilich nur durch Selbstbeschränkung der Staatsallmacht, der Staat ein subjektives Recht den einzelnen Unterthanen gewähren. Es ist dies nicht anders aufzufassen, als daß insoweit der Berechtigte an Stelle der sonst über ihm waltenden Staatsgewalt einrückt. Der moderne Rechtsstaat hat diese subjektiven öffentlichen Rechte der Einzelnen jedoch nicht freiwillig und nicht willkürlich und nicht ohne Kampf zugelassen. Durch ihre Anerkennung aber, die nur in einem konstitutionellen Staatswesen denkbar ist, wird ausgesprochen, daß sie für den Bestand des Staates selbst, im Interesse seiner Erhaltung, mindestens im Sinne eines Ventils gegenüber den die staatliche Allmacht sprengen wollenden Einzelkräften gegeben sind. Es erscheint hier das staatliche Interesse deshalb auch primär beteiligt, weil das subjektive öffentliche Recht auf einer

[91]) Einer besonderen Hervorhebung bedarf es deshalb nicht, daß auch zum materiellen Verwaltungsrecht gehören die auf dem öffentlich-rechtlichen Status der Persönlichkeit der Einzelnen oder der Verbände beruhenden Verpflichtungen nnd Ansprüche dieser Personen. Auch nicht, daß die Rechtssätze, welche das Verhältnis der Über- und Unterordnung an Voraussetzungen knüpfen, zweifellos zum öffentlichen Rechte gehören. Dies ergiebt sich vielmehr aus dem obigen Grundsatze von selbst.

Gewährung des Staates beruht und dieser Ursprung für die Notwendigkeit, diese für ein vorhandenes Bedürfnis zeugt. Wollte man jedoch hier nur ein mittelbares Interesse des Staates und ein unmittelbares des Einzelnen zugeben, so kann man die Lehre von den subjektiven öffentlichen Rechten ohne Zwang unter das Kapitel von den Rechtsverhältnissen der Staatsgewalt einreihen. Sie wird dort unter den beschränkenden oder das Gleichgewicht aufrechterhaltenden Elementen ihren Platz zu finden haben. Diese beiden Gedankenreihen erweisen unseres Erachtens zweifellos die öffentlich-rechtliche Eigenschaft jener subjektiven Rechte. Sie liefern aber auch den Beweis, daß es Individualrecht giebt, das nicht die menschlichen Willensträger als Einzelwesen zu einander in Beziehung setzende Recht ist, und daß es auch individuelles öffentliches Recht geben kann. Die Scheidung zwischen Individual- und Sozialrecht mit der weiteren Folge, zum Privatrecht das Individualrecht und das positiv-rechtlich zum Privatrechte gehörende Sozialrecht zu zählen, zum öffentlichen Reche das Staatsrecht und das als öffentlich anerkannte Sozialrecht zu rechnen, erscheint daher ungerechtfertigt. Das öffentliche Recht ist aber auch nicht blos Staatsrecht nebst öffentlich anerkanntem Sozialrecht, das doch wieder, da alles öffentliche Recht staatliches ist, wiederum Staatsrecht wäre. Dies käme darauf hinaus, daß das öffentliche Recht Staatsrecht ist und ferner noch einmal Staatsrecht mit besonderem sozialen Anstrich. Würde man selbst einen unanfechtbaren Begriff des „Sozialen" besitzen — die erste Frage wäre wieder die nach dem öffentlichen Rechte und diese ist nicht beantwortet. Es reicht hiernach nicht aus, als öffentliches Recht das Staatsrecht und dasjenige soziale Recht zu bezeichnen, das wegen der Beschaffenheit der von ihm geordneten Gemeinschaften als öffentliches anerkannt ist. Im Übrigen ergiebt eine Prüfung der Rechtssätze nach dem angegebenen Grundsatze, daß das soziale d. h. dasjenige Recht, das auch beim Vorhandensein vorwiegenden Einzelinteresses das des gemeinen Interesses berücksichtigt, bald dem privaten, bald dem öffentlichen Rechte zugehören kann.

16. Eine besondere Betrachtung verlangen noch schließlich zwei Gruppen von Rechtsverhältnissen. Die erste bezieht sich auf das

Ehe- und das Familienrecht überhaupt. Die zweite auf die zu der sogenannten freiwilligen Gerichtsbarkeit gehörige Summe von Rechtssätzen.

Was zunächst die erste angeht, so wird oft behauptet, daß das Familienrecht in dem Gebiete des Privatrechts zu Unrecht seine Stelle finde. Dies hängt zum Teil mit der viel vertretenen Ansicht zusammen, daß das bürgerliche Recht mit Vermögensrecht zusammenfalle[92]). Das Familien- insbesondere Eherecht findet aber mit Fug seinen Platz im Privatrecht. Die sehr verbreitete Ansicht ist unannehmbar, daß es zum öffentlichen Rechte deshalb gehöre, weil an den fraglichen Rechtsverhältnissen der Staat ein vornehmliches Interesse hat. Wir bestreiten das durchaus. Das Familienrecht ist zunächst und in eminentem Sinne eine Angelegenheit der Einzelnen unter einander ohne Rücksicht auf staatliche Beimischung. Die Eingehung einer Lebens- und Geschlechtsgemeinschaft in den von dem Staate vorgeschriebenen Formen, mit der Wirkung staatlicher Anerkennung verleiht allein noch nicht die Natur des öffentlichen Rechts. Denn staatlich vorgeschriebene Formen und staatliche Anerkennung begegnen uns allenthalben auch sonst im Gebiete des Privatrechts: man denke an die gerichtliche und notarielle Beurkundung, an die Einrichtung der Testamente, das Grundbuchwesen u. s. w. Daß die Ehe und die durch das Vormundschaftswesen geregelten Verhältnisse auch für die Öffentlichkeit von weittragender und größerer Bedeutung sind als die lediglich das Mein und Dein betreffenden Fragen, wird oft behauptet, aber nicht erwiesen. Man mag die sittliche Bedeutung der familienrechtlichen Verhältnisse mit Fug noch so hoch einschätzen, so hat doch der Kampf wirtschaftlicher und sozialer Tendenzen vornehmlich seit der zweiten Hälfte des vorigen Jahrhunderts die Bedeutung dieser rein materiellen Verhältnisse gerade für den Staat, das öffentliche Wesen, in das hellste Licht gerückt. Die Einsicht, daß nicht blos ein hoher Stand in geistig-

---

[92]) Haelschner, Gerichtssaal Bd. XXI (1869) S. 84; XXVIII (1876) S. 422; Wach, daselbst XXV. (1873) S. 450ff.; Wahlberg in v. Holtzendorff's Handbuch des Strafrechts Bd. 2 S. 432; Schloßmann, Vertrag S. 208; Sohm in Grünhut's Zeitschrift Bd. 4 (1877) S. 457.

sittlicher, sondern auch ein menschenwürdiges Dasein in materieller Beziehung zur Existenz des Einzelnen gehört, gewinnt von Tag zu Tag an Herrschaft; und je mehr die gegenseitige Bedingtheit jener Beziehungen, insbesondere durch die Kriminalstatistik, erwiesen wird, desto mehr muß man anstehen, rein geistigen, sittlichen Verhältnissen gerade für den Staat eine fast ausschließliche, den wirtschaftlichen, den Verkehrsinteressen eine blos nebenhergehende Bedeutung beizumessen. Gegenüber dem gewöhnlich allein zum Privatrechte gerechneten Verkehrs- oder Geldwirtschaftsrecht diesen familienrechtlichen Verhältnissen eine größere Bedeutung für den Staat zu vindiziren, scheint uns angesichts der modernen Entwickelung der Gesellschaft ein Atavismus. Und weil die angeblich öffentlich-rechtliche Natur des Ehe- und Vormundschaftsrechts u. s. w. lediglich durch das vorwiegende und angeblich nächstliegende Interesse des Staates begründet wird, dem gegenüber das Einzelinteresse in zweiter oder fernerer Reihe stehen soll, erscheint diese Ansicht bei der Hinfälligkeit ihrer Prämisse unannehmbar.

Was die freiwillige Gerichtsbarkeit betrifft, so ist es ein geläufiger Irrtum, anzunehmen, daß sie eigentlich in das Gebiet der Verwaltung gehöre. Bezeichnend ist Pann (a. a. O.) „Das Grundbuch und Depositenwesen, mit einem Worte alles,“ sagt er, „was nichts mit der eigentlichen Rechtsprechung des Zivilrichters zu thun hat, ist im Grunde Verwaltungssache und wurde dem Gerichte nur deshalb zugewiesen, weil die Wichtigkeit des Gegenstandes es notwendig macht, daß rechtsgelehrte Organe dieselben zur Entscheidung bringen.“ Was zunächst den zuletzt geltend gemachten Grund angeht, so ist er schon deshalb hinfällig, weil bei der Einführung der Verwaltungsrechtsprechung es sich um rechtsgelehrte Organe handelt, die in Verwaltungsrechtssachen zu entscheiden haben. Würde also das Grundbuch- und Depositenwesen u. s. w. lediglich deshalb den Zivilgerichten (nur diese meint der Verfasser) zugewiesen, weil rechtsgelehrte Richter in Betracht kommen, so müßten mit dem Eintreten rechtsgelehrter Verwaltungsrichter jene Rechtsmaterien dem öffentlichen Rechte zugeteilt werden[93]). Daß dies nicht geschieht, ist Thatsache und eine wohlbegründete. Der Fehler der sehr üblichen Argumentation liegt darin, daß angenommen wird, zum bürgerlichen Recht gehöre nur die Rechtsprechung des Zivilrichters, also lediglich die sogenannte Zivil-Prozeßabteilung, alles andere sei Verwaltung. Dies ist unrichtig und man kann nicht scharf genug dagegen vorgehen. Auch die Handhabung des privaten Rechts kann unseres Erachtens nicht blos auf Grund der Rechtsprechung durch Urteil, sondern auch durch Beschluß erfolgen. Dieser kann entweder geschrieben oder gesprochen werden oder — was bisher übersehen worden ist — sich auch darin äußern, daß einem Antrage, der nicht rein prozeßleitender oder formeller Natur ist, stattgegeben wird. Wenn z. B. der Grundbuchrichter einen Antrag auf Hypothekeneintragung, Prioritätseinräumung, Bestellung dinglicher Rechte in der zweiten Abteilung des Grundbuches entgegennimmt, und die Eintragung, wie bekannt, auf eigene Verantwortlichkeit vornimmt, so ist auch hier eine Entscheidung zwar nicht über das Bestehen oder Nichtbestehen des urkundlich gemachten Rechts, sondern darüber vorhanden, ob es in einer Form vorgebracht ist, die es rechtfertigt, daß der Staat seinerseits dem Rechtsverhältnisse eine im Verkehr möglichst gesicherte Feststellung giebt. Diese wie jede andere Handlung der Zivilgerichte, bei denen, wie bei Entgegennahme von Testamenten, Regelung des Nachlasses, Aufnahme von Urkunden eine rein verwaltende Thätigkeit vorhanden zu sein scheint, bedingt doch aber gerade, mindestens nach den einschlägigen Gesetzen, die Thätigkeit eines rechtsgelehrten Richters und gehört — dies ist das Ausschlaggebende — zum Schutze, zur Förderung und Sicherung von Privatrechten. Deshalb gehört die freiwillige Gerichtsbarkeit nicht zum öffentlichen Rechte[94]).

---

[93]) Es ist uns wohl bekannt, daß einzelne Lehrer des öffentlichen Rechts auch die Verwaltungsgerichte als Verwaltungsbehörden, nicht als eigentliche Gerichte ansehen, doch dies ändert an der Sache nichts.

[94]) Vgl. Georg Meyer, Deutsch. VR. 2. Aufl. I S. 4, 32. Dagegen Laband, Teutsch. Staatsrecht I S. 647; Bernatzik, Rechtsprechung und materielle Rechtskraft (1886) S. 2.

17. Noch ein Punkt, die Frage der rechtlichen Natur der Vermögensrechte harrt der Aufklärung. Die verbreitete, auch vom Reichsgericht angenommene Ansicht, daß vermögensrechtliche Ansprüche immer zum Privatrechte gehören, ist eine durchaus unhaltbare. Den Beweis für diese Behauptung zu führen muß unseren Darlegungen über das öffentlich-rechtliche Vermögensrecht vorbehalten bleiben.

§ 4.

Die Bedeutung des Scheidungsmerkmals in Zweifelfällen. Ergebnisse bisheriger Untersuchungen.

1. Dem Gesagten widerspricht es nicht, daß es Rechtsbildungen giebt, bei denen die öffentlichen und privatrechtlichen Gesichtspunkte sich das Gewicht halten, oder es zu thun scheinen. Ob die Rechtsbildungen im privaten oder öffentlichen Rechte behandelt werden sollen, oder besser, ob sie ihrem Wesen nach dem privaten oder öffentlichen Rechte angehören, ist dann Frage des verwaltungsamtlichen oder gerichtlichen Ermessens. Dieses aber hat sich nach dem festgestellten Merkmale zu richten. Nicht selten wird es zweifelhaft sein, ob es sich um ein primäres oder sekundäres Staatsinteresse handelt, oft wird die Feststelluug des Inhalts dieses letzteren rechtsgeschichtlich und geschichtlich politisch Schwierigkeiten bieten. Dies ist jedoch unvermeidlich. Wesentlich aber ist, daß wir ein verläßliches Kriterium besitzen, an dem der rechtliche Thatbestand geprüft werden kann. Ob das Gewicht der das Vorhandensein der Voraussetzungen behauptenden Gründe größer erscheint, als das der diese leugnenden, ist grundsätzlich ohne Bedeutung.

2. Hierzu kommen solche Materien, in denen sich öffentliche und private Rechte mischen. Dieser Punkt ist von dem eben erörterten verschieden. Denn dieser betrifft die Frage, ob im einzelnen Falle überhaupt privates oder öffentliches Recht vorliegt und ob auf Grund einschlägiger Erwägungen das Vorhandensein des einen oder des anderen angenommen werden soll; es besteht also ein Zweifel über die Natur des Rechts

(z. B. Beamtenrecht). Hier zu 2 entsteht die Frage, ob ein Rechtssatz, wenn er anerkanntermaßen und zweifellos sowohl im öffentlichen als im privaten Rechte vorkommt und daher eine gemischte Natur zeigt, dennoch seinem Wesen nach eher dem privaten als dem öffentlichen Rechte zuzufügen ist oder umgekehrt. Dies rührt her aus der in unserer Einleitung erwähnten Mengelage privatrechtlicher und öffentlicher Institute. Öffentlich-rechtliche Verhältnisse erschienen im deutschen Mittelalter fast ausschließlich in privatrechtlicher Gestalt und wurden nach den Formeln und Regeln des Civilrechts behandelt (Dominum utile, Lehnrecht, Privatfürstenrecht, Recht der öffentlichen Sachen). Natürlich kann es vorkommen, daß jene erste Frage nur aufgeworfen werden kann wegen dieser Mischung. Doch ist auch eine andere Rechtsgestaltung möglich.

3. Von Bedeutung sind ferner die Institutionen, die gleichsam zweiseitige Ausstrahlungen haben, indem sie lediglich das (in unserm Sinne gedachte) Interesse der Einzelnen als solcher zu regeln bestimmt und geeignet sind, gleichzeitig aber das Staatsinteresse im angeführten Sinne verwirklichende Rechtsregeln enthalten. Es wird sich hier oft finden, daß einzelne Normen privaten und öffentlich-rechtlichen Charakters sind. Beläge bietet in Fülle das Wasser-, Forst-, Jagd-, Gewerberecht u. s. w.

4. Es giebt auch Verwaltungsakte, welche darauf hinausgehen, ein privates Rechtsverhältnis zu begründen, z. B. die Großjährigkeitserklärung, Privilegiengewährung, Patenterteilung [1]).

5. Endlich sind von Erheblichkeit eine Anzahl von Begriffen und Einrichtungen des Privatrechts, mit welchen sonst zweifellos öffentlich rechtliche Regeln zu operieren genötigt sind. Man denke an die Begriffe des Eigentums, des Besitzes, des Wohnsitzes, der Zahlung, der Grunddienstbarkeiten; lauter Begriffe, die dem Privatrechte angehören, von diesem geschaffen sind, von ihm ausgebildet werden und von ihm ihre besondere Prägung erhalten.

---

[1]) Georg Meyer, Verwaltungsrecht Bd. I S. 5.

6. Hieraus schon ergiebt sich, daß es keine grundsätzlich sich auf das Privatrecht beschränkende Kodifikation geben kann, welche ohne Einfluß auf das öffentliche Recht bliebe[2]). Wenn auch in privatrechtlichen Kodifikationen, wie auch im BGB., grundsätzlich das öffentliche Recht ausgeschlossen ist, so muß es doch infolge des faktischen Vorhandenseins der erwähnten Berührungspunkte zum öffentlichen Rechte in Beziehung stehen. Was insbesondere das Verwaltungsrecht angeht, so weisen freilich die Grundsätze über die Organisation und die Thätigkeit der Verwaltungsorgane keine oder wenige Beziehungen zum Privatrechte auf, wohl aber die Rechtsnormen, welche die Staats- nnd Volksinteressen zu schützen und zu fördern geeignet sind, also mehr das materielle als das formelle Verwaltungsrecht.

Darf man überhaupt von der Einwirkung des bürgerlichen Rechts reden? Sicher nur mit einem gewissen Vorbehalte. Ausdrücklich muß der Gesichtspunkt verworfen werden, der uns schließlich auf den alten Konglomeratszustand des Rechts zurückführen würde, als wenn das bürgerliche Recht eine andere Bedeutung für das öffentliche Recht hätte, als das des aufgenommenen fremden Bestandteils. Die Scheidung zwischen privatem und öffentlichem Recht ist eine grundsätzliche und muß es bleiben; sie muß in Zukunft so scharf durchgeführt werden, wie es irgend geht. Eine der wichtigsten Folgen hiervon ist u. a. die, der wir die Natur eines grundlegenden Satzes vindizieren, daß die privatrechtlichen in das öffentliche Recht aufgenommenen Bestandteile nur insoweit Geltung haben, als dies das öffentliche Recht zuläßt; daß insbesondere diejenigen, aus dem Privatrecht sich ergebenden, lediglich auf dessen dogmatisch-logischer und historischer Grundlage erwachsenen Konsequenzen nur dann auch für das öffentliche Recht von Bedeutung sind, wenn

[2]) Hoffmann a. a. O. S. 196, 197 sagt: „Überhaupt giebt es wohl kaum irgend einen Zweig der Verwaltung im engeren Sinne, wo nicht Rechtsnormen mit anderweitigen Normen und Einrichtungen in engem unauflöslichem Verbande stehen, beide wechselseitig einander bedingen und ergänzen“.

dieses es zuläßt. Wir werden über diesen Punkt noch zu verhandeln haben und begnügen uns hier nur mit einem Beispiel.

Wenn nach § 4 des Gesetzes über den Erwerb und den Verlust der Reichs- und Staatsangehörigkeit vom 1. Juni 1870 der deutsche Vater seinem unehelichen Kinde „durch eine den gesetzlichen Bestimmungen gemäß erfolgte" Legitimation die deutsche Staatsangehörigkeit erwirbt, so sind hierunter jetzt die Legitimationsrechtssätze des BGB. zu verstehen. Durch § 4 ist jedoch nur der Erwerb der deutschen Staatsangehörigkeit durch Legitimation geregelt. Konsequenzen, die aus der Legitimationslehre des deutschen bürgerlichen Rechts gezogen werden, insbesondere die zivilrechtlichen Wirkungen später festgestellter Nichtigkeit der Ehe, durch deren Schließung die Legitimation erfolgt war (§§ 1719, 1699 BGB.), sind staatsrechtlich ohne Bedeutung. Denn das öffentliche Recht hat über den Verlust der deutschen Staatsangehörigkeit infolge der Wirkungen der Ehe des inländischen Vaters nichts bestimmt[3]).

Das Recht darf aber trotz der scharfen Abscheidung der beiden Rechtsgebiete die historische Thatsache der vorhandenen Grenzgebiete nicht ignorieren und auch das natürliche Faktum der aus den Lebensverhältnissen sich ergebenden Berührungspunkte nicht übersehen. Geschieht dies aber nicht, dann mag man die in Betracht kommenden gesetzlichen und wissenschaftlichen Rechtsregeln und Grundsätze des Privatrechts als in das öffentliche Recht aufgenommen betrachten und die Bedeutung und Wirkungen der ersteren nach den Grundsätzen des letzteren abwägen und feststellen; oder man mag das bürgerliche Recht als von außen her wirkend ansehen — es ist im Grunde dasselbe. Nur muß man sich bewußt bleiben, daß über das Maß dieses Einflusses lediglich das öffentliche Recht zu bestimmen hat. Dies gilt freilich wieder nur mit einer Abschwächung. Wo nämlich das öffent-

[3]) Nicht hierher gehört § 13 Ziff. 4 des angeführten Gesetzes. Denn es handelt sich nicht um Legitimation eines deutschen unehelichen Kindes durch den ausländischen Vater. Hier kommen die Rechtssätze der Legitimation des ausländischen Rechts in Frage. Deshalb kann auch nur dieses darüber bestimmen, welches Verhältnis es zwischen dem öffentlichen und privaten Rechte hergestellt sehen will.

liche Recht privatrechtliche Bestandteile in sich aufgenommen hat, dort ist es, so lange es diesen gleichsam Gastfreundschaft gewährt, begrifflichen Wandlungen des Privatrechts gegenüber machtlos. Der Wandel in Gesetzgebung, Wissenschaft und Rechtsprechung z. B. hinsichtlich der Begriffe des Eigentums, des Besitzes, des Aufenthaltsortes, der väterlichen oder elterlichen Gewalt, kann nicht ohne Einfluß bleiben auf diejenigen Teile des öffentlichen Rechts, die diesen Teilen des bürgerlichen Rechts eine Heimatsstätte eingeräumt haben.

Nach alledem wird man, soweit die allgemeinen theoretischen Auseinandersetzungen in Frage kommen, die Zweifel als gehoben ansehen, die bestanden hinsichtlich des Vorhandenseins der Berührungspunkte zwischen bürgerlichem und Verwaltungsrechte. Daß das deutsche bürgerliche Recht auf das preußisch-deutsche Verwaltungsrecht überhaupt Einfluß ausüben *kann*, wird man nicht mehr bestreiten.

Daß es aber *thatsächlich* seine Wirkungen äußert, daß die abstrakte, denkbare Bedeutung auch wirklich vorhanden ist, kann nur der weitere positiv-rechtliche Inhalt dieser Schrift erweisen. Immerhin bietet eine von verschiedenen Standpunkten aus versuchte Übersicht eine erhebliche Erleichterung des Verständnisses. Sie soll deshalb hier gleich dargelegt werden.

§ 5.

Allgemeine Übersicht der privatrechtlichen Wirkungen.

1. Betrachten wir zunächst im allgemeinen die möglichen Wirkungen des *Bürgerlichen Gesetzbuches* auf das Verwaltungsrecht. Das BGB. und sein Einführungsgesetz sind als Einheit zu betrachten.

a) Grundsätzlich ausgeschlossen ist aus dem BGB. das öffentliche Recht, sodaß jenes schon solche Gebiete ausscheidet, in denen sich privates und öffentliches Recht auch nur mischen, wie im Privatfürstenrecht und bei der Lehre von den öffentlichen Sachen im Gemeingebrauche. Deshalb kann eigentlich prinzipiell die Frage nur dahin gestellt werden, ob das im BGB. kodifizierte

Privatrecht Einfluß ausübt auf das zum öffentlichen Rechte gehörige Verwaltungsrecht? Wenn sich aber das BGB. trotzdem nicht beschränkt auf das Privatrecht, vielmehr bewußt oder unbewußt auch öffentlich-rechtliche Elemente enthält[1]), so ist der Einfluß des BGB. zu finden nicht blos in der Reflexwirkung des in ihm enthaltenen Privatrechts auf das öffentliche Recht, sondern auch in der mindestens quantitativen Bereicherung des öffentlichen Rechts. Es liegt daher zunächst dort ein Grenzgebiet vor uns, wo Bestandteile des öffentlichen Rechts in das BGB. aufgenommen worden sind, wie in den §§ 42 Abs. 1, 89 BGB., oder bezüglich solcher Rechtseinrichtungen, die eine öffentlich rechtliche Kehrseite haben; wir erinnern nur an das Vereinsrecht. Ferner überall, wo eine Bezugnahme auf die Thätigkeit von Verwaltungsbehörden unmittelbar oder mittelbar vorliegt (Art. 135 Abs. 2, Art. 147 EG. BGB. §§ 61—63, 220, 1723 Abs. 2 BGB). Aber auch dort, wo vom Gesetze im Sinne von Rechtsnormen überhaupt gesprochen wird. Denn hierunter sind auch die verwaltungsrechtlichen mit einbegriffen, z. B. § 903 BGB. Diese Fälle werden innerhalb unseres Systems Erörterung finden.

b) Indem das EG. BGB. Art. 55 die Tragweite der Bestimmungen des BGB. auf das Gebiet des Privatrechts beschränkt, spricht es aus, daß das Gesetz, nach seinem Wortlaut, seine Anwendung an sich über das Privatrecht hinaus zu erstrecken nicht gewillt ist. Allein es giebt eine eigene Kraft der Gesetze[2]). Der Sinn des Art. 55 ist nicht der, daß er über das Privatrecht hinaus den Einfluß des BGB. verbietet; auf andere,

---

[1]) Dies ist der Fall. So heißt es in der Denkschrift zum Entw. eines BGB. (J. Guttentag'sche Ausgabe S. XI): „Das Gesetzbuch beschränkt sich seinem Zwecke entsprechend auf das Gebiet des bürgerlichen Rechts, läßt also das öffentliche Recht unberührt, wenngleich es im Zusammenhange mit der Ordnung privatrechtlicher Verhältnisse auch einzelne, in das öffentliche Recht eingreifende Vorschriften giebt." Trotz grundsätzlicher Ausscheidung des öffentlichen Rechts finden sich namentlich gewisse, auf das Prozeßrecht bezügliche Regeln in den §§ 179, 206 Abs. 2, 282, 345, 358, 363, 407 Abs. 2, 442, 542, 636, 2336 BGB.; Planck a. a. O. Bd. 1 S. 38 Ziff. 4ff.; Eck a. a. O. S. 33ff.; Beckh, Die Beweislast nach dem BGB., München 1899.

[2]) S. Kohler in Grünhut's Zeitschrift Bd. 13 S. 1ff.

außerhalb seines Bereiches liegende Rechtsgebiete hat das BGB. keinen gesetzlich gewollten Einfluß. Eine Anwendung der allgemeinen Sätze des BGB. auf andere, durch dasselbe nicht geregelte Gebiete kann es nicht verbieten, wie es auch ferner nicht möglich ist, daß die von selbst sich ergebenden Wirkungen des BGB. auf andere Rechtsmaterien durch das EG. BGB. Art. 55 von vornherein ausgeschaltet werden könnten. Wie groß die Bedeutung dieser allgemeinen Grundsätze und unbeabsichtigten Wirkungen auf das Verwaltungsrecht ist, ist eine andere Frage.

Weiterhin wird es nicht ausbleiben können, daß die im BGB. festgelegten oder von ihm vorausgesetzten Begriffsbestimmungen überall Platz greifen müssen, wo der verwaltungsrechtliche Eingriff auf Grund eines Privatrechts erfolgt, oder wo überhaupt die Grundlage des verwaltungsrechtlichen Wirkens das Privatrechtsverhältnis bildet. So z. B. ist der Eigentumsbegriff des BGB. zu Grunde zu legen, wo eine polizeilich zu erzwingende Handlung vom Eigentümer verlangt wird [3]).

c) Rechtsverhältnisse, die zwischen dem Staate und den Einzelpersonen auftreten, bei denen die Regelung dieser Verhältnisse nicht ausschließlich auf dem Gebiete des Privatrechts, sondern auch auf dem Gebiete des Verwaltungsrechts erfolgt, gehören hierher. Durch die Thatsache, daß eine der vertragsschließenden oder beteiligten Parteien der Staat ist, nimmt das Rechtsverhältnis eine von der Gestaltung der Rechtsverhältnisse lediglich unter Privatpersonen abweichende Gestalt an. Dasselbe wird zum Teil der Fall sein bezüglich der Kommunen, Kommunalverbände, öffentlicher Anstalten und Korporationen. Hierüber wird in der Lehre von den juristischen Personen und im öffentlichrechtlichen Vermögensrecht gehandelt werden.

d) Gewisse privatrechtliche Vorschriften sind zum Schutze öffentlicher Interessen gegeben, wie die §§ 254, 278, 618, 619, 842—46, 760 BGB., Art. 95 EG. BGB. Sie finden ihre Behandlung und Würdigung an geeigneter Stelle.

---

[3]) S. Staudinger a. a. O. S. 6/7.

e) Das BGB. hat ferner positiven Einfluß auf das Verwaltungsrecht, indem es dem Landrechte Materien vorbehält welche mit dem öffentlichen Rechte zusammenhängen. Denn dieses vorbehaltene Privatrecht[1]) enthält seinerseits wieder öffentlich-rechtliche Bestandteile oder öffentlich-rechtlich gemischte Institute, sodaß wiederum die Frage entsteht, wie das BGB. auf dieses im vorbehaltenen Rechte enthaltene öffentliche Recht, insbesondere Verwaltungsrecht einwirkt. Zu den vorbehaltenen Rechten, die hier in Frage kommen, gehören insbesondere:

Das Recht der landesherrlichen Familien, des früheren reichsständischen und ihm gleichgestellten Adels (EG. Art. 57, 58); das Recht der Regalien (EG. Art. 73); die Vorschriften über die Notwendigkeit eines Gesetzes zur Verleihung der Rechtsfähigkeit an eine Religionsgesellschaft oder geistliche Gesellschaft (Art. 84); über die Haftung des Staates, der Gemeinden und anderer Kommunalverbände für Beschädigung durch ihre Beamten in Ausübung öffentlicher Gewalt (Art. 77); über den Geschäftsbetrieb gewerblicher Pfandleiher und Pfandleihanstalten (Art. 94); das Recht der Fideikommisse und Lehn (Art. 59); der Rentengüter (Art. 62); das Anerberecht (Art. 64); das Wasser-, Deich-, Berg-, Jagd- und Fischereirecht (Art. 65—72) und das Gesinderecht (Art. 95).

f) Der Art. 55 EG. BGB. kommt in zweifacher Richtung in Betracht: Indem er die privatrechtlichen Vorschriften der Landesgesetze außer Kraft setzt, soweit nicht das BGB. oder das EG. etwas anderes bestimmen, scheidet er auch aus das bisherige gemeine und französische, das provinzielle, partikulare und städtische Privatrecht. Soweit diese Rechte, was zweifellos ist, Einfluß auf das in den einzelnen Staaten geltende Verwaltungsrecht geübt haben, ist dieser Einfluß durch das BGB. nach Aufhebung jener Rechte beseitigt. Das Ausschalten der gedachten Rechte ist von großer Bedeutung. Alle rechtlichen Gesichtspunkte, welche

---

[1]) Nur als Privatrecht sind Landesgesetze „unberührt“ geblieben; soweit öffentliches Recht in ihnen enthalten ist, übersteigt es die Kompetenz und Absicht des Einführungsgesetzes, einzugreifen. Sein, wie des BGB., Bereich ist grundsätzlich das Privatrecht.

sich aus dem Reflex jener aufgehobenen Rechte auf das in Preußen oder im Reiche geltende Verwaltungsrecht ergeben hatten, fallen fort. Alle Entscheidungen und verwaltungsrechtlichen Maßnahmen, welche auf Grund dieser Gesetze ergangen sind, verlieren ihre präjudizielle Bedeutung.

Die andere Richtung, in der die Bedeutung des Art. 55 für unsere Frage liegt, ist bezeichnet durch den Satz, daß nur die landesgesetzlichen Vorschriften privaten Inhalts aufgegeben sind. Dadurch sind unberührt geblieben alle öffentlich-rechtlichen Landesgesetze. Wie aber, wo die rechtliche Natur der Rechtssätze zweifelhaft ist? Dies wird mit vielen Bestimmungen des Preußischen ALR., das bekanntlich auch eine erhebliche Zahl von Materien öffentlichen Rechts enthält, der Fall sein. Wenn nun die gemischte Natur dieser Rechtssätze dargethan wird — ist die fragliche Bestimmung als privatrechtliche aufgehoben, oder besteht sie weiter, weil sie auch öffentliches Recht enthält? Die Frage ist nicht für alle Fälle einheitlich zu beantworten. Ihre Beantwortung wird mehrfach versucht werden müssen.

2. Die Wissenschaft des bürgerlichen Rechts hat mannigfachen Einfluß auf das Verwaltungsrecht. Es ist davon auszugehen, daß es eine große Anzahl von Grundbegriffen giebt, die dem System des Rechts überhaupt angehören und deshalb privatem wie öffentlichem Rechte gemeinsam sind[5]). So weit diese ihre gesetzliche Ausprägung im BGB. erhalten haben, wird deren wissenschaftliche Behandlung nicht ohne Bedeutung für das Verwaltungsrecht sein. So z. B. in den Lehren von den Sachen, vom Bestandteil, Früchten, Zubehör, Fristen, Auftrag, Unterhaltungspflicht u. s. w. Noch erheblicher ist sie, wo es sich um Lehren handelt, die die Basis beider Rechtsgebiete ausmachen, ohne durch das BGB. eine Festlegung erfahren zu haben. So wird der wissenschaftliche Ausbau der Lehren von den Rechtsquellen, von der Geschäfts- und Rechtsfähigkeit, von den juristischen Personen u. s. w. für privates und öffentliches Recht gleich bedeutsam sein. Wichtig sind hier ferner die Fälle, in denen

[5]) S. oben Ziff. 1 zu b.

das BGB. die landesrechtlichen Privatregeln über ein Institut, das Einfluß auf das Verwaltungsrecht hatte, aufhebt, ohne an deren Stelle etwas anderes zu setzen. Dann tritt die Wissenschaft in die entstandene Bresche. Es ist also auch derjenige Einfluß hier maßgeblich, welcher ausgeht von diesen Sätzen, die wir „bürgerliches Ersatzrecht" nennen wollen[6]). Eine besondere Stellung nehmen endlich ein diejenigen Einrichtungen, deren Rechtsinhalt sowohl öffentlich wie privatrechtlich ist. Es handelt sich hier um die Fragen des Personenstandes, der Zwangserziehung, der Großjährigkeit, der Entmündigung, der Verschollenheit, des Namenrechts u. s. w. Sie werden alle in dem, alsogleich darzulegenden Systeme ihre Stellung finden.

§ 6.

Die einzelnen Verwaltungszweige und das Privatrecht.

1. Betrachtet man die Beziehungen des bürgerlichen Rechts zur Verwaltung nach den einzelnen Zweigen der letzteren, so steht die Rechtslehre der inneren Verwaltung im Vordergrunde. Denn die größere Hälfte der der inneren Verwaltung zugewiesenen Aufgaben betrifft die im Interesse des Staates vorgenommene Regelung der materiellen und geistigen Wohlfahrt der Einzelnen. Ganz dasselbe bezweckt auch das Privatrecht, das freilich zunächst nur die materiellen Interessen der Individuen berücksichtigt, aber doch auch, wie im Familienrecht und im sogenannten Sozialrecht wenigstens mittelbar auch die nichtmateriellen Interessen, die „geistige Wohlfahrt". Das Mittel, jene Zwecke zu erreichen, besteht im Gebiete der inneren Verwaltung, um mit v. Stengel zu reden, darin, daß der Staat Gefährdungen, welche der Sicherheit und Wohlfahrt der Gesamtheit wie der Einzelnen durch Naturereignisse sowohl wie durch gefährliche, namentlich verbrecherische Handlungen von Menschen drohen können, abwehrt und Einrichtungen schafft, welche die materielle

[6]) S. Eck, a. a. O. S. 17.

und geistige Wohlfahrt der Staatsbürger positiv und unmittelbar zu fördern geeignet sind. Das Mittel des Privatrechts dagegen stellt sich als eine Aktion der Einzelnen zur Geltendmachung rechtlich begründeter Ansprüche dar. Der Staat wirkt nur insofern mit, als er Einrichtungen (Gerichte und Vollstreckungsorgane schafft) und unterhält, die die Möglichkeit der Rechtsverfolgung gewähren. Die staatlichen Organe sind im Gebiete der inneren Verwaltung zumeist abhängige politische Beamte, für das Gebiet des Privatrechts unabhängige Richter oder sonstige Justizbeamte. Also wie die Mittel der Ausführung, so auch die in Thätigkeit tretenden Organe sind bei der inneren Verwaltung und dem Privatrechte verschieden. Ferner ist auch das Verhältnis des Staates zu jenen Organen ein verschiedenes.

Die teilweise Gemeinsamkeit der wenn auch eigenartig gerichteten Zwecke der beiden Gebiete schafft hier reichlich Berührungspunkte. Zunächst sind Gegenstand der inneren Verwaltung Rechtsverhältnisse, die als Ausstrahlungen der privaten Persönlichkeit nach der Peripherie des Staates hin bezeichnet werden können. Da ist zunächst die Stellung der physischen und juristischen Personen, ihr Heimats- und Niederlassungsrecht Gegenstand des Verwaltungsrechts. Während die Wurzeln der ersteren im Privatrechte stecken, hat das letztere eine Reihe von Beziehungen zu ihm. Auch zwischen der Lehre von der Reichs- und Staatsangehörigkeit und dem Privatrecht ziehen sich verbindende Fäden. Dasselbe ist der Fall hinsichtlich der Regelung der Rechtsverhältnisse des Grundbesitz-, Wasser-, Forst-, Jagd-, Fischerei-, Berg- und Gewerberechts. Ebenso ist das Patentrecht, das Gesinderecht, das Wege-, Eisenbahn- und Schiffahrtsrecht, Post-, Telegraphen-, Telephon- und Reichsversicherungsrecht in Beziehung zu dem Privatrechte. Dagegen hat letzteres mit dem Maß-, Gewicht- und Geldwesen, sowie mit dem Kreditwesen nur scheinbare, formelle Berührungspunkte. Die sicherheits-polizeilichen Maßregeln beruhen zuweilen auf privatrechtlichen Voraussetzungen. Durch Einbeziehung des Vereinsrechts in das BGB. gehört auch die Vereins- und

Versammlungspolizei hierher. Auf dem Gebiete des Bildungswesens werden wir ebenfalls privatrechtliche Beziehungen aufzuweisen haben. Man denke an die Universitäten, Stiftungen, an die Dienstverträge der höheren und niederen Lehrer.

2. Was die Finanzverwaltung anbetrifft, so kommt hier das öffentliche Vermögensrecht und die Lehre von den Schuldverhältnissen insofern in Frage, als sie für das Verwaltungsrecht von erheblicher Bedeutung sind. Auf dem Gebiete der Verwaltung der auswärtigen Angelegenheiten sind einzelne Bestimmungen des Verschollenheitsrechts und des internationalen Privatrechts wichtig. Ferner ist die Erheblichkeit des inländischen Privatrechts auf die Verwaltung der im Auslande oder den Schutzgebieten in deutschem Staatsdienste befindlichen Personen zu untersuchen. Man denke an die Konsulargerichtsbarkeit, an die Eheschließung im Auslande. Die Verwaltung des Heerwesens kommt in Betracht hinsichtlich der Vergleichung der Rechtsquellen des Militärrechts mit dem des Privatrechts, hinsichtlich des Begriffs der Militärpersonen, der Dienstverhältnisse, des Pensionswesens. Endlich sind auch neben anderem die Kriegslasten, die Rayonbeschränkungen und Ähnliches hierher gehörig.

3. Die Justizverwaltung besteht nach v. Stengel[1]) in der Bestellung und Organisation der Justizbehörden, der Beschaffung des Personal- und Realbedarfes für dieselben, der Beaufsichtigung und Überwachung derselben. Sie hat mit dem Privatrecht keine Berührungspunkte[2]).

---

[1]) v. Stengel a. a. O. Zeitschrift für St. Bd. 38 S. 224.

[2]) Als 5. Verwaltungszweig unterscheidet v. Stengel (Lehrbuch S. 5) die allgemeine Landesverwaltung, „die nicht auf unmittelbare oder mittelbare Durchführung der staatlichen Aufgaben, der äußeren, Heeres-, Finanz- und inneren Verwaltung, sondern darauf gerichtet ist, die die Verfassung im engeren Sinne bildenden Einrichtungen zu verwirklichen, wie z. B. die Vornahme der Wahlen zur Volksvertretung, ferner die Wahrung der Ausübung der staatlichen Hoheits- und Aufsichtsrechte gegenüber den kirchlichen und Religionsgesellschaften, den öffentlichen Korporationen, Gemeinden, Provinzen und sonstigen Selbstverwaltungskörpern". Zu dieser Unterscheidung liegt keine Veranlassung vor. Es handelt sich fast immer um Gesetze, welche auf

§ 7.

Methode und System.

Eine subjektive Färbung muß u. E. stets die Beantwortung der methodischen Frage annehmen, ob vom bürgerlichen Gesetzbuch oder von einem System des Privatrechts ausgegangen werden soll und in dieses die öffentlich-rechtlichen Erörterungen eingefügt werden sollen, oder ob eine Gliederung nach Verwaltungszweigen oder speziellen verwaltungsrechtlichen Materien entsprechend ist. Unsere Aufgabe ist nicht nur, um mit Schultzenstein[1]) zu sprechen, „den Verwaltungsbeamten die Ermittelung dessen, was von dem neuen (bürgerlichen) Rechte für sie Bedeutung hat, zu erleichtern", sondern darüber hinaus das Ermittelte wissenschaftlich zu erfassen, zu verarbeiten und zu verwerten. Schon deshalb bedeutet eine strenge übliche Systematik eine Fessel; die Gefahr der Zerreißung von Zusammengehörigem und einer ängstlichen Einschachtelung in hergebrachte Fächer ist dann schwer zu vermeiden. Aber wo denn gleich auch eine allgemein anerkannte Systematik des wissenschaftlichen Verwaltungsrechts hernehmen? Wie anders baut Otto Mayer als Löning, wie anders Laband (in den Grundlehren des Verwaltungsrechts), wie anders v. Stengel, Georg Meyer und Bornhak auf! Auch ist den meisten Lehrern des öffentlichen Rechts naturgemäß die scharfe Hervorhebung und Ausprägung der privatrechtlichen Grundlagen des öffentlichen Rechts, wie wir sie beabsichtigen, fremd. Fast nirgend wird man Erörterungen über „die rechtliche Stellung der Einzelpersönlichkeiten und die Verwaltung", über die dem öffentlichen wie dem privaten Rechte gemeinsamen Lehren, über „die Lehre vom Irrtum und die Verwaltungsakte", um nur einiges anzudeuten, in den Lehrbüchern des Verwaltungsrechts finden.

Grund der Verfassung in konkreter Ausführung ihrer abstrakten Grundsätze erlassen werden. Diese positiven, konkreten Rechtssätze bilden aber immer den Gegenstand der inneren Verwaltung. Der Gedanke v. Stengel's ist bereits ausführlich erörtert bei Hoffmann (a. a. O. S. 192). S. auch Georg Meyer, Verwaltungsrecht Bd. 1 S. 2.

[1]) In einer Besprechung der Schrift von Schepp, Das öffentliche Recht im BGB., Verwaltungsarchiv Bd. 7 S. 588.

Andererseits empfiehlt sich auch das System des BGB. oder des bürgerlichen Rechts nur in beschränktem Maße. Es ist daher eine Einteilungsart für das zweckmäßigste erachtet worden, welche innerhalb der großen Verwaltungsrechtszweige sich frei bewegend den selbständigen Aufbau eines Systems erstrebt. Wie weit hierbei privatrechtlichen Vorbildern Folge geleistet ist, wird sich sogleich ergeben.

Der I. Teil dieses Werkes umfaßt das bürgerliche Recht im Verhältnis zu allen Rechtsmaterien der inneren Verwaltung außerhalb der vorbehaltenen Landesrechte, soweit sie unser Thema berühren. Erörtert werden sie aber nicht im Rahmen eines verwaltungsrechtlichen Systems.

Das bisher Abgehandelte sowie der nächste Paragraph über die Litteratur unserer Fragen macht das 1. Kap. des I. Abschnitts aus. Nachdem im 2. Kap. die Lehre von den Rechtsquellen genau geprüft ist, wird im II. Abschnitt (in 2 Kapiteln) „Die Einzelpersönlichkeit und die Verwaltung“ (§§ 12—18) erörtert. Die juristischen Personen werden im III. Abschnitt (§§ 19—21) behandelt, im IV. Abschnitt die dem öffentlichen und privaten Rechte gemeinsamen Lehren (Kapitel 1—5 §§ 22—31). „Das öffentliche Vermögensrecht und das Privatrecht“ wird im V. Abschnitt in den §§ 32—41 erörtert, während die verwaltungsrechtlichen Schuldverhältnisse im VI. Abschnitt in 3 Kapiteln (§§ 42—51) ihre Stelle finden. Hierauf folgen: „Die Lehre von den Wertpapieren und Staatsanleihen mit Rücksicht auf das Verwaltungsrecht“ im VII. Abschnitt (§ 52), die „Unterhaltungspflicht und das Armenwesen“ im VIII. Abschnitt (§ 53). „Familie und Verwaltung“ werden im IX. Abschnitt (§§ 54—57) betrachtet, endlich „Erbrecht und Verwaltung“ im X. Abschnitt (§ 58). Als besondere Gebiete sind im XI. Abschnitt bezeichnet die Rechtsmaterien: „Gewerberecht und BGB.“ (§ 59), „Das bürgerliche Recht und dic Organisationsgesetze der preuß. Verwaltung“ (§ 60), wobei jedoch die Erörterung gegenüber dem Vorangegangenen gleichsam die Natur einer Nachernte haben wird. Selbstständige Bedeutung hat jedoch das Arbeiterversicherungsrecht (§ 61). Dies alles in dem Rahmen von 3 Kapiteln. Der XII. Abschnitt endlich handelt von dem Einfluß des Handels-, Genossenschafts- und Konkursrechts, sowie des Zwangsversteigerungs- und Zwangsverwaltungsrechts auf das preuß. deutsche Verwaltungsrecht. Endlich finden die Fragen des Stempelsteuergesetzes mit Rücksicht auf das BGB. ihre Erörterung (§§ 62–64)[2]). Es folgt in einem Anhange die „Zusammenfassung der Ergebnisse vom Standpunkte der Verwaltungsressorts".

Der II. Theil umfaßt im I. Abschnitt die Beziehungen der Verwaltung zu den vorbehaltenen preuß. Landesrechten. Es geschieht dies hier nach den Systemen der letzteren, während im ersten Teil bereits Gelegenheit zur fragmentarischen Behandlung der Einzelfragen geboten ist. Der II. Abschnitt bespricht das Verhältnis des bürgerlichen Rechts zu den Verwaltungen der auswärtigen Angelegenheiten, des Heerwesens und der Finanzen, soweit dies nicht schon im I. Teile aus Veranlassung allgemeiner Erörterungen geschehen ist. Auch an diesem Orte eine Übersicht nach den Verwaltungszweigen am Schluß der Erörterungen zu bieten, ist entbehrlich, da hier dem System des öffentlichen Rechts gefolgt ist. Ein Register schließt das Werk ab.

§ 8.

Literatur des Gegenstandes.

Die neue und wenig bekannte Lehre von dem Einfluß des bürgerlichen Rechts auf das Verwaltungsrecht hat bisher eine

---

[2]) Für die Einzelheiten wird auf die Inhaltsübersicht zu diesem Bande verwiesen. Aus den Überschriften der einzelnen Paragraphen selbst ist die Heranziehung einer Materie des inneren Verwaltungsrechts nicht immer ersichtlich. Die Verarbeitung der einschlägigen Rechtsfragen erfolgt jedoch ausnahmslos und zwar entweder zusammen mit verwandten Sätzen oder bei Gelegenheit allgemeiner jur. Ausführungen. Es bedarf wohl kaum der Betonung, daß überall, wo im Text, im Titel eines Teils, Abschnitts, Kapitels oder Paragraphen nicht ausdrücklich von der Beziehung des privaten zum öffentlichen Rechte gesprochen wird, doch immer eine solche allein in Frage kommt. Wenn z. B. das 4. Kapitel im 4. Abschnitt über „Sicherheitsleistung und Hinterlegung", das 5. über „Selbsthülfe" spricht, so versteht es sich ebenso von selbst, daß hier der Gegenstand mit Rücksicht auf das öffentliche Recht erörtert wird, wie wenn etwa schlechtweg von juristischen Personen oder vom Namenrecht die Rede ist.

Anzahl kleiner, wenn auch nicht zu unterschätzender Aufsätze, wenige größere Abhandlungen und zwei als Übersicht dienende Arbeiten gebracht. Diese letzteren sind:

1. Schepp: Das öffentliche Recht im Bürgerlichen Gesetzbuch 1899.
2. Bornhak: Das Verwaltungsrecht in Preußen unter der Herrschaft des BGB. im Verwaltungsarchiv Bd. 8 S. 1 bis 88 und auch als Sonderabdruck.

Während sich die erste nach der Paragraphenfolge des BGB. richtet und hier eine vom Standpunkte der verwaltungsrechtlichen Wissenschaft wenig fördernde Einreihung vornimmt, ist die zweite nach den Lehren des Verwaltungsrechts gegliedert, berücksichtigt auch im Gegensatze zu Schepp's Werk die preuß. Ausführungsgesetze und behandelt zum Teil auch grundlegende Fragen. Im Ganzen beabsichtigen beide Verfasser nur eine allgemeine Orientierung zu geben. Ihre Werke sind deshalb wenig eingehend und geben meist nur eine Umschreibung der Bestimmungen des neuen Rechts. Das Verdienst der erstmaligen Behandlung der Materie bleibt den Verfassern ungeschmälert.

Einige Anregungen bietet auch

v. Staudinger: Vorträge aus dem Gebiete des BGB. für Verwaltungsbeamte 1899/1900.

Wie die Anzeige dieses Werkes besagt, sollen nur „Darstellungen geboten werden in leicht gefaltetem Gewande, in schlichter Sprache gehalten und auf eine allgemein-verständliche, belehrende Einführung in das Ganze des BGB., wie in die ausgewählten Materien berechnet". Es enthält deshalb auch sehr Vieles, was mit Verwaltungsrecht überhaupt nicht, sondern höchstens mit der Verwaltungsthätigkeit zusammenhängt. Das Meiste ist eine Darstellung einzelner, besonders auf das Interesse des Verwaltungsbeamten zugeschnittener Gegenstände des BGB.

Die Natur von andeutenden Hinweisungen hat der Aufsatz von

Hobrecht: Streifzüge in das BGB., Preuß. Verw.-Bl. Bd. 20 S. 393 ff. Etwas ausführlicher

Keiner: Der Einfluß des BGB. auf das in Preußen geltende Verwaltungsrecht, Bd. 20 S. 517—519, S. 525 bis 533.

Eine Untersuchung über die rechtlichen Wirkungen des neuen bürgerlichen Rechts im allgemeinen, eine neuere über die Grenzziehung zwischen öffentlichem und privatem Recht und über die Lehre von den Rechtsquellen fehlt.

Die von uns „Die Einzelpersönlichkeit und die Verwaltung" überschriebene Gruppe von Rechtsmaterien hat in folgenden Punkten eine Behandlung erfahren. Es schrieben:

Anschütz: Die Bekämpfung der Trunksucht im Verwaltungswege, Hildesheim 1899.

Colla: Die Trinkerversorgung unter dem BGB. 1899.

Das Namen- und Adelsrecht hat behandelt unter Angabe früherer Litteratur:

v. Staudinger in der Deutschen Juristenzeitung Bd. 3 S. 362 und

Sohm daselbst Bd. 4 S. 8f.

Eine eingehende Darstellung hat dem Namenrecht überhaupt gewidmet

Ramdohr in Rassow-Küntzel's Beiträgen 1899 S. 1f. unter dem Titel „Das Recht zum Gebrauche eines Namens nach den Vorschriften des BGB".

Ferner gehört hierher

Schultz: Die Umgestaltung des Personenstandsgesetzes nebst Ausführungsvorschriften aus Anlaß des BGB., Preuß. Verw.-Bl. Bd. 20 S. 349 und derselbe in einer besonderen Bearbeitung des Gesetzes über die Beurkundung des Personenstandes und die Eheschließung 1900.

Sartorius: Der Einfluß des Familienstandes auf die Staatsangehörigkeit nach dem deutschen Reichsgesetze vom 1. Juni 1870 in der Fassung des EG. zum BGB. im Verwaltungsarchiv Bd. 7 S. 319f.

Zur Lehre von den juristischen Personen hat eine ausführliche Abhandlung geschrieben

Hatschek: Die rechtliche Stellung des Fiskus im BGB. im Verwaltungsarchiv Bd. 7 S. 424.

Ferner behandelt

Goetze: Die Stellung der Stiftungen im heutigen Recht. Preuß. Verw.-Bl. v. 14. April 1900 Bd. 21 S. 309—313.

Das Vereinsrecht hat erörtert

Gerland in dem Aufsatze: „Das Vereinsrecht des BGB. und seine Einwirkung auf das preuß. Gesetz vom 11. März 1850" im Preuß. Verw.-Bl. Bd. 21 S. 13 ff.

Zeller: Das Verwaltungsstreitverfahren bei Einspruch gegen den Eintrag von Vereinen aus den §§ 61 ff. des BGB. im Verwaltungsarchiv Bd. 6 S. 1 f.

„Die Bedeutung des BGB. für die Stadtgemeinden" untersucht

Gravenhorst: im Preuß. Verw.-Bl. Bd. 20 S. 465 ff., 477 ff. und

Börner: „Die Bedeutung des BGB. für die Gemeindeverwaltung", Leipzig 1899.

In das öffentliche Vermögensrecht gehört

Kappelmann: Wegweiser durch das neue bürgerliche Recht für städtische Verwaltung; Preuß. Verw.-Bl. Bd. 21 S. 154;

Gayl: Das neue bürgerliche Recht, für die preußischen Kommunalverwaltungen bearbeitet 1900.

Gallenkamp: Das neue Liegenschaftsrecht in seinen Beziehungen zum öffentlichen Rechte in Sachsen; in Fischer's Zeitschrift für Praxis und Gesetzgebung, Bd. 21 (1900) S. 1 ff.

Delius: Das Fundrecht und das Schatzrecht nach dem BGB. unter Berücksichtigung der Pflichten der Polizeibehörden; Preuß. Verw.-Bl. Bd. 20 S. 337 ff. und Bd. 21 S. 87.

Goetze: Über „Taubenrecht". Preuß. Verw.-Bl. Bd. 21 S. 21.

In die Lehre von den verwaltungsrechtlichen Schuldverhältnissen ist zu setzen:

Rosenstock: Die Haftung des Beamten aus den Amtshandlungen gegenüber Dritten nach dem BGB. im Preuß. Verw.-Bl. Bd. 20 S. 557.

Schneider: Das Bürgerliche Gesetzbuch und seine Nebengesetze nach ihrer Wirkung im Geschäftsbereiche der öffentlichen Sparkassen 1899.

Goetze: Vom „Glücksspiel". Preuß. Verw.-Bl. Bd. 21 S. 119.

Endemann: Der Einfluß des BGB. auf die landesrechtlichen Lotterieverbote. Deutsche Juristenzeitung Bd. 3 S. 50ff

Thielmann: Das BGB. und die Lotterieverbote. Daselbst Bd. 5 S. 84 ff.

Über die Übertragbarkeit und Aufrechnung bei Gehaltsansprüchen der preuß. mittelbaren und unmittelbaren Staatsbeamten nach dem BGB. verbreitet sich:

Ledermann: im Preuß. Verw.-Bl. Bd. 21 S. 183.

Kappelmann daselbst S. 198.

„Unterhaltungspflicht und Armenwesen" hat zum Gegenstande

Collatz im Preuß. Verw.-Bl. Bd. 21 S. 141.

Brinkmann und Cuno im 45. Heft der Schriften des Deutschen Vereins für Armenpflege und Wohlthätigkeit, Leipzig 1899.

Das Erbrecht des Fiskus und der an seine Stelle tretenden Gemeinden nach dem BGB. bespricht

Landé im Preuß. Verw.-Bl. Bd. 20 S. 437.

Streifzüge in die preuß. Ausführungsgesetze zu dem BGB. und zu den Nebengesetzen hat unternommen

M. Franz im Preuß. Verw.-Bl. Bd. 21 S. 133.

In das Gebiet „Gewerberecht und Privatrecht" gehört der Aufsatz von

Rohmer im Preuß. Verw.-Bl. Bd. 21 S. 77 „Die genehmigungspflichtigen Anlagen der Reichsgewerbeordnung und das BGB".

v. Blume: Über das Verhältnis des § 626 BGB. zu den §§ 123, 124, 124a der Reichsgewerbeordnung; im Verwaltungsarchiv Bd. 7 S. 481 ff.

Den Einfluß des BGB., seiner Nebengesetze und der preuß. Ausführungsgesetze auf das preuß. Stempelsteuergesetz vom 31. Juli 1895 behandelt

Keiner im Preuß. Verw.-Bl. Bd. 21 S. 23 ff.

Von den vorbehaltenen Rechten hat sich beschäftigt

Delius mit dem preuß. Gesinderecht unter der Herrschaft des BGB. im Preuß. Verw.-Bl. Bd. 20 S. 85 f.

Die „Umgestaltung des Verwaltungsverfahrens aus Anlaß des BGB." hat dargelegt:

Schultz im Preuß. Verw.-Bl. Bd. 21 S. 122.

In die „besonderen Gebiete" gehören noch:

Riesenfeld: Kaufmannseigenschaft und Eintragungspflicht der Kommunalverbände nach dem neuen HGB.; Preuß. Verw.-Bl. Bd. 20 S. 106 f.

Laband: Die Bedeutung des neuen HGB. für das öffentliche Recht; Deutsche Juristenzeitung Bd. 3 S. 293.

v. Seherr-Thoß: Über die Einwirkung des BGB. auf die in Preußen geltenden Bestimmungen über Wildschaden Bd. 20 S. 361.

Im übrigen wird auf diejenige Litteratur verwiesen, die im Laufe der Darstellung berücksichtigt ist.

2. Kapitel.

Die Lehre von den Rechtsquellen.
Die Rechtsquellen des öffentlichen und privaten Rechts; ihr gegenseitiges Verhältnis.

§ 9.

Gesetz und Verordnung.

1. Die Rechtsquellen des Verwaltungsrechts sind zum Teil dieselben wie die des bürgerlichen Rechts, sodaß die Ausbildung der auf sie bezüglichen Lehren beiden Rechtsgebieten zu Gute kommt. Dazu bedingt die Ausprägung des Gesetzesbegriffs Beachtung öffentlich-rechtlicher Momente, wie andererseits der öffentlich-rechtliche Gesetzesbegriff von dem neuen bürgerlichen Rechte, wie alsbald gezeigt werden soll, beeinflußt wird. Es ist auch durch das BGB. eine neue Betrachtungsart hinsichtlich des Gewohnheitsrechtes in den juristischen Gesichtskreis getreten, die geprüft werden muß. Die Bedeutung von Staatsverträgen, Verordnungen und autonomischen öffentlich-rechtlichen Satzungen für das Privatrecht ist ebenso der Erörterung bedürftig, wie die des Rechtsnormbegriffes im neuen bürgerlichen Recht für das Verwaltungsrecht.

2. Das Gesetz ist in dem verfassungsmäßigen Staate die mit Zustimmung der Volksvertretung ergangene für alle durch sie Betroffenen geltende Rechtsvorschrift. Sie ist, wenn es sich um Gebiete des Verwaltungsrechtes handelt, Verwaltungsrechtsgesetz [1]) [2]) [3]).

---

[1]) Das „in der naivsten Konzeption aus einem System ins nächste bis in die neueste Zeit erfolgte Überwuchern" des Gesetzesbegriffes kennzeichnet Bergbohm, Jurisprudenz und Rechtsphilosophie Bd. 1 (1892) S. 24. Die

Das Wesen des Gesetzes im allgemeinen wird von manchen[4]) darin gefunden, daß die Einzelnen in den Aeußerungen ihrer Willensfreiheit ohne ihre eigene freie Zustimmung mit zwingender Kraft durch die Willensäußerung eines Organes des Staates bestimmt und gebunden werden. Bei dieser Auffassung verblassen u. E. alle Grenzen zwischen den Akten der gesetzgebenden und der vollziehenden Gewalt, wie überhaupt die ganze Theorie auf einer mangelnden Einsicht in die Lehre von der Trennung der Gewalten beruht. Wenn das entscheidende Merkmal eines Gesetzes in der rechtsverpflichtenden Wirkung einer Willensäußerung auf den Willen eines andern gefunden wird, so ist die Folge nur allzu natürlich, daß von dem Standpunkte desjenigen aus, welcher durch den fremden Willen zu einem bestimmten Verhalten rechtlich verpflichtet werde, es ganz gleichgültig sei, ob sich der Befehl an ihn speziell oder an eine größere oder geringere Anzahl von Einzelnen wende, ob er eine durch gewisse thatsächliche Voraussetzungen bedingte oder ohne weitere geistige Funktionen zu vollziehende Willensbestimmung, d. h. ob er als ein mehr oder weniger allgemeiner Rechtssatz oder als direkter, sofort zu befolgender Befehl formuliert sei. Das ist nun die vollständigste Verkennung der Bedeutung der Gesetzgebung als

Vieldeutigkeit des Begriffes beklagt er mit Recht S. 40. Vergl. auch S. 61, 68, 87, 94.

[2]) Laband, Staatsrecht Bd. I S. 679 versteht unter Verwaltungsgesetz ein Gesetz, das keine Rechtsvorschriften enthält. Dies ist ganz gekünstelt. Ausreichend widerlegt von O. Mayer, Deutsches Verwaltungsrecht Bd. I S. 119 Anm. 1 und S. 126 Anm. 11. Es ist übrigens etwas zu eng, wenn O. Mayer daselbst das verfassungsmäßige Gesetz Rechtsquelle sein läßt, soweit es sich auf das Verhältnis zwischen der öffentlichen Gewalt und den Unterthanen in der Verwaltung bezieht. Es gehören aber zum Verwaltungsrecht auch die Rechtsverhältnisse zwischen Staat und Selbstverwaltungskörper, die öffentlich-rechtlichen Ansprüche eines Gemeindegliedes nicht gegenüber dem Staate, sondern gegenüber dem Selbstverwaltungskörper. Dieser besitzt seinerseits wieder ein Stück öffentlicher Gewalt dem Staate und anderen Selbstverwaltungskörpern gegenüber aus eigenem Rechte, wie dies M. I 114 selbst annimmt.

[3]) Die Litteratur ist bei Laband, Staatsrecht I. 488 und Bornhak Pr. Staatsrecht I 475 ausgiebig verzeichnet.

[4]) v. Sarwey, Allgem. Staatsrecht S. 7.

einer auf den Erlaß allgemeiner Rechtssätze gerichteten Staatsthätigkeit. Die Allgemeinheit der Rechtssätze bedeutet ihre abstrakte Natur, d. h. die Anwendungsmöglichkeit und die Pflicht zu ihrer Anwendung in allen den vorausgesetzten Thatbestand aufweisenden Fällen. In der Allgemeinheit des Rechtsatzes liegt die Forderung der Gleichmäßigkeit für alle, „die es angeht"; sie bildet daher die Verwirklichung des Postulats der „Gleichheit vor dem Gesetze". Art. 4 pr. V. U. Die Ausbildung der gesetzgebenden Gewalt als der letzten, souveränen Staatsfunktion, die durch keine über ihr stehende Gewalt gebunden oder beherrscht ist, ist gerade erfolgt zur Setzung allgemeiner Regeln; und dieses Gleichheits- und Gerechtigkeitsprinzip bildet das geschichtlich mit ihr geborene immanente Kriterium der legislatorischen Gewalt. Es heißt auch, vollständig auf der Oberfläche der Erscheinungen zu verharren, wenn man, wie v. Sarwey annimmt, es sei vom Standpunkte des Bestimmten aus ebenfalls gleichgültig, von wem der Befehl ausgehe, sofern er überhaupt eine rechtsverpflichtende Wirkung für ihn habe. Jeder Befehl eines Dritten, zu dessen Befolgung jemand ohne seine freie Zustimmung rechtlich verpflichtet werde, sei für diesen eine rechtliche Vorschrift, eine Rechtsnorm, also, sofern sie der unmittelbare Willensausdruck eines andern sei, Gesetz. Hier liegt ein Hysteron proteron vor. Denn der von einem Befehl Betroffene wird zunächst fragen, von wem er ausgeht und erst danach ermessen, ob er eine rechtsverpflichtende Wirkung für ihn hat oder nicht. Die Antwort kann dahin gehen: es sei dies der Fall, weil es das Gesetz für alle, also auch für ihn gebietet, oder weil es sich um einen Verwaltungsakt handelt, der, da die Verwaltung zweifellos unter dem Gesetze steht, auch seinerseits auf das Gesetz, d. h. auf die allgemeine Regel zurückgeführt werden kann. Aber auch dahin kann die Antwort gehen, daß die Wirkung nicht vorhanden sei, weil keiner dieser Fälle vorliegt. Nur im ersteren Falle hat der Betroffene die Ueberzeugung, daß der Befehl berechtigt ist. Die Behörde, von der jener ausgeht, kann ihm schon deshalb nicht gleichgültig sein, weil die Frage der Rechtmäßigkeit eng mit der rechtlichen Zuständigkeit zu seinem Erlasse zusammenhängt.

Eine notwendige Konsequenz der bekämpften Lehre ist auch die, daß nur das Rechtsgeschäft nicht Gesetz sei, sonst jede Willensäußerung, die den andern rechtlich verpflichtet. Autonomische Satzung, Verwaltungsverordnung, das Recht des Hausvaters, des Hauptes einer standesherrlichen Familie, alles sei „Gesetz". Wunderbar! Dann fiele ja Rechtsnorm und Gesetz immer zusammen. In der That, das ist die letzte Weisheit dieser Theorie. Als wenn die Einführungsgesetze z. CPO., StPO., KO. in ihren §§ 12 bezw. 7 bezw. 2 dies aussprechen müßten, wenn es sich von selbst verstände und nicht vielmehr eine Ausnahme wäre. Und als ob der ausdrücklich bestimmte Sprachgebrauch dieser Gesetze für den Rechtsbegriff überhaupt maßgebend sein müßte. Daß diese Lehre schließlich auf eine vollständige Aufsaugung der vollziehenden Gewalt durch die gesetzgebende herauskommt, weil danach jeder rechtlich wirkungsvolle Befehl Gesetz, die Ausführung desselben nur Gesetzesausführung oder -Vollstreckung sein würde, wird ganz übersehen.

Wie der Feststellung des Begriffes von Gesetz überhaupt, so haftet auch dem staatsrechtlichen Begriff des Gesetzes innerhalb der Sarwey'schen Schule der Fehler an, daß sie die Teilung der Gewalten gar nicht beachtet. So ist schon falsch, daß sich der Begriff aus der Betrachtung der Willensäußerung vom Standpunkte des Bestimmenden aus ergebe. Da dieser der souveräne Staat ist, ist eine andere als die seine allmächtige Natur feststellende Formel nicht zu gewärtigen. So heißt es denn auch, das Gesetz sei keine Norm, welche zu ihrer rechtsverbindlichen Wirkung einer andern Begründung und Rechtfertigung bedürfe, als daß sie der wirkliche Ausdruck des Bestimmenden sei. Dies trifft auch auf jeden Befehl eines verfassungslosen Staates zu, dessen Staatsrecht sich in dem Satze „der Herrscher darf alles", erschöpft. Das Wesentliche im Rechtsstaate ist doch gerade, daß die Norm gegeben wird von einem, der sie verfassungsmäßig geben darf und soll, daß, um die Sprechweise der Gegner zu gebrauchen, als Bestimmender auftritt, der als solcher auftreten darf. Erst hierdurch ist u. E. die Begründung und Rechtfertigung der rechtsverbindlichen Wirkung der Norm gegeben, nicht aber dadurch, daß sie der wirkliche Ausdruck des Willens des Bestimmenden ist. Der verfassungsmäßigen Garantien ist nicht gedacht, indem als Gesetz jede, den Willen des Andern ohne Rücksicht auf seine Zustimmung bestimmende Willenserklärung verstanden wird, die „nach dem in einem Staate bestehenden Rechtszustande" als Thatsache der Willensäußerung des Bestimmenden ohne Weiteres gegen jeden Widerstand und gegen jeden Widerspruch Geltung beansprucht und der Regel nach nur von dem Bestimmenden selbst aufgehoben werden kann. Denn ein Rechtszustand kann auch ein nicht verfassungsmäßiger sein, auch in Rußland und Mecklenburg giebt es Recht. Im Grunde ist hier nichts anderes betont, als die unabhängige höchste Gewalt des Staates und daß sie sich durch widerspruchslose Befehle äußern kann. Daß über der gesetzgebenden Gewalt keine andere steht, ist ohne Zweifel, ebenso, daß die Staatsgewalt hier in thesi schrankenlos ist. Aber die konstitutionelle rechtliche Bindung des Staates verhindert die Ausübung alles dessen, was faktisch möglich, aber nach dem Grundsatze des Verfassungs- und Rechtsstaates rechtlich unzulässig wäre [6]). Diese Bindung bestimmt die Voraussetzungen und begrifflichen Grenzen der gesetzgebenden Gewalt. Klar sieht man dies, wenn man an die Grenze zwischen ihr und der rechtsprechenden Gewalt denkt. Bezüglich der vollziehenden sind freilich die Grenzen schwankend. Aber auch dieses liegt an historischen Übelständen und einer schon gerügten unrichtigen Erfassung des „Verwaltungsaktes". Die Äußerung der gesetzgebenden Gewalt ist das Gesetz, die verfassungsmäßige, unter Mitwirkung der Volksvertretung erfolgende Bestimmung von Rechtsnormen, d. h. Rechtssätzen abstrakten Inhalts, bestimmt für die Allgemeinheit und nicht für konkrete Verhältnisse.

Dies wird vielfach bestritten [7]).

---

[6]) Vergl. einerseits Jellinek, Gesetz und Verordnung S. 261 ff.; Brie, Zur Theorie des konstitutionellen Staatsrechtes im Archiv für öffentliches Recht Bd. IV S. 26; andererseits Anschütz im Verwaltungsarchiv Bd. V. S. 14.

[7]) Laband, Das Budgetrecht nach der preuß. Verfassungsurkunde Berlin 1871 S. 3; desselben Deutsches Staatsrecht I 489; derselbe in

Was man der Definition begrifflich vorwirft, ist dieses: Die Auseinanderlegung eines allgemeinen, in der Form eines Rechtssatzes erlassenen Befehls in seine logischen Folgerungen bis zu seiner Verwirklichung im einzelnen Falle, der Darlegung der Regel in der Thatsache, bilde eine unbestimmte Reihenfolge von Sätzen, welche gegenüber der Thatsache stets wieder eine Regel, also ein Allgemeines seien. Es sei bekannt, wie verschieden sich thatsächlich die Gesetzgebung in dieser Auseinanderlegung eines allgemeinen Satzes bis in seine einzelnen Folgerungen, in der Kasuistik des Rechtsverhältnisses verhalte. Ein objektiv bestimmbares Merkmal für die Abgrenzung der Gesetzgebung sei daher mit der logischen Kategorie des Allgemeinen und Einzelnen nicht

---

Marquardsen's Handbuch S. 75. Stobbe, Deutsches Privatrecht 2. Aufl. Bd. I S. 123. Jellinek, Gesetz und Verordnung S. 236ff., 257ff.; Haenel, Das Gesetz im formellen und materiellen Sinne S. 124ff.; desselben Staatsrecht Bd. I S. 22; Ulbrich, Österr. Staatsrecht § 144 S. 378ff.; Dyroff, Rechtssatzung und Gesetz zunächst nach dem bayr. Recht, Hirth's Annalen 1889 S. 817, auch Sonderausgabe S. 10; Gareis, Allgem. Staatsrecht S. 76, 116, 180; Seydel, Bair. Staatsrecht Bd. II S. 308; Thon, Archiv für öffentliches Recht Bd. V S. 149; Gierke, Deutsches Privatrecht Bd. I S. 123; Bornhak im Verwaltungsarchiv Bd. V S. 142. — Dagegen zustimmend Jhering, Zweck im Recht Bd. I S. 327ff.; v. Rönne, Preuß. Staatsrecht 4. Aufl. Bd. I § 88 S. 327ff.; H. Schulze, Preuß. Staatsrecht Bd. II S. 205ff.; E. v. Meier, Das Verwaltungsrecht in Holtzendorff's Encyklopädie S. 1157 unter Berufung auf Dahlmann, Bluntschli, Gerber, v. Stein; v. Stengel, Die Organisation der Preuß. Verwaltung nach den neuen Reformgesetzen S. 1 und desselben Lehrbuch des Verwaltungsrechts S. 7, 25; G. Meyer, Der Begriff des Gesetzes und die rechtliche Natur des Staatshaushaltsetats in Grünhut's Zeitschrift für das private und öffentliche Recht Bd. VIII S. 1ff.; derselbe, Deutsches Verwaltungsrecht Bd. I S. 7; derselbe, Deutsches Staatsrecht 5. Aufl. (1899) S. 22, 46, S. 189, 499ff.; Göppert in Jhering's Jahrbüchern Bd. 22 S. 77, 148; Seligmann, Der Begriff des Gesetzes S. 61ff.; v. Kirchenheim, Einführung in das Verwaltungsrecht S. 31, 75. Vorzüglich O. Mayer, Deutsch. Verwaltungsrecht Bd. I S. 91 Anm. 17, 18 S. 119. S. dort auch die schlagende Entgegnung auf einen Vermittelungsversuch von Rosin, Polizei-Verordnungsrecht S. 4ff. Zu erwähnen wäre dort auch gewesen Bernatzik, Rechtsprechung und materielle Rechtskraft 1886 S. 5 Nr. 5, der den sonderbaren Gegensatz von Konkret und Individuell konstruiert und ganz in die Irre geht.

gewonnen[8]). Dies ist abwegig. Es kommt nicht darauf an, ob die Rechtsnorm ein logisch Allgemeines enthält, sondern daß sie allgemein gilt. Es braucht sich keineswegs um einen logischen Obersatz zu handeln, aus dem durch Folgerungen der Untersatz herauszuziehen wäre. Rechtsnorm ist nach unserer Ansicht mit allgemeiner Regel gleichbedeutend; allgemein in ihrer Anwendungsmöglichkeit und Anwendungsabsicht[9]).

Daß die Definition auch staatsrechtlich nicht befriedigt, wird ebenfalls behauptet. Daraus aber, daß keineswegs jeder allgemeine, in einem Rechtssatze formulierte rechtsverpflichtende Befehl ein Gesetz im Sinne des heutigen Staatsrechtes ist, folgt dies mit Nichten. Denn nur die unter Mitwirkung der Volksvertretung geschaffene staatliche Rechtsnorm nennen wir Gesetz, während die allgemeine Rechtsregel ohne jene Mitwirkung nicht Gesetz ist, wenn sie auch von diesem abhängig erscheint. Es kann hier nur die Rechtsverordnung in Frage kommen. Auch sie hat allgemein bindende Kraft, ohne Gesetz zu sein und unterscheidet sich von diesem dadurch, daß es der ungebundenen Gesetzgebungsgewalt des Staates seine Entstehung verdankt[10]), während sie durch die Legislative bedingt und beschränkt ist[11]).

Die Lehre vom formellen und materiellen Gesetze spielt hier erheblich herein. Die Behandlung unserer Frage wird bei der

---

[8]) v. Sarwey, Allgem. Verwaltungsrecht S. 8.

[9]) Eine kritische Würdigung der Lehre vom Rechtssatze hat Anschütz, Kritische Studien S. 13ff. gegeben. — Bornhak, Preuß. Staatsrecht Bd. I S. 440 verkennt, wie mancher Andere, wie das Erfordernis der Allgemeinheit der Rechtsnorm im Gesetze mit dem Wesen der Gesetzgebungsgewalt, deren Aufgabe in erster Reihe in der Schaffung allgemein gültiger Satzungen besteht, zusammenhängt. Welcher spezifische, von der vollziehenden Gewalt verschiedene Beruf ist ihr denn zu vindizieren, wenn nicht dieser? Unzweifelhaft giebt es übrigens auf dem Gebiete des Privatrechts keine anderen als allgemeine Rechtsnormen. So Bornhak selbst Bd. I S. 440, 485. Bei unserer Ansicht giebt es in Bezug auf diesen Punkt hinsichtlich des privaten und öffentlichen Rechts keinen Unterschied. Diese Konkordanz ist nicht zu unterschätzen.

[10]) v. Martitz, Über den konstitutionellen Begriff des Gesetzes nach deutschem Staatsrecht. Zeitschrift für die gesammte Staatswissenschaft, 36. Jahrgang S. 249.

[11]) A. M. Bornhak a. a. O. Bd. I S. 93. S. auch Laband, Bd. I S. 562.

Fülle der widerstreitenden Meinungen[12]) eine allzu verwickelte und doch bedarf es einer klaren Richtlinie. Die Aufwerfung der Frage nach dem Inhalte der formellen Gesetze ist nur möglich bei der Annahme, einmal daß der Grundsatz von der Teilung der Gewalten nicht streng durchgeführt ist und daß die Gesetzgebung nicht ausschließlich im Besitze der rechtsetzenden Gewalt ist; sodann aber bei der Thatsache, daß dieses Organ nicht nur die Funktionen der staatlichen Rechtssetzung ausübe, sondern in die vollziehende Gewalt eingreife[13]). Wir halten mindestens den ersten Teil dieser Auffassung für unrichtig und meinen, daß die Legislative die rechtssetzende Gewalt ausschließlich besitzt. Die Verordnungsgewalt des Monarchen und seiner Beamten beruht im konstitutionellen Staate auf dem Gesetze[14]). Was den zweiten Einwand angeht, so ist die Auffassung geboten, daß die gesetzgebende Gewalt, indem sie, äußerlich schrankenlos, das Budgetrecht und noch einzelne wenige Verwaltungs-Befugnisse sich selbst vorbehält, deren Regelung in der ihr gemäßen Form, dem Gesetz, bewirkt. Es ist hier nicht ganz zutreffend, von Verwaltungsakten zu sprechen, vielmehr findet meistens nur eine verwaltende Thätigkeit der gesetzgebenden Gewalt — ausnahmsweise und verfassungsmäßig begründet — statt. Die seitens der Legis-

[12]) Über die Entstehung der Lehre s. Anschütz, Studien S. 4, 5 und Litteratur S. 6; Proebst in den Annalen des Deutschen Reiches 1882 S. 287; G. Meyer, Staatsrecht, 5. Aufl. (1899) S. 500 Anm. 3.

[13]) Anschütz, Studien S. 3, 9 und passim.

[14]) In Preußen ergiebt sich dies auch aus Art. 45 VU. Diese, das Grundgesetz, also doch auch ein Gesetz, räumt dem König die Macht ein, Verordnungen zu erlassen und zwar nicht nur Ausführungsverordnungen, sondern auch Rechtsverordnungen, d. h. Verordnungen mit allgemein bindenden Normen. Gneist, Verwaltungsjustiz, Rechtsweg S. 74. Arndt, Das Verordnungsrecht des Deutschen Reiches (1884) S. 64, 74f., wo auch (S. 76 Anm. 2) die abweichenden Ansichten erörtert werden. H. Schulze, Reichs-Staatsrecht S. 530. Arndt, Komm. d. VU. für den preuß. Staat (2. Aufl.) S. 97 und Litteratur. Bornhak, Pr. Staatsrecht Bd. I. S. 437. Das Gesetz bietet hiernach erst die Möglichkeit zum Verordnungsrecht der Krone. Die weitere Möglichkeit der Delegation an die Minister zeigt die Rechtsnatur dieser Befugnisse recht klar. Hierzu ist jetzt zu vergleichen: Anschütz: Die gegenwärtigen Theorien über den Begriff der gesetzgebenden Gewalt und den Umfang des königl. Verordnungsrechts nach preuß. Staatsrecht, 1900.

lative in gewissen Fällen gewährte Gestattung der derivativen Rechtssetzungsgewalt durch die das Verordnungsrecht besitzenden staatlichen Faktoren fällt in einzelnen Ausnahmefällen fort. So liegt in jedem Gesetz angeblich ohne normativen Inhalt und in jedem sogenannten Verwaltungsakte in Gesetzesform die stillschweigende Verwahrung: da es von der gesetzgebenden Gewalt allein abhängt, welche Organe Rechtssätze bestimmende Macht außer ihr ausüben, erklärt jene in diesem besonderen Fall, daß sie (um gewissen Erfordernissen des konstitutionellen Staates zu entsprechen) die Rechtssätze bestimmende Macht anderer Faktoren ausschließt. Man kann aber auch schließlich für eine unerhebliche Zahl von Ausnahmefällen zugeben, daß die Gesetzgebung Verwaltungsakte ausübt, ohne das Zugeständnis nötig zu haben, daß die grundsätzliche Beschränkung der Legislative auf allgemeine Vorschriften dadurch aufgehoben sei.

III. Der entwickelte Begriff ist der des konstitutionellen Staatsrechtes. Er ist auch für das heutige Privatrecht von maßgebender Bedeutung. Es ist deshalb zu fragen, was dieses zu seiner Ausbildung beigetragen hat. Man kann sagen: recht wenig. Zum Teil gehen selbst die namhaftesten Romanisten über die grundlegenden Fragen hinweg, wie Scheurl[15]), die Pandekten von Arndt's[16]), Wendt (1888) und Hölder (1891). Teils fassen nur wenige die heutzutage allein in Betracht kommende Art des Gesetzes, die des verfassungsmäßig entstandenen und publizierten ins Auge. Rühmliche Ausnahmen bilden Vangerow[17]), Windscheid[18]), Regelsberger[19]), Dernburg[20]). Von den Germanisten kommt hier Gierke[21]) in Betracht. Von erheblicher Bedeutung ist auch für das bürgerliche Recht die Frage, ob der Richter die Verfassungsmäßigkeit des Gesetzes prüfen darf.

---

[15]) Institutionen (8. Aufl.) 1883 S. 4.

[16]) 13. Aufl. (1886) §§ 3ff.

[17]) Vangerow, Pandekten (1876) Bd. I S. 38.

[18]) Winscheid, Pandekten (1891) Bd. I S. 36.

[19]) Regelsberger, Pandekten Bd. I § 18.

[20]) Dernburg, Pandekten 6. Aufl. Bd. I S. 51.

[21]) Gierke, Deutsches Privatrecht Bd. I S. 128 und Litteratur. S. auch Kuhlenkamp in der Jur. Wochenschrift 1895 S. 110.

Sie wird deshalb auch von den letztgenannten Schriftstellern dankenswerterweise erörtert. Für Preußen bietet Art. 106 VU. die bekannte Schranke. Für das Reich ergiebt sich eine Verpflichtung zur Prüfung aus § 13 des Beamtengesetzes: „Jeder Reichsbeamte ist für die Gesetzmäßigkeit seiner amtlichen Handlungen verantwortlich“[22]). Hieraus ergiebt sich wiederum die elementare Bedeutung des öffentlichen Rechts für die Lehre von den Rechtsquellen[23]).

IV. Schwierig ist der Begriff des Gesetzes für die Zeit vor Erlaß der preußischen Verfassungsurkunde. Gesetze, die vor der Gründung des neuen Deutschen Reiches, das am selben Tage, wie seine Verfassung, geboren ist, ergangen sind, kommen natürlich nicht in Betracht, insbesondere nicht die des alten deutschen Reiches, da das jetzt bestehende mit ihm keine Kontinuität hat. Für Preußen ist an die Spitze dieser Betrachtung der Satz zu stellen, daß das vor der Verfassung entstandene Gesetz diejenige für alle durch sie Betroffenen („den es angeht“) geltende allgemeine Rechtsvorschrift ist, die von dem höchsten Vertreter der Staatsgewalt ausgegangen ist. Es muß der Begriff des (dauernd) „Festgesetzten“, „Gesetzten“ damit verbunden sein; gleichsam ein stabiliertes Recht gegenüber dem gelegentlichen Befehl[24]). Dies gilt sowohl für privates, wie für öffentliches Recht.

Im übrigen ist zu unterscheiden: die Macht des Fürsten in Preußen erscheint bis zur Verfassung unbeschränkt und es ist auch bis zum Jahre 1781 eine Selbstbeschränkung nicht erfolgt. Jede Vorschrift, die vom absoluten Herrscher ausgeht und die Merkmale des Gesetzesbegriffes aufweist, ist Gesetz. Vielfach[25]) wird angenommen, daß Gesetz jede ältere Anordnung

---

[22]) Aus der großen Litteratur sei nur verwiesen auf Laband, StR. Bd. I S. 419 ff., 423 Anm. 1, 526, 581, 595, 735.

[23]) S. hierüber aus der Litteratur des neuen bürgerlichen Rechts Cosack a. a. O. Bd. I S. 29, 32; Engelmann a. a. O. S. 16/17; Kuhlenbeck a. a. O. S. 8 und die dort angegebenen Entscheidungen des RG.; Scherer a. a. O. S. 1—4; Rehbein das BGB. Bd. I (1899) S. X.

[24]) Dies auch gegen die Entscheidung des OTr. vom 21. Dez. 1854 StrA. Bd. 16 S. 101.

[25]) Gneist, Rechtsstaat S. 218; derselbe in Holtzendorff's Rechtslexikon (3. Aufl.) III, 2 S. 1063; Sarwey, Allgemeines Verwaltungsrecht S. 16;

des Fürsten allgemeinen Inhaltes sei, an Unterthanen oder Behörden gerichtet, welche veröffentlicht worden ist. Dieses Merkmal ist mit Recht als „ein äußerliches, man möchte sagen, willkürlich gewähltes" bezeichnet, aber doch aufrecht erhalten worden[26]). Der Grund, man bekäme nur auf diese Weise eine sichere Grenze gegen den Schwall von alten Dienstvorschriften, welche in unser Gesetzesmaterial hineinströmen wollten, ist nicht stichhaltig. Es läßt sich nicht absehen, warum der innere, heute noch zu schätzende Wert solcher Anordnungen nur bei den veröffentlichten vorhanden sein sollte. Ein vielleicht geheim gehaltener Rechtssatz mag noch viel juristischen und praktischen Sinn haben, während ein ganzer Haufe veröffentlichter Verordnungen diesen nicht aufzuweisen hätte. Dazu kommt noch, daß die erdrückende Mehrzahl der eigentlichen Dienstvorschriften durch die veränderte Organisation der Behörden entweder ausdrücklich oder stillschweigend aufgehoben sein dürfte. Es würde nicht schaden, wenn man hier auf Grund einer freieren Auslegung so manche veraltete Anweisung, Instruktion u. s. w. als obsolet ansehen würde. Cessante ratione legis, cessat lex ipsa. Der § 59 Einleitung ALR.: „Gesetze behalten so lange ihre Kraft, bis sie von dem Gesetzgeber ausdrücklich wieder aufgehoben werden", kann hier nicht gelten, da diese Regel nur auf Vorschriften des Landrechts und nach ihm erschienener Gesetze Anwendung finden kann und weil auch der Begriff des Ausdrücklichen in dieser Bestimmung einer freieren Auslegung zugänglich ist[27]). Auch das trifft nicht zu, daß die Veröffentlichung

---

Arndt, Verordnungsrecht S. 30; Entscheidungen des RG. Bd. 13 S. 213; OTr. in StA. Bd. 29 S. 149; Blätter für administrative Praxis und Polizeigerichtspflege Bd. 26 (1876) S. 9.

[26]) O. Mayer, Verwaltungsrecht Bd. I S. 121: „Ob Veröffentlichung stattfand oder nicht, ist für die auf die Verwaltung bezüglichen Anordnungen ja wesentlich nur Zweckmäßigkeitsfrage gewesen. In Wirklichkeit konnten im alten Rechte auch nicht veröffentlichte, nur den Behörden mitgeteilte Anordnungen des Fürsten für die Unterthanen ganz dasselbe bedeuten." S. auch Schmoller in der Zeitschrift für preuß. Geschichte 1874 S. 564.

[27]) OTr. Bd. 69 S. 165; StrA. 90 S. 101; Entsch. des OHG. Bd. 12 S. 138.

der Anordnung eine gewisse Richtung auf die Unterthanen im Sinne des Gesetzes gebe. Denn diese Richtung auf die Unterthanen hat auch die nicht veröffentlichte absolutistische Rechtsvorschrift.

Am 29. Mai 1781 verordnete ein Königliches Patent die Bildung der Gesetzeskommission und versagte ausdrücklich allen Rechtsvorschriften (außer denen, die bloß die Staatswirtschaft und Finanzverwaltung betrafen) die gesetzliche Kraft, wenn bei ihrem Erlasse die Gesetzeskommission übergangen werden würde. Das ALR. jedoch machte schon in den §§ 7—9 der Einleitung die Gültigkeit der getroffenen Anordnung nicht mehr davon abhängig, ob das Gutachten der Gesetzeskommission eingeholt worden war. Eine Selbstbeschränkung hatte hiernach die preuß. Krone lediglich in der Zeit vom 29. Mai 1781 bis zum Inkrafttreten des ALR. festgesetzt. Für diesen Zeitraum muß hiernach stets gefragt werden, ob bei Erlaß der fraglichen Anordnungen die Gesetzeskommission gehört worden ist. Ist dies nicht der Fall, so ist das Gesetz ungültig[28]).

Indem das Landrecht in § 6 Teil II Titel 13 die unbeschränkte Gewalt des Königs in Bezug auf die Gesetzgebung nochmals festgelegt hatte, ist erst durch das Patent vom 3. Februar 1847 eine Bindung dahin erfolgt, daß der vereinigte Landtag ein Recht der Zustimmnng bei Einführung neuer oder Erhöhung bestehender Abgaben erhielt. Alle ohne dessen Zustimmung ergangenen Gesetze der hier näher bezeichneten Art sind deshalb ungültig. Außer dieser Beschränkung haben weder der Staatsrat noch die Stände irgend welchen, die Gültigkeit der Gesetze betreffenden Einfluß gehabt[29]).

Abgesehen von den gedachten zwei Fällen der Beschränkung der absoluten Gesetzgebungsgewalt besteht noch eine von dem **Inkrafttreten des Landrechts an geltende.** Der § 10 der

[28]) Die KabO. vom 8. März und das Reskript vom 21. März 1798 änderten rechtlich an diesem Zustande nichts mehr.

[29]) V. vom 20. März 1817 (GS. S. 67), AE. vom 12. Jan. 1852 (MBl. S. 21 und V. vom 6. Jan. 1848 (GS. S. 15), Deklaration vom 5. April 1817 (GS. S. 122).

Einleitung schreibt nämlich vor, daß ein Gesetz seine rechtliche Verbindlichkeit erst von der Zeit an erhält, da es gehörig bekannt gemacht worden. Bis zum Erlaß der Verfassung bestimmte der § 11 des ALR. die öffentliche Bekanntmachung der Gesetze ihrem vollen Inhalte nach an den gewöhnlichen Orten und in den Intelligenzblättern der Provinz, für welche sie gegeben sind[30]).

V. Was den Gesetzesbegriff mit Rücksicht auf das neue bürgerliche Recht angeht, so ist zu unterscheiden:

1. Wenn das BGB. oder das EG. ihn verwendet, so ist darunter zu verstehen

a) entweder jede Rechtsnorm überhaupt, soweit es sich handelt um Verweisungen auf die CPO., die KO. und die Str.PO. (§§ 12 bezw. 2 bezw. 7 ihrer Einführungsgesetze) oder um Bezugnahme auf andere Bestimmungen des BGB. oder des EG. selbst (Art. 2 des letzteren).

b) oder dasjenige, was auf dem Gebiete, auf das verwiesen wird, unter Gesetz verstanden wird.

So sprechen § 134 BGB. von „gesetzlichem Verbot"; § 845 gebraucht den Ausdruck „kraft Gesetzes"; § 903 BGB. bedient sich der Wendung „Wenn nicht das Gesetz . . . entgegensteht".

Im Falle a) ist darunter jede Rechtsnorm zu verstehen, im Falle b) wenn z. B. bezüglich des § 903 ein verwaltungsrechtliches Gebiet in Frage kommt, ist unter Gesetz dasjenige zu verstehen, was auf dem Gebiete des Verwaltungsrechts unter Gesetz verstanden wird.

2. Da Art. 2 EG. BGB. bestimmt, daß „Gesetz" im Sinne dieses Gesetzes und des BGB. jede Rechtsnorm ist (Mot. I S. 2 Prot. II Bd. VI S. 359), so taucht hier die Frage auf, was unter

---

[30]) Hier ist noch zu verweisen auf die Verordnung vom 28. März 1811, welche die Einrichtung von Amtsblättern veranlaßte und anordnete, daß die Gesetze in diesen entweder ihrem ganzen Inhalte nach oder durch Verweisung auf die Gesetzsammlung bekannt gemacht werden müßten. Die GS. für die Kgl. Preuß. Staaten ist durch Verordnung v. 27. Okt. 1810 begründet. Seit dem Ges. v. 3. April 1846 ist die Bekanntmachung eines Gesetzes in der GS. Voraussetzung seiner Verbindlichkeit. Vergl. auch das PP. vom 11. April 1803. Für den heutigen Rechtszustand s. Art. 62—64, 106 pr. VU. u. Art. 2, 4, 5, 7, 23, 78 RV. Der § 10 Einleitung ALR.

Rechtsnorm zu verstehen ist. Nach unserer Ansicht jeder allgemeine Rechtssatz. Es gehört hiernach nicht nur die, mit Zustimmung der Volksvertretung ergangene, für alle, die es angeht, bestimmte generelle Vorschrift (Gesetz im eigentlichen Sinne) hierher, sondern auch das aus der Gesetzgebungsgewalt abgeleitete Rechtsverordnungsrecht[31]). Dies einschließlich des Rechts auf Erlaß von Ausführungsverordnungen, welche das Gesetz entwickeln und innerhalb des begrifflichen Rahmens ausgestalten können[32]). Dagegen erscheinen ausgeschlossen die Verwaltungsverordnungen, da auf sie der Begriff der Rechtsnorm nicht zutrifft und die bei ihnen mögliche Beschränkung auf einen Einzelfall den Aufgaben der auf Allgemeingiltigkeit berechneten Kodifikation des BGB. widerstreiten würde. So erscheint die Frage der Rechtsnorm als eine beiden Rechtsgebieten gemeinsame.

3. Das neue bürgerliche Recht greift auch insofern in das Verwaltungsrecht ein, als, während über die Zuständigkeit zum Erlaß von Rechtsverordnungen im Reiche und in Preußen Streit, aber doch auch eine ausgebildete Theorie besteht[33]), die Zuständigkeit zum Erlaß von Verordnungen im BGB. und EG. in vielen Fällen besonders geordnet ist.

Es besagt der § 482 BGB., daß die Hauptmängel und Gewährfristen bei gewissen Arten des Viehkaufes durch eine mit Zustimmung des Bundesrats zu erlassende Kaiserliche Verordnung bestimmt werden. Dies ist geschehen durch die Verordnung betreffend die Hauptmängel und Gewährfristen beim Viehhandel vom 27. März 1899. Für den Fall des Findens einer Sache in den Geschäftsräumen oder den Beförderungsmitteln einer

---

gilt noch heute trotz des preuß. AG. z. BGB.; hierüber mehr im § 11 unten. Von Entsch. aus neuerer Zeit über die zusammenhängenden Fragen sei verwiesen auf OVG. Bd. XXX 301, Bd. XXXI S. 94 ff., 271 ff.

[31]) Von Autonomie, Gewohnheitsrecht und Staatsverträgen soll hier abgesehen werden.

[32]) S. Seuff. Archiv Bd. 38 Nr. 187; Entsch. des RG. Bd. 8 Nr. 61; Bd. 22 Nr. 51 S. 254; Bd. 31 Nr. 24.

[33]) Laband, Deutsches Staatsrecht Bd. I. S. 562; G. Meyer, Deutsches Staatsrecht (1899) Bd. I S. 515 ff., 522, 546, 653; Rosin, Verordnungsrecht 2. Aufl. S. 34; Hänel, Staatsrecht Bd. I S. 266.

öffentlichen Behörde oder einer dem öffentlichen Verkehr dienenden Verkehrsanstalt ist gemäß § 979 BGB. öffentliche Versteigerung zulässig, die jedoch (§§ 980, 981) an Bedingungen geknüpft ist. Nach § 982 BGB. erfolgt nun die in den vorhergehenden zwei §§ vorgeschriebene Bekanntmachung bei Reichsbehörden und Reichsanstalten nach den von dem Bundesrate, in den übrigen Fällen nach den von der Zentralbehörde des Bundesstaates erlassenen Vorschriften. Auf Grund dieser gesetzlichen Ermächtigung sind ergangen: erstens der Erlaß des Reichskanzlers vom 16. Juni 1898 (RGBl. S. 912) betr. die vom Bundesrat und zweitens der Erlaß des preuß. Justizministers vom 21. November 1899 (JMBl. S. 379) betr. die vom preuß. Staatsministerium auf Grund der gedachten Vorschriften beschlossenen Ausführungsbestimmungen.

Die dem Vormund vorgeschriebene Anlegung von Mündelgeld soll unter anderem gemäß § 1807 Ziff. 4 nur erfolgen in Wertpapieren, insbesondere Pfandbriefen, sowie in verbrieften Forderungen jeder Art gegen eine inländische kommunale Körperschaft oder die Kreditanstalt einer solchen Körperschaft, sofern die Wertpapiere oder die Forderungen von dem **Bundesrate** zur Anlegung von Mündelgeld für geeignet erklärt sind. Eine solches bestimmende Verordnung ist bis jetzt noch nicht ergangen.

Die Landesregierung hat zu bestimmen über die Erteilung der Befreiung von der Ehemündigkeit einer Frau (§ 1303) und von dem Eheverbot wegen Ehebruches (§ 1312 BGB). Für Preußen erfolgen die Befreiungen nach der Verordnung vom 24. Februar 1875 (GS. S. 97) durch den Justizminister. Die Gesuche sind im ersteren Falle an das Amtsgericht, im zweiten Falle an das Landgericht zu richten und von diesem mit den Ehescheidungsakten und mit Bericht zu befördern. JMBl. 1875 S. 63. Bei diesem Rechtszustande hat es auch der Art. 10 der Königl. Verordnung vom 16. November 1899 zur Ausführung des BGB. (GS. S. 562) belassen. Die Befreiung von der Wartezeit der §§ 1313, 1322 BGB. erfolgt in Preußen durch das Amtsgericht (V. v. 17. Jan. 1877) (GS. S. 4) und AE. vom 7. September 1879 (JMBl. S. 366). Diese Vorschriften sind durch die oben gedachte Königl. Verordnung Art. 11 dahin näher ergänzt worden, daß die Befreiung erteilt wird von dem Amtsgericht, in dessen Bezirke die Frau ihren Wohnsitz oder in Ermangelung eines in Preußen begründeten Wohnsitzes ihren Aufenthalt hat. In Ermangelung eines so zuständigen Gerichtes erteilt das Amtsgericht, in dessen Bezirk die Ehescheidung erfolgen soll, und wenn die Ehe nicht in Preußen geschlossen werden soll, das Amtsgericht Berlin I. die Befreiung.

Für Deutsche, die keinem Bundesstaate angehören, steht die Bewilligung der Befreiung dem Reichskanzler zu (§ 1322 Abs. 1 letzter Satz).

Die Befreiung von dem vor der Eheschließung erforderlichen Aufgebot (§§ 1316, 1322 BGB.) erteilt der Minister des Innern. In dringenden Fällen kann eine Abkürzung der für die Bekanntmachung des Aufgebots bestimmten Fristen von der Aufsichtsbehörde gestattet werden. Königl. Verordnung vom 19. Nov. 1899 Art. 12.

Nach § 1723 Abs. 2 BGB. steht die Ehelichkeitserklärung dem Bundesstaate zu, dem der Vater angehört. Ist der Vater ein Deutscher, der keinem Bundesstaate angehört, dem Reichskanzler. Es ist bei dieser subsidiären Vorschrift immer zu beachten, daß nach Art. 5 EG. BGB. auch Elsaß-Lothringen als Bundesstaat gilt. In Preußen ist die Ehelichkeitserklärung bisher Sache des Königs gewesen, von diesem an den Justizminister delegiert und nur für die Aufnahme adeliger Namen und Prädikate der Entschließung des Königs vorbehalten worden. AE. vom 25. April 1870 (JMBl. S. 126). Da die Ehelichkeitserklärung auch im BGB. dem „Bundesstaate" zusteht, hierunter aber die Landesregierung zu verstehen ist, ist an dem bisherigen Zustande neuerdings nichts geändert worden. Die in Str.A. Bd. 18 S. 268 ausgesprochene Regel jedoch, daß die Zustimmung des Kindes nicht erforderlich ist, ist durch § 1726ff. BGB. in ihr Gegenteil gekehrt.

Genau wie im § 1723 ist die Zuständigkeit zur Befreiung hinsichtlich der Altersvorschriften bei Annahme an Kindesstatt bestimmt zu § 1745 Abs. 2 BGB. In Preußen ist bisher (AKO. vom 16. Juli 1805) die Befreiung für Bürgerliche vom Justizminister zu erteilen; handelt es sich um Annahme eines adeligen Namens, ist Königliche Genehmigung erforderlich. AE. vom 25. April 1870. (JMBl. S. 126[34])[35].)

Durch Anordnung der Landesjustizverwaltung kann die Führung des Güterrechtsregisters für mehrere Amtsgerichtsbezirke einem Amtsgericht übertragen werden § 1558 BGB.

Endlich überläßt Art. 186 EG. BGB. landesherrlicher Verordnung, das Verfahren über die Anlegung von Grundbüchern im Sinne des BGB. und den Zeitpunkt zu bestimmen, in welchem das Grundbuch als angelegt gelten soll. Eine Beschränkung dieses Verordnungsrechtes enthalten die §§ 1—12 der Reichsgrundbuchordnung vom 24. März 1897, eine Erweiterung die §§ 85—92 daselbst. Ebenso kann durch landesgesetzliche Verordnung bestimmt werden, daß gesetzliche Pfandrechte, die zu der Zeit bestehen, zu welcher das Grundbuch als angelegt gilt, zur Erhaltung der Wirksamkeit gegenüber dem öffentlichen Glauben des Grundbuches während einer 10 Jahre nicht übersteigenden, von dem Inkrafttreten des BGB. an zu berechnenden Frist der Eintragung bedürfen[36].

VI. Die Lehre von der zeitlichen Herrschaft der Rechtsnormen, insbesondere der Rückwirkung der Gesetze[37]) ist für das

---

[34]) In den Fällen der §§ 1322, 1723 Abs. 2, 1745 Abs. 2 BGB. steht natürlich eine Abänderung und anderweitige Regelung des jetzigen Zustandes den Landesregierungen frei. Den bisherigen Rechtszustand heiligt übrigens für Preußen Art. 12—14 der Königl. V. vom 19. Nov. 1899. Ob dann aber im einzelnen Falle die Befreiungen bewilligt und die Ehelichkeitserklärung vorgenommen wird, ist in das Ermessen der bestimmten Behörden gestellt und durchaus Gnadensache, rechtlich gesprochen, Privileg. Darüber später. Dies schließt keinesfalls aus, daß die zugelassenen Verordnungen Rechtsverordnungen sind.

[35]) Die mehrfach gedachte Delegation der den Landesregierungen ꝛc. zugewiesenen Befugnisse an untere Organe der Verwaltung ist insofern zulässig, als es das Staatsrecht des betr. Bundesstaates bezw. des Reiches gestattet.

[36]) S. auch Art. 188 EG. BGB., besonders Absatz 2 in Verbindung mit Art. 9 der Kgl. Verordnung v. 16. Nov. 1899. Daselbst sind auch die auf die §§ 43, 61, 71, 80, 525 Abs. 2, 795 u. 2194 Satz 2 bezüglichen Ausführungsbestimmungen, Art. 1—8, enthalten.

[37]) Ueber die Ausschließung der Rückwirkung bei Gewohnheitsrecht und Gerichtsgebrauch siehe Dernburg, Pandekten (6. Aufl.) Bd. I S. 92 Anm. 2.

Gebiet des Privatrechts zuerst ausgebildet worden, freilich ohne bis heute in allen Punkten unbestrittene Ergebnisse aufweisen zu können[38]). Auf dem Gebiet des Verwaltungsrechts bedarf sie besonderer Ausprägung und teilweise abweichender Gestaltung.

Das BGB. hat von ihr keine Notiz, auch die Wissenschaft des neuen bürgerlichen Rechts hat bisher eine Weiterbildung der Lehre nicht in Angriff genommen; das über sie Vorgetragene ist vielmehr auffallend dürftig[39]). Selbstständige Wege scheinen nur Enneccerus-Lehmann[40]) zu suchen. Sie unterscheiden zwei Arten von Rechtsvorschriften. Bestimme der Rechtssatz die Wirkung einer juristischen Thatsache, knüpfe er also an die Thatsache die Entstehung, den Untergang oder die Veränderung eines Rechtsverhältnisses, so beziehe sich das Gesetz naturgemäß nur auf die zukünftigen Thatsachen, nicht auf die vergangenen dieser Art. Es werden hieraus denn Konsequenzen gezogen. Die zweite Klasse der Rechtsvorschriften beziehe sich unmittelbar auf die Rechte selbst, schreibe also namentlich vor, daß ein Recht gewisser Art einen bestimmten Inhalt oder Umfang, eine gewisse Kraft oder Wirkung haben soll. Auch eine solche Rechtsvorschrift beziehe sich nur auf die Zukunft. Sie besage aber

---

[38]) Bergmann, Das Gebiet der rückwirkenden Kraft neuer Gesetze 1818. Savigny, System Bd. 8 S. 368. Scheurl, Beiträge zur Beurteilung des römischen Rechts 1852 I. Nr. 6. Bornemann, Erörterungen im Gebiete des preußischen Rechts 1855 S. I ff. R. Schmid, Die Herrschaft der Gesetze nach ihren räumlichen u. zeitlichen Grenzen 1863. Meyne, Essay sur la retroactivité des lois repressives 1863. Aloria, della retroattività delle leggi 1868. Rintelen, Über den Einfluß neuer Gesetze 1877. F. Lasalle, Das System der wohlerworbenen Rechte, 2. Aufl. 1880. Merkel, Juristische Encyklopädie 1885 S. 153 ff. Göppert, Gesetze haben keine rückwirkende Kraft; in Iherings Jahrbüchern Bd. 22 S. 1 ff. Gabba, Teoria della retroattività delle leggi, 2. Aufl. 1884. Regelsberger, Art. „Rückwirkung" in Holtzendorffs Rechtslexikon. Kuhlenbeck, Zeitliche Grenzen der Rechtsanwendung, Jur. Woch. 24. Jg. S. 177—180. Hierzu kommen noch die Lehrbücher des gemeinen und preußischen Rechts.

[39]) Endemann I. 56; Leske I. 8; Bendix 11; Kuhlenbeck I. 33; Goldmann-Lilienthal S. 6. Einiges bei Engelmann 8. und Scherer, Allgemeiner Teil des BGB.Einleitung Nr. 3.

[40]) Enneccerus-Lehmann a. a. O. S. 25 ff.

eben, daß derartige Rechte in Zukunft, d. h. von nun an, diesen Inhalt und Umfang, diese Kraft und Wirkung haben sollen. Sie ergreife also auch die schon bestehenden Rechte dieser Art. Auch diese hätten von nun an diesen Inhalt und Umfang, diese Wirkung und Kraft. All dies scheint uns jedoch nicht stichhaltig. Es bedarf unseres Erachtens einer Herausarbeitung der den sämmtlichen speziellen Übergangsvorschriften des BGB. und seiner Nebengesetze zu Grunde liegenden Prinzipien in dieser Lehre. Sind sie nicht einheitlich zu fassen, so ist freilich wieder der Weg frei zu allgemeiner Erörterung, die hier oft recht vage, tastend und ohne feste Rechtssätze ist. Bei dieser Sachlage ist für das Reich und Preußen auf die ältere Rechtswissenschaft zurückzugehen.

Es besteht im gemeinen Rechte darin Übereinstimmung, daß der Grundsatz, Gesetze haben keine rückwirkende Kraft, mit der Maßgabe Gültigkeit beanspruchen darf, daß das Gesetz auf Thatsachen, welche ihm vorausgegangen sind, keinen Einfluß ausübt [41]). Über Grund und Bedeutung des Satzes herrscht keineswegs Einverständnis. Hervorragende Schriftsteller bezweifeln, daß die Aufstellung eines die ganze Materie beherrschenden allgemeinen Grundsatzes überhaupt möglich sei [42]).

Für das preußische Recht kommen in Betracht der § 14 ALR. und Art. VIII des PP. vom 5. Februar 1794, welche beide trotz Art. 89 des preuß. AG. BGB. in Kraft geblieben sind, aber nur, soweit sie sich auf öffentliches Recht beziehen [43]).

---

[41]) Für viele seien nur genannt Windscheid, Pandekten (7. Aufl.) Bd. I. S. 72—77 nnd Literatur in den Anm.; Dernburg, Pandekten Bd. I. S. 92.

[42]) Motive z. BGB. I. 19 ff.

[43]) § 14 Einleitung ALR.: „Neue Gesetze können auf schon vorhin vorgefallene Handlungen und Begebenheiten nicht angewendet werden" VIII. PP.: „So wie überhaupt ein neues Gesetz auf vergangene Fälle nicht gezogen werden mag, so soll dieser Grundsatz auch bei der Anwendung des gegenwärtigen Landrechts beobachtet und dabei im Allgemeinen nur auf die §§ 14—20 der Einleitung vorgeschriebenen Bestimmungen Rücksicht genommen werden; wie wir denn überhaupt ausdrücklich verordnen, daß ein

Freilich sind die „schon vorhin vorgefallenen Handlungen und Begebenheiten" juristisch schwer zu fassen; ebenso ist der Begriff der „wohlerworbenen Gerechtsame", wie wir noch sehen werden, juristisch unbrauchbar [44]).

Mit der souveränen Natur der Gesetze hängt es zusammen, daß es sich trotz jenes Grundsatzes ausdrücklich rückwirkende Kraft beilegen kann [45]). Die Stellungnahme des Gesetzes zur Frage der Rückwirkung oder Nichtrückwirkung ist entscheidend [46]). Für Preußen bildet auch § 14 cit. keine Schranke [47]), wohl aber § 2 des Reichsstrafgesetzbuches für Preußen und das Reich. Es ist hier grundsätzlich davon auszugehen, daß das Verwaltungsstrafrecht die allgemeinen Vorschriften des Strafgesetzbuches als seine Grundlage betrachtet. Es könnte mithin nur ein Reichsgesetz, das diese Basis ausdrücklich für das Verwaltungsrecht aufhebt, gleichzeitig hiermit den § 2 für letzteres außer Geltung setzen. Geschieht dies, wie zu erwarten ist, nicht, so wird eine Handlung im Verwaltungswege nur dann mit einer Strafe belegt werden können, wenn diese gesetzlich bestimmt war, bevor die Handlung begangen wurde. Was den Rechtssatz angeht, daß bei Verschiedenheit der Gesetze von der Zeit der begangenen Handlung bis zu deren Aburteilung das mildeste Gesetz anzuwenden sei, so gilt er auch im Verwaltungsstrafrecht, was bisher übersehen worden ist. Insbesondere hat sich die Revision hiernach zu richten. In Konsequenz davon kann aber auch eine

---

Jeder, welcher sich zur Zeit der Publikation dieses Landrechts in einem nach bisherigen Gesetzen gültigen und zu Recht beständigen Besitze irgend einer Sache oder eines Rechts befindet, dabei gegen Jedermann geschützt und in dem Genusse oder in der Ausübung dieser seiner wohlerworbenen Gerechtsame, unter irgend einem aus dem neuen Landrechte entlehnten Vorwande, nicht gestört oder beeinträchtigt werden soll."

[44]) Dernburg, Preuß. Privatrecht (5. Aufl.) Bd. I. S. 60; Förster-Eccius, Preuß. Privatrecht Bd. I § 10.

[45]) z. B. § 14 des RG. vom 21. Juli 1879 betr. die Anfechtung von Rechtshandlungen und § 50, 52 RGew.O. von 1869/83.

[46]) Entscheidung des RG. vom 3. Dez. 1881, JMBl. 1882 S. 369.

[47]) Sie kann nach Obigem nur für das öffentliche Recht in Frage kommen. S. auch Preuß. Verw.-Bl. Bd. 17 S. 444; Entsch. des OVG. Bd. 28 S. 80, Bd. 32 S. 45, 46, Bd. 38 S. 11.

gegenüber dem früheren Rechtszustande schärfere Verwaltungsstrafvorschrift keine rückwirkende Kraft haben. Bloß mit diesen Maßgaben gilt die auf unser Gebiet anwendbare Regel, daß auch ein Verwaltungsgesetz ausdrücklich die Rückwirkung seiner Bestimmungen anordnen kann[48]).

Der Wille des Gesetzgebers kann also mit der gedachten Beschränkung die rückwirkende Kraft ausdrücklich verordnen. Es wird aber behauptet, er könne es auch stillschweigend thun. Freilich verlangt L. 7 C. de leg. I. 14 ausdrückliche Bestimmung („nominatim"). Darüber ist jedoch Theorie und Praxis mit einer gewissen Sorglosigkeit hinweggeschritten[49]). Und doch geht dies u. E. zu weit. Aus dem Inhalte des neuen Rechts, aus der Wichtigkeit und Bedeutung, welche diesem aus Gründen der Sittlichkeit oder des Gemeinwohls innewohnt, ergebe sich die Möglichkeit einer Entscheidung. Dies führt aber zu unerträglichen Ergebnissen. Da im Gesetze selbst — dies ist doch die Voraussetzung der Behauptung — über die Frage der Rückwirkung nichts bestimmt ist, kommt es lediglich auf die gesetzgeberischen Vorarbeiten, Äußerungen der Regierungen und Volksvertreter, mit einem Worte, auf die oft widerspruchsvollen, unzuverlässigen Gesetzesmaterialien an. Bei ihnen Auskunft zu holen, ist von recht zweifelhafter Berechtigung. Auch der „Gesamtgeist" des Gesetzes bietet keine Handhabe; denn auch hier ist alles individuell, von subjektiven Empfindungen geleitet. Schließlich widerspricht dies im Grunde der ganzen Theorie. Sie beruht auf dem Gedanken der Sicherheit des einmal ergangenen Gesetzes, auf der Verläßlichkeit des von ihm Gewährleisteten. Die sonst eintretende Rechtsverwirrung würde das Rechtsleben schädigen. Daß der unerträgliche, durch das neue Gesetz abgeänderte Zustand die Rückwirkung rechtfertige, ist kein ausreichender Grund,

[48]) Über diesen in der Literatur vielfach verkannten Grundsatz, dem hier eine genaue Formulierung und Weiterbildung zu geben versucht worden ist, s. Leuthold, Sächsisches Verwaltungsrecht S. 69, 379; Entsch. des OVG. Bd. 13 S. 392; Preuß. VBl. Bd. 5 S. 352; Rosin, Verordnungsrecht 2. Aufl. S. 264 Anm. 35.

[49]) Windscheid a. a. O. § 32 Anm. 2; Dernburg a. a. O. I. 96 und Entscheidung des RG. Bd. 42 S. 97.

er hebt die Bedeutung der Wirksamkeit des früheren Gesetzes nicht auf. So äußern sich auch die Motive zum BGB. (I. 21): Gesetze hätten regelmäßig die Bestimmung, die rechtliche Gestaltung der Gegenwart und der Zukunft zu ordnen, und daß die diesem Zwecke dienende abstrakte Norm eben deshalb diejenigen Thatbestände ergreifen und diejenigen Verhältnisse rechtlich ausprägen wolle, welche während ihrer Geltung sich verwirklichen. An diese, der regelmäßigen Bestimmung der Gesetze entnommene Betrachtung reihe sich bestätigend und ergänzend die Erwägung, daß der Staat als Hüter der Rechtsordnung mit sich selbst in Widerspruch treten würde, wenn er den unter dem Schutze seiner Gesetze und unter deren Garantie gehörig erworbenen und begründeten Rechten und Rechtsverhältnissen später ihre Wirksamkeit in willkürlicher Weise wieder entziehen wollte. Die Annahme, daß der Staatswille auf ein Verfahren gerichtet sein sollte, welches das dem Gesetze entgegengebrachte Vertrauen täuschen, die Rechtssicherheit gefährden, das Rechtsbewußtsein erschüttern und schließlich die Staatsautorität untergraben müßte, verbiete sich von selbst[50]. Die Annahme einer stillschweigenden Beilegung der rückwirkenden Kraft kann u. E. überhaupt nur **dort** erfolgen, wo alle Faktoren der Gesetzgebung einmütig der wissenschaftlichen Auslegung in dieser Hinsicht unzweideutiger Weise Raum lassen wollten. So kann dies bezüglich einer großen Kodifikation der Fall sein, deren weittragende Konsequenzen, besonders ihre Einwirkung auf bereits bestehende Rechtsverhältnisse gesetzlich zu regeln, **ausdrücklich** abgelehnt wird. Es ist hiernach in diesem Falle die Frage der Rückwirkung oder Nichtrückwirkung anderen Faktoren der Rechtsbildung, besonders der Wissenschaft, **überlassen** worden. So haben z. B. die Gesetzgeber des BGB. trotz der Bestimmung der Übergangsvorschriften Art. 153 ff. EG. BGB. darüber keinen Zweifel gelassen, daß „die

[50]) Angefügt sei eine Entscheidung des I. Senats des Bayr. Verwaltungsgerichtshofes Bd. I (1880) S. 357: Um einem neuen Gesetze „selbst bei volkswirtschaftlicher Tendenz desselben" rückwirkende Kraft von (dort näher angegebener) Tragweite beilegen zu können, müßte dies durch das neue Gesetz **ausdrücklich** verordnet sein. Was freilich „volkswirtschaftliche Tendenz" ist, ist entschieden etwas schleierhaft.

Erforschung des maßgebenden Gesetzeswillens“ als in den Bereich der Auslegung verwiesen anzusehen ist. Damit ist aber für die meisten Fälle, wie wir vermeinen, nichts gewonnen. Denn selbst die nunmehr erlaubte Auslegung hat sehr deutliche Schranken. Für das Rechtsgebiet im allgemeinen ist der Satz aufzustellen, daß Rückwirkung nur anzunehmen ist, wenn das Gesetz sie in bestimmter Weise gebietet (Motive a. a. O.)[51][52].

Ganz anders auf dem Gebiete des öffentlichen Rechts[53].

Was zunächst die zu diesem gehörigen Prozeßgesetze angeht, so ist deren rückwirkende Kraft unbestritten[54]. Für Preußen kommt hier die allerhöchste Kab.O. vom 11. Oktober 1839 (GS. S. 329) und die Entscheidung des Gerichtshofes für kirchliche Angelegenheiten vom 7. Januar 1874 (Hartmann's Zeitschrift Bd. I S. 297) in Betracht, die ausspricht: Der § 14 Einleitung ALR. sei nur auf die nach § 1 den Gegenstand dieses Gesetzbuches bildenden Gesetze des materiellen Rechts zu beziehen, wohingegen die Vorschriften über das gerichtliche Verfahren vom Tage ihrer Bekanntmachung an in Vollzug träten, „sofern nicht der Gesetzgeber selbst ..... ausdrücklich etwas anderes verordnet hat“[55]. Das OVG. hat diesen Grundsatz in letzter Zeit konsequent vertreten. Bezeichnend spricht es

[51]) Nicht zutreffend ist daher für uns die vom Pr. OTr. — Entscheidung Bd. 29 S. 358 — ausgesprochene Ansicht, daß Rückwirkung ohne Weiteres stattfindet, wenn eine positiv gebietende oder verbietende Norm (jus cogens) ein älteres Rechtsinstitut nicht mehr anerkennt, aufhebt oder umbildet. In der modernen Gesetzgebung wird es u. E. in solchen Fällen an ausdrücklicher Aufhebung nicht fehlen. S. auch Entsch. des OTr. Bd. 14 S. 456.

[52]) Aus der unzweifelhaften Absicht des Gesetzgebers auf rückwirkende Kraft fließt deren Annahme bei der authentischen Interpretation, was unbestritten ist. Für das öffentliche Recht muß dies auch gelten (§ 15 Einleitung ALR.). Ob sie sich als Deklaration bezeichnet oder überhaupt jede besondere Charakterisierung in dieser Richtung unterläßt, ist gleichgültig. S. Schultzenstein im Verwaltungsarchiv Bd. 5 S. 653 ff.

[53]) Hierzu siehe die Ausführungen in dem vortrefflichen Buche von Jebens, Verwaltungsrechtliche Aufsätze in Anlehnung an die Rechtsprechung des OVG. 1899 S. 264 ff. Der Lehre von der Rückwirkung ist eine besondere Abhandlung unter dem Titel „Lex ad praeterita trahi nequit“ gewidmet.

[54]) Entsch. des RG. Bd. 22 S. 86.

[55]) Jebens S. 274.

im Bd. 32 S. 95 unter Bezugnahme auf Entsch. Bd. 26 S. 99 davon, daß die dort in Betracht kommenden Vorschriften der §§ 84ff. des Kommunalabgabengesetzes, die das formelle Verfahren bei Heranziehung zur Nachsteuer betreffen, nach dem allgemein geltenden Rechtsgrundsatze von der Wirksamkeit der Prozeßgesetze sofort in Geltung treten, da sie einen öffentlich-rechtlichen Charakter haben und wohlerworbene Rechte nicht berühren. Dieselbe Begründung auch in der Entscheidung Bd. 33 S. 98.

Ebenso ist den Gesetzen über die Kompetenz- und Ressortverhältnisse allgemein rückwirkende Kraft beizulegen (Oppenhoff, Ressortverhältnisse S. 12, 85, 86, 306, 338, 439, 527, 547, 557; § 154 LVG, § 163 ZG.). Dies um deshalb, weil die Regelung jener Verhältnisse im Interesse einer ordnungsmäßigen Verwaltung, also des Staatsinteresses erfolgt, dem gegenüber alles andere zurückzutreten hat. Der hier in Frage kommende Grundsatz kann auf dem Gebiete des Privatrechts deshalb nicht statthaben, weil dort begrifflicherweise das Privatinteresse (in dem oben, § 3 Ziff. 15 angegebenen Sinne) in dem Vordergrunde steht und dessen Zurückdrängung durch das öffentliche Recht ganz besonderer Rechtfertigung bedarf (öffentlich-rechtliche Eigentumsbeschränkungen, Enteignung u. s. w.). Dagegen im Gebiete des öffentlichen Rechts hat das Interesse des Einzelnen vor dem öffentlichen unter Umständen auch dann zurückzutreten, wenn es sich bis zum Rechte, dem subjektiven öffentlichen Rechte, verdichtet haben sollte. Zu weit geht die gedachte Ansicht des OVG., daß Gesetze öffentlich-rechtlichen Charakters als solche wohlerworbene Rechte überhaupt nicht berühren. Versteht man darunter auch die subjektiven öffentlichen Rechte[56]), so ist jene sicherlich unrichtig. Eine weitere Diskussion erübrigt sich jedoch hier um deswillen, weil der Begriff des „wohlerworbenen" Rechts als juristisch unhaltbar von uns überhaupt verworfen wird[57]).

[56]) Jebens S. 288.

[57]) Diese ausschlaggebenden Gesichtspunkte sind nicht erwogen in den Entscheidungen des Gerichtshofes für Kompetenzkonflikte, JMBl. 1850

Ist hiernach schon in zwei Fällen im öffentlichen Rechte der Satz von der Nichtrückwirkung der Gesetze durchbrochen, so ist seine beschränkte Bedeutung für das Verwaltungsrecht zu betonen und hinzuweisen auf seine hier und im Privatrecht verschiedene Wertung.

Während wir für das Privatrecht die Freiheit der Gesetzesauslegung hinsichtlich der gewollten oder nicht gewollten Rückwirkung der Gesetze in enge Schranken gewiesen haben, muß ihr hier fast uneingeschränkter freier Lauf gelassen werden. Dies folgt jedoch nicht aus dem der Gesetzgebungspolitik angehörenden Grunde des Satzes von der Nichtrückwirkung. Deshalb ist auch die Antwort auf die Auslegungsfrage nicht zu schöpfen vornehmlich aus dem speziellen Inhalte des neuen Gesetzes, seiner vom Gesetzgeber ihm beigelegten oder nach seinem Ausspruche ihm zukommenden Bedeutung. Unsere Meinung geht vielmehr dahin, daß die Natur des Gesetzes als eines öffentlich-rechtlichen, an dem das Staatsinteresse vorwiegend beteiligt ist, es verlangt, daß diesem im einzelnen Rechnung getragen werde. Hierzu kommt noch für die uns ausschließlich angehenden Verwaltungsrechtsgesetze, daß die besondere Art der verwaltenden Thätigkeit des Staates diejenige Auslegung des Gesetzes erheischt, welche die Herstellung des zweckmäßigsten, der Staatsverwaltung gemäßesten Zustandes ermöglicht. Es wird hiernach der Auslegung, ob ein die Rückwirkung nicht ausdrücklich bestimmendes Gesetz diese stillschweigend voraussetzt, im Gegensatz zum Privatrecht, der weiteste Spielraum gegönnt werden müssen und es wird, ebenfalls im Gegensatz zum Privatrecht, für die

---

S. 216; 1852 S. 278; 1860 S. 326; 1862 S. 224. Dagegen zutreffend die Entscheidungen desselben Gerichtshofes vom 12. Jan. 1848, JMBl. S. 158, O. Stölzel a. a. O. S. 8; vom 13. Juli 1848, JMBl. S. 307; O. Stölzel S. 55; vom 8. Nov. 1862 Nr. 1173, Stölzel S. 184; vom 10. Jan. 1863 Nr. 1183 Stölzel S. 185; vom 13. März 1869, JMBl. S. 115, Stölzel S. 28 und endlich vom 12. Juni 1869, JMBl. S. 185, Stölzel S. 102. Es ist daher Jebens (S. 275) nicht beizutreten, der annimmt, auch dieser Gerichtshof vertrete den Standpunkt, es werde der Satz der Allgemeingültigkeit der Rückwirkung von Gesetzen über Kompetenz- und Ressortverhältnisse nicht allgemein anerkannt werden können.

Auslegung nicht nur der vermutliche Wille des Gesetzgebers in Frage kommen, sondern auch die erst bei Anwendung des Gesetzes auftauchende Rücksicht auf die zweckmäßigste Art der Durchführung staatlicher Verwaltung. Man nehme ein häufiges, auch bei Jebens[58]) angeführtes Beispiel. Wenn der Gesetzgeber neuerlich die auf der Grenze des Nachbarn stehenden Wände, sogenannte Brandmauern, wenn sie Fenster oder ähnliche Öffnungen enthalten, in dieser früher unbedenklich zugelassenen Verfassung für feuergefährlich erklärt und solche Brandmauern verbietet, so ist es eine Gesetzesauslegungsfrage, für die das Interesse der praktischen Verwaltung ins Feld geführt werden darf, ob auch die Zumauerung alter, seiner Zeit gesetzlich angelegter Fenster verlangt werden kann, oder ob neue Fenster in den Wänden nicht angelegt werden dürfen, endlich auch, ob das Verlangen einer nachträglichen Zumauerung alter Fenster wenigstens für gewisse, besonders bedenkliche Einzelfälle den Behörden vorbehalten werden soll. Mit praktischem Takt hat das OVG. in einer Reihe von Entscheidungen in diesem Sinne, meist auf dem Gebiete des Bau- und Kommunalsteuerrechts, entschieden[59]). Verkannt worden ist bis jetzt die Verschiedenheit vom Privatrecht in dieser Frage, ferner ist die Grenze der Gesetzesauslegung mit Rücksicht auf die Rückwirkung nicht richtig bestimmt worden. Öffentliches Interesse und Rücksichtnahme auf die Zweckmäßigkeit in der Verwaltung sind, um es kurz und knapp zu bezeichnen, die maßgebenden Richtlinien[60])[61]).

---

[58]) Jebens a. a. O. S. 269.

[59]) Entsch. Bd. 2 S. 82, 355, Bd. 4 S. 362, Bd. 6 S. 307 und 314; vom 10. März 1884, Preuß. Verw.-Bl. Bd. 5 S. 352; vom 18. März 1886, Entsch. Bd. 13 S. 392; vom 12. Nov. 1889, Entsch. Bd. 18 S. 369; vom 16. Juni 1891, Pr. Verw.-Bl. Bd. 12 S. 512; vom 16. Febr. 1892 daselbst Bd. 13 S. 341; vom 12. April 1892 Bd. 13 S. 433; vom 27. Nov. 1895 Bd. 17 S. 422; vom 11. Jan. 1896 daselbst Bd. 18 S. 109; ferner Entscheidung Bd. 32 S. 45, Bd. 33 S. 98, Bd. 34 S. 421.

[60]) Bornemann a. a. O. giebt als Grund für die Rückwirkung auch öffentlich-rechtlicher Gesetze an, es müßte mit der Absicht des Gesetzgebers gerechnet werden. Das ist doch offenbar unzureichend. Die besondere Natur des Verwaltungsrechtsgesetzes ist gar nicht beachtet. Ueber G. Meyer,

Für das Reichsverwaltungsrecht gelten daher folgende Grundsätze. Die Nichtrückwirkung der Gesetze bildet die Regel. Das Gesetz kann sich ausdrücklich rückwirkende Kraft beilegen, ist aber im Verwaltungsstrafrecht in der gedachten Weise beschränkt. Die stillschweigende Rückwirkung ist im Gegensatz zum Privatrechte Sache des freien richterlichen Ermessens. Nicht nur auf dem Gebiete des Prozeßrechts[62]) und für die Gesetze über die Kompetenz- und Ressortverhältnisse gilt diese Regel, sondern auch für alle andern Gebiete des Verwaltungsrechts. Die Frage der Rückwirkung oder Nichtrückwirkung ist zu beantworten unter Beachtung der für den Charakter des öffentlichen Rechts und die Verwaltungsthätigkeit kennzeichnenden Gesichtspunkte.

Angeschlossen mag hier noch werden, daß zu der Frage, inwieweit den Vorschriften der Novelle zum Unterstützungswohnsitz vom 12. März 1894, durch welche die Altersgrenze für den Erwerb und Verlust des Unterstützungswohnsitzes vom 24. auf das 18. Lebensjahr herabgesetzt worden, rückwirkende Kraft beizulegen ist, das Bundesamt für Heimatswesen in mehrfachen Entscheidungen Stellung genommen hat[63]).

In neuester Zeit tauchte die Frage auf, ob die Bestimmungen des Invaliden-Versicherungsgesetzes vom 13. Juli 1899 für die-

---

Deutsches Verwaltungsrecht, 2. Aufl. S. 8, zum Teil ablehnend, Jebens, S. 283.

[61]) Nicht zu verwechseln ist hiermit die in der Litteratur ebenfalls vorkommende Auffassung, daß die Eigenart des öffentlichen Rechts, das öffentliche Interesse, eine größere Wahrscheinlichkeit für die Rückwirkung in sich schließen, als die Gesetze des Privatrechts. Der Satz ist in keiner Weise zu rechtfertigen.

[62]) Auch verwaltungsrechtliches Prozeßrecht giebt es bekanntlich, s. Friedrichs, Die Besonderheiten des preuß. Verwaltungsstreitverfahrens im Verhältnis zu den Verfahren, welche über andere Rechtsstreitigkeiten stattfinden und ihre Berechtigung, Verw.-Arch. Bd. 6 S. 358—560 u. Litteratur; Laß, das Prozeßrecht in Unfallversicherungssachen, Berlin 1900.

[63]) Die dort entwickelten Grundsätze sind zusammengestellt worden von Steckner, Die rückwirkende Kraft der Novelle zum Unterstützungswohnsitz vom 12. März 1894 nach der Ansicht des Bundesamtes für Heimatswesen 1898.

jenigen Personen, welche bereits Rente beziehen, rückwirkende Kraft dahin haben, daß die Rente nachträglich erhöht werden muß[64]). Man muß unterscheiden: Sind bis zum 31. Dezember 1899 auf Grund der Bestimmungen des bisherigen Gesetzes vom 22. Juni 1889 Renten rechtskräftig festgesetzt worden, so findet Rückwirkung nicht statt. Dies ergiebt sich nicht bloß aus den Materialien der Novelle, sondern auch aus dem anerkannten Rechtsgrundsatze, daß Fälle, die durch rechtskräftiges Urteil (gütliche Übereinkunft oder Erfüllung) vollständig erledigt sind, durch die rückwirkende Kraft der Gesetze nicht ergriffen werden. Für die am 1. Januar 1900 noch nicht rechtskräftig festgesetzten Renten bestimmt § 193 des Gesetzes, daß über sie im Falle des zur Zeit seines Inkrafttretens schwebenden Feststellungsverfahrens (Versicherungsanstalt, Schiedsgericht, Reichsversicherungsamt) die günstigeren Bestimmungen des neuen Gesetzes zur Anwendung kommen sollen. Die Nichtanwendung der günstigeren Bestimmungen bildet einen gesetzlichen Revisionsgrund[65]).

Wie verhält es sich aber mit dem preußischen Verwaltungsrechte? Für dieses behauptet man die fortdauernde Geltung des § 14 der Einleitung ALR. Man vermeint, falls das Gesetz nicht, auch nicht vermöge seiner gesamten Tendenz erkennen läßt, ob und inwieweit etwa es sich rückwirkende Kraft beilegen wollte, oder auch schon bei berechtigten Zweifeln, ob es an einer rückwirkenden Kraft fehlt, komme § 14 zu voller, unmittelbarer Geltung. Eine Rückwirkung wende er aber nur gegenüber „wohlerworbenen Gerechtsamen" ab, gegenüber Thatsachen, die in ihren rechtserzeugenden Wirkungen schon vor dem früheren Rechte bestimmt und geregelt gewesen seien[66]). Bestritten soll von uns die formelle Weitergeltung des § 14 keineswegs werden. Das Landrecht als auch öffentliches Recht enthaltendes Gesetzbuch bezieht sich in dieser Einleitung auch auf das „nicht bürgerliche

---

[64]) Hierüber Appelius, Preuß. Verw.-Bl. vom 7. Oktober 1899, Bd. 21 S. 10.

[65]) Die möglichen Fälle der Wiederaufnahme des Verfahrens, der Nichtigkeits- oder Restitutionsklage erwähnt noch Appelius a. a. O.

[66]) Jebens S. 270.

Recht". Ob er aber heute noch materielle Bedeutung besitzt, ob daher für das preußische Verwaltungsrecht eine Schranke besteht, ist eine andere Frage. Ihre Beantwortung hängt lediglich davon ab, ob der Begriff der „wohlerworbenen Rechte" ein rechtlich verwertbarer ist. Muß dies verneint werden, so ist die Geltung des § 14 nur eine scheinbare. Dann fällt aber jeder Unterschied in unserer Frage gegenüber dem Reichsverwaltungsrechte fort, sodaß die eben gedachten Grundsätze auch gleichmäßig für das preußische Verwaltungsrecht Geltung haben. Den Begriff des wohlerworbenen Rechts festzulegen, ist nun der Rechtswissenschaft bis heute nicht gelungen[67]) Die wohlerworbenen Rechte als eine besondere Kategorie sind auch begrifflich nur durch ihren Gegensatz faßbar. Diesen konstruierte man früher dahin, daß man ihnen die angeborenen Rechte entgegensetzte. Es sind dies wohl die „politischen" und die „bürgerlichen" Rechte, vor allem die Grund- und Freiheitsrechte. Diese Lehre hat die deutsche Staatsrechtswissenschaft endgültig überwunden. Das erworbene Recht ist dann in Gegensatz gestellt worden zum allgemeinen oder gesetzlichen (gesetzlich geschaffenen) Rechte. Doch sind auch die auf dem Gesetz beruhenden Rechte erworben.[68]) Löning[69]) bezeichnet die Unterscheidung mit Fug als unklar und unsicher; auch eine bereits versuchte Identifizierung von wohlerworbenen und subjektiven öffentlichen Rechten ist sinnwidrig, denn diese finden nur im Gesetze ihre Begründung.

Die obigen Rechtssätze für das Reichsverwaltungsrecht gelten also auch für das preußische mit einem Zusatz: Wo ein Verwaltungsakt mit der Begründung angefochten wird, daß er dem bestehenden Gesetze zuwider sei, ist das zur Zeit der Thätigung des angefochtenen Verwaltungsaktes bestehende Recht in An-

---

[67]) Christiansen, Ueber erworbene Rechte 1856; Stahl, Staats- und Rechtslehre II. S. 630; Zachariae, Deutsches Staats- und Bundesrecht II. § 151; Zöpfl, Staatsrecht II. § 434; Bähr, Der Rechtsstaat 1874 S. 50; Gerber, Grundzüge S. 38.

[68]) Georg Meyer, Der Staat und die wohlerworbenen Rechte 1895, der freilich die Frage der Rückwirkung der Gesetze ausschließt; Anschütz im Verwaltungsarchiv Bd. 5 S. 12.

[69]) Löning, Verwaltungsrecht S. 18.

wendung zu bringen. Jedenfalls bei der Revision nach dem ausdrücklichen Wortlaute des § 94 LVG. Die Revision kann nicht nur darauf gestützt werden, daß das Verfahren an wesentlichen Mängeln leide, sondern auch darauf, „daß die angefochtene Entscheidung auf der Nichtanwendung oder auf der unrichtigen Anwendung des bestehenden Rechtes, insbesondere auch der von den Behörden innerhalb ihrer Zuständigkeit erlassenen Verordnungen beruhe". Etwas abweichend ist die Formulierung von O. Mayer[10]). Wenn vor endgültiger Feststellung des Rechtsverhältnisses im Instanzenzuge der Rechtssatz, der es bestimmt, geändert werde, so komme es darauf an, ob die Verwaltungsbehörde (wohl auch das Verwaltungsgericht) blos zur Nachprüfung der Rechtmäßigkeit der ergangenen Amtshandlung thätig zu werden habe oder selbst diese Handlung neu vornehmen wolle. Ersterenfalls prüfe sie nur, ob dem öffentlichen Rechtsverhältnis nach damaligem Gesetze genügt war, letzterenfalls, und das sei die Regel, handle sie neu nach dem durch das neue Gesetz begründeten Rechtsverhältnisse. Für das preußische Recht scheint uns doch ein wesentlicher Unterschied zwischen Prüfung der Rechtmäßigkeit überhaupt und Revisionsentscheidung zu bestehen.

Die Frage, ob Ortsstatute sich selbst rückwirkende Kraft beilegen können, hat das OVG. in einer zuerst im Pr. Verw.-Bl. vom 17. März 1900 veröffentlichten Entscheidung vom 20. Januar 1897 bejaht und auch ohne nähere Begründung den Grundsatz ausgesprochen, daß das Ortsstatut, wenn es die ministerielle Genehmigung erhält, von dem Zeitpunkte an als genehmigt gilt, den es sich selbst als Anfang seiner Geltung bestimmt hat. Hieran knüpft Nöll (Pr. Verw.-Bl. vom 31. März 1900 Bd. 21 Nr. 26) die Frage, ob die Gemeinden gemäß den Bestimmungen des (preußischen) Kommunalabgabengesetzes vom 14. Juli 1893 berechtigt sind, ihren Steuerordnungen rückwirkende Kraft beizulegen und verneint sie unter Ablehnung auch einer früheren Entscheidung des OVG. vom 13. Juni 1896 (Pr. Verw.-Bl.

---

[10]) Verwaltungsrecht I. 108, Anm. 12.

Bd. 17 S. 445). Er versteht unter rückwirkender Kraft der Steuerordnung deren Anwendung auf Fälle, die vor dem Zustandekommen der Ordnung abgeschlossen und abgethan, der Vergangenheit anheimgefallen sind. Seine Bedenken gründen sich einmal darauf, daß das Steuerrecht der Gemeinden ein abgeleitetes Recht sei und nur insoweit bestehe, als es vom Staate verliehen sei. Eine Schrankenlosigkeit hinsichtlich der zeitlichen Grenzen der Steuergesetzgebung der Gemeinden bestehe nicht. Es genüge auch zur Bejahung der an die Spitze gestellten Frage nicht, daß den Gemeinden nicht verboten sei, ihren Steuerordnungen rückwirkende Kraft beizulegen. Es bedürfe des Nachweises, daß den Gemeinden eine solche Beilegung gemäß den Bestimmungen des Kommunalabgabengesetzes gestattet sei. Weder aus dem Wortlaute noch aus der Absicht des letzteren sei für die Bejahung der Frage etwas zu entnehmen. Unseres Erachtens handelt es sich hier ausschließlich um die Frage, ob die Steuerregulative Gesetze, d. h. Ortsgesetze sind. Dies ist in Übereinstimmung mit dem OVG. anzunehmen, da alle erörterten Voraussetzungen eines Gesetzes vorliegen. Eine Ausnahme von dem Satze, daß Gesetze sich selbst rückwirkende Kraft beilegen können, haben wir nur für den Fall des Verwaltungsstrafrechts festgestellt. Es liegt kein Anlaß vor, darüber hinaus eine weitere Ausnahme zu konstruieren. Falls die Bestimmung der Rückwirkung eines Ortsstatuts, wie dies Nöll wahrscheinlich gemacht hat, unter Umständen zu Härten führen kann, so bildet das Erfordernis der Genehmigung durch die zuständigen Behörden gemäß § 77 des Kommunalabgabengesetzes ein heilsames Korrektiv. Zu ängstlich ist die geltend gemachte Erwägung, daß bei der Annahme, die Gemeinden besäßen die Ermächtignng, ihren Steuerordnungen rückwirkende Kraft beizulegen, diese Ermächtigung ihnen ohne Zeitbestimmung erteilt sei, und daß man dann aber zu einem Ergebnis gelangt sei, welches offensichtlich dem Willen des Gesetzgebers nicht entsprechen könne. Es steht jedoch, wie wir meinen, der Versagung der Genehmigung eines Ortsstatutes nichts entgegen, wenn das Recht, die rückwirkende Kraft zu erklären, gemißbraucht wird.

Zu dieser Lehre gehört endlich auch noch die Frage, ob für das öffentliche Recht ebenso wie für das Privatrecht der Satz anerkannt werden müsse, daß Nichtrückwirkung der Gesetze sich nur auf bereits entstandene Rechtsverhältnisse, nicht auf Erwartungen bezieht. Wir bestreiten dies im Gegensatz zu allen bisherigen Schriftstellern. Beitreten kann man zwar der Ansicht, daß „allgemeine, abstrakte Befugnisse aller Menschen, welche nur die Möglichkeit gewähren, bestimmte Rechtsverhältnisse zu schaffen" nicht vor der Rückwirkung geschützt sind. Darüber hinaus kann jedoch nicht gegangen werden. Wie nach unserer bisherigen Darstellung die Zweckmäßigkeitsfrage der Verwaltung für bereits entstandene Rechte erheblich war, so auch hier. Die Begründung dieser Aufstellung vermittelt eine vom preußischen Oberverwaltungsgericht und dem Reichsgericht in entgegengesetztem Sinne entschiedene Streitfrage. Ersteres hat in einer Entscheidung vom 18. April 1893 (Entscheidungen Bd. 24 S. 362) im wesentlichen folgenden Thatbestand zu beurteilen gehabt. Auf Grund eines schon im Jahre 1889 dem damaligen Rechte entsprechend erteilten Konsenses zur Errichtung eines Wohnhauses ist die Ausschachtung der Baugrube begonnen, dann aber 1892, weil inzwischen (1890) ein der Errichtung entgegenstehendes Ortsstatut gemäß § 12 des Straßen- und Baufluchtliniengesetzes von 1875 ergangen war, der Bau polizeilich inhibiert worden. Das OVG. hob die hindernde polizeiliche Verfügung auf und vermeinte: Wenn neue baurechtliche Bestimmungen „regelmäßig" nur erst unter ihrer Herrschaft auszuführende, nicht auch bereits vollendete Bauten träfen, so müsse ein Gleiches aus demselben Grunde auch von nur erst begonnenen Bauten gelten, wie denn die gegenteilige Auffassung die Bauunternehmer ganz unannehmbaren Konsequenzen aussetzen, auch in ihrer praktischen Durchführung, was insbesondere die Feststellung des Zeitpunktes der Vollendung anlange, kaum zu lösenden Schwierigkeiten begegnen würde. Zu Unrecht kämpft Jebens (S. 273) gegen diese Begründung an. Der Grund könne sich nach seiner Ansicht kaum als ein Mehreres ausgeben, denn als den Ausfluß des wohlmeinenden Bestrebens, einem unvollkommenen Rechtszustande bösartige Spitzen und Schärfen abzubrechen, ihn in einen erträglichen und annehmbaren umzugestalten. De jure hätte dem Kläger, meint er, pure entgegengehalten werden müssen: Wo ist denn der Akt, durch den du ein ius quaesitum erlangt haben willst? Dem Konsense legt das Gesetz diese Wirkung nicht bei und vollends nicht der ersten Aktion des Spatens, ebensowenig, wie etwa derjenigen der Sichel, mittelst deren zunächst das Gras vom Bauplatze abgeschnitten worden ist. Nach unserer Ansicht ist mit der Ablehnung des „wohlerworbenen Rechts" die aufgeworfene Frage gar nicht zu stellen. Ob daher der Konsens ein solches begründet, kommt für uns nicht in Frage. Im Übrigen ist hierauf zu erwidern, daß das OVG. dem Grundsatze verständiger Erwägung der einzelnen Umstände Rechnung getragen, die Zweckmäßigkeitsfrage in den Vordergrund gestellt hat. Nicht ein Vorwurf, eher ein Lob scheint begründet: Wenn die Verwaltung einen unvollkommenen Zustand in einen erträglichen und annehmbaren umgestaltet, so erfüllt sie ihren eigensten Beruf. Es ist nicht abzusehen, weshalb das Verwaltungsgericht diesen praktischen Erwägungen das Gehör zu versagen hätte. Es kommt hier alles auf den Einzelfall an. Ein Bau, der auf Grund eines, nach dem älteren Rechte gewährten Konsenses in Angriff genommen worden ist, wird verständigerweise nicht gehindert werden, wenn es sich, wie etwa bei einem Parlamente, einer weit verzweigten Kaserne, bei Arbeiterkolonien, einem großen Theater, um bedeutende Gebäudekomplexe und erhebliche Bauflächen handelt. Ferner muß von Fall zu Fall geprüft werden, wie weit der Bau bereits — ohne Hinterlist der Unternehmer, die vielleicht mit Rücksicht auf diese späteren Erwägungen vorgegangen sein könnten — beim Inkrafttreten des neuen Gesetzes gediehen ist, wieviel Arbeiter fest angestellt, wie viel Mühe und Ausgaben verwendet sind, wieviel Existenzen an der ungehinderten Fertigstellung des Baues ein Interesse haben. Man denke an die Bauarbeiter, an die wandelbaren Geldverhältnisse bei Aufnahme von Hypotheken, auch an den Zweck des Gebäudes: an ein Waisen- oder Krankenhaus, eine Altersversorgungsanstalt u. dgl. Ob erst die Ausschachtungsarbeiten begonnen haben, ob das Bauen erst seit kurzer Zeit im Gange, ob der Bau bereits unter Dach und Fach gebracht worden ist, das Alles kann im Lichte der individuellen Verhältnisse eine ganz verschiedene Bedeutung erlangen. Freilich würde das Abmähen des Grases vom Bauplatze nicht in Betracht kommen können. Es muß sich um ein Bauen handeln, nicht um eine lediglich vorbereitende Thätigkeit. Auch hier bietet sich der sorgfältigen Abwägung der besonderen Sachlage ein weiter Spielraum. Wenn hiernach das Reichsgericht in der Entscheidung vom 22. September 1894 (Bd. 34 S. 242) in einer dem OVG. entgegengesetzten Weise entschieden hat, ohne sich mit den Gründen des letzteren auseinanderzusetzen, so ist dies insoweit unzutreffend, als dem Erkenntnis der Satz zu Grunde liegt, nur Rechte, nicht Erwartungen erzeugen rückwirkende Kraft. Das Ergebnis der Entscheidung aber kann auch nach unserer Ansicht bei der Lage der Umstände dasselbe sein. Bei seiner früheren Ansicht hat auch nach der Entscheidung des RG. das OVG. festgehalten (Entsch. vom 28. September 1895 Bd. 28 S. 371). Bei Annahme unserer Theorie ist der Streit geschlichtet. Sie eliminiert die mit dem Begriff des jus quaestium verbundenen, unseres Erachtens unüberwindlichen Schwierigkeiten; sie hebt für das Gebiet des Verwaltungsrechts die unbedingte Geltung der mehrgedachten Rechtsregel des Privatrechts auf und gewährt dadurch der Verwaltung und der Verwaltungsgerichtsbarkeit die Handhabe, unerhörte Härten zu vermeiden. Daß bereits entstandene Rechte — jeder Art — vom neuen Gesetz geachtet werden müssen, versteht sich von selbst. Aber dies trifft für das Gebiet des Verwaltungsrechts unter Umständen auch auf im Entstehen begriffene Rechte zu, besonders wenn zu deren Begründung Verwaltungsakte (wie beim Baukonsens) beigetragen haben. Sollte man finden, daß durch diese Lehre jener privatrechtliche Grundsatz, daß Erwartungen den Schutz der Nichtrückwirkung nicht genießen, erheblich durchlöchert sei, so kann dies unbedenklich zugegeben werden. Ist doch die Übertragung des Prinzips auf das Verwaltungsrecht von vornherein willkürlich und, wie sich gezeigt hat, von den praktisch bedenklichsten Folgen gewesen.

VII. Die Verordnung als die, Rechtsnormen, d. h. allgemeingültige Vorschriften gebende, von der Gesetzgebung abgeleitete Rechtsquelle ist vom Privatrecht darin abhängig, daß dieses einmal die Organe bestimmen kann, die zum Erlasse der Verordnungen zuständig sind, wie wir dies oben [71]) in Bezug auf das BGB. gesehen haben. Vollständigkeit war hier weder erstrebt, noch erforderlich. Auch soweit die sonstigen neuen Gesetze des bürgerlichen Rechts im Einzelfalle den Verordnungsberechtigten bestimmen, ist dies von Erheblichkeit. Sodann kommt die Verordnung für das Privatrecht infolge der stillschweigenden Übertragung des Rechts der Ausführungsverordnung an den König in Betracht (Art. 45 preuß. V. U.). Im Reiche besteht ein entsprechendes Recht des Kaisers oder Bundesrates nicht [72]). Die Rechtsnormen nicht enthaltende Verordnung, die sogenannte Verwaltungsverordnung, besser „Verwaltungsvorschrift" [73]) gehört nicht hierher [74]).

§ 10.

Gewohnheitsrecht, Staatsvertrag, Autonomie.

I. Die Theorie des Gewohnheitrechts ist bis in die neueste Zeit hinein einerseits nur vom Standpunkte des bürgerlichen und nicht des öffentlichen Rechtes betrachtet [1]) andererseits ist die unterschiedlose Geltung der auf dem Gebiete des ersteren entwickelten Grundsätze auch für das Verfassungs- und Verwaltungs-

---

[71]) S. oben V. Nr. 3 S. 99 ff.

[72]) Hinsichtlich der reichen Litteratur dieser Frage wird nur auf Laband, Bd. I S. 565ff. und die dort angezogenen Schriften verwiesen.

[73]) Otto Mayer, Verwaltungsrecht I. S. 125/126.

[74]) O. Mayer a. a. O. Dort wird mit Recht über den verschiedenen Sprachgebrauch bezüglich der hier verwandten Ausdrücke geklagt.

[1]) Abgesehen von den Lehrbüchern des gemeinen und deutschen Privatrechts sei aus der Litteratur dieser Frage nur verwiesen auf Savigny, System, Bd. I S. 14 ff.; Puchta, Das Gewohnheitsrecht, 2 Bände; Brinkmann, Das Gewohnheitsrecht im gemeinen Zivilrechte und Zivilprozesse 1847; R. Schmidt, Theorie und Methodik des bürgerlichen Rechts 1848; derselbe, Savigny und sein Verhältnis zur neueren Rechtswissenschaft

recht angenommen worden[2]). Beides hat geschadet, vielfach verwirrt. Auch die Annahme, auf dem Gebiete des Staats- und insbesondere Verwaltungsrechts sei die Bildung von Rechtssätzen in der Form gewohnheitsrechtlicher Erzeugung möglich, galt bis in die jüngste Zeit hinein als eine selbstverständliche[3]). Nun bedarf es aber der Auseinandersetzung mit neuerlich geltend ge-

---

in der deutschen Vierteljahrschrift 1862 Heft 1 S. 139—185; Schmidt, Der prinzipielle Unterschied zwischen dem römischen und germanischen Rechte 1853; Lenz, Über die geschichtliche Entstehung des Rechts 1854; Röder, Grundgedanken und Bedeutung des römischen und germanischen Rechts 1855; Rückert, Begriff des gemeinen deutschen Privatrechts 1857; Dankwardt, National-ökonomisch-zivilistische Studien 1862; Adickes, Lehre von den Rechtsquellen 1872; Bierling, Kritik der juristischen Grundbegriffe I. Bd.; Sturm, Recht und Rechtsquellen 1883; derselbe, Zur Lehre von den Rechtsnormen 1891; Zitelman, Gewohnheitsrecht und Irrtum, Archiv für zivilistische Praxis Bd. 66 S. 385 ff.; Eisele daselbst Bd. 69 S. 289; Pfersche, Das Problem des Gewohnheitsrechts 1895; Bergbohm, Jurisprudenz und Rechtsphilosophie Bd. 1 S. 517, 548, Nr. 12; Franken, Vom Juristenrechte (Festgabe für Rudolf von Gneist zum 50jährigen Doktorjubiläum S. 99—122) Jena 1888; Esser, Die derogatorische Kraft des Gewohnheitsrechts nach gemeinem Recht und den neueren Gesetzgebungen 1889; Rümelin, Gewohnheitsrecht Iherings Jahrbücher Bd. 27 S. 153—252; Albert, Der Gerichtsgebrauch 1890; Schuppe, Das Gewohnheitsrecht. Zugleich eine Kritik der beiden ersten Paragraphen des Entwurfs eines BGB. für das Deutsche Reich 1890; Spahn, Gewohnheitsrecht, Art. im Staatslexikon der Görres-Gesellschaft 2. Bd. 1892 Spalte 1447—1852; Rosenthaler, Gesetz und Gewohnheit 1893; Kuhlenbeck, Das Gewohnheitsrecht. Juristische Wochenschrift vom 24. Sept. 1895 S. 157—162; Eich, Gewohnheitsrecht und Gewohnheitsrechtstheorie 1895; Grienke, Die Kraft der Rechtsgewohnheit, ein älteres entgegenstehendes Gesetz aufzuheben 1896; Tecklenburg, Der Irrtum beim Gewohnheitsrecht 1899; Neukamp, Das Gewohnheitsrecht in Theorie und Praxis des gemeinen Rechts, Archiv für bürgerliches Recht Bd. 12 (1897) S. 89—184; Knitschky, Gewohnheitsrecht und Gerichtsgebrauch, Archiv für öffentliches Recht, Bd. 13 (1898) S. 161—252; Krückmann, Das Gewohnheitsrecht des BGB. in Iherings Jahrbüchern Bd. 38 (1898) S. 191—210; Crome, Partikulares Gewohnheitsrecht, Iherings Jahrbücher Bd. 39 S. 323—389.

[2]) Bruno Schmidt, Das Gewohnheitsrecht als Form des Gemeinwillens 1899 S. 1; Neukamp a. a. O. S. 156 ff.

[3]) Puchta, Gewohnheitsrecht Bd. 2 S. 225 ff.; E. Meier, Die Rechtsbildung in Staat und Kirche 1851; Zachariä, Deutsches Staats- und Bundesrecht, 3. Aufl. Bd. 1 S. 10 und die dort zitierten. Pözl, Lehrbuch des bayr. Verwaltungsrechts S. 3; Held, System des Verwaltungsrechts I. S. 34, 40 ff., 321 ff., 326 ff., II. S. 53; Bluntschli, Allgemeines

machten Einwendungen[4]), einer grundsätzlichen Stellungnahme zu dieser Frage.

Erschwert ist der Weg dadurch, daß es an einer eingehenden Untersuchung über das Gewohnheitsrecht im Verwaltungsrecht überhaupt mangelt. Dies trotz der angeführten vortrefflichen Arbeit von Seidler, die schon nach ihrer Anlage und ihrem Zwecke blos einen Ausschnitt oder vielmehr Querschnitt der Lehre gegeben hat. Was das viel angezogene aber wenig gelesene Buch von Lüders (Das Gewohnheitsrecht auf dem Gebiete der Verwaltung 1863) betrifft, so dürfte es an der Zeit sein, endlich einmal dessen naive Hilflosigkeit und weitschweifige Banalität in das rechte Licht zu rücken. In einem veralteten ersten Kapitel wird über den Staat als juristische Person, den Unterschied zwischen Justiz- und Verwaltungssache und über den Begriff des Verwaltungsrechts in unzureichender Weise gehandelt. Das zweite Kapitel versucht, einen Beitrag zu liefern zur Revision der damals herrschenden Theorie von der Entstehung des Gewohnheitsrechts. Bei Lüders reduziert sich die ganze juristische Theorie des Gewohnheitsrechts auf die beiden Sätze, einmal daß die Organe, welche das Bedürfnis nach einem neuen Rechtssatze befriedigen, die einzelnen Staatsglieder seien, sodann, daß der Rechtssatz, wenn er als solcher gelten soll, durch Handlungen der Einzelnen vermittelt sein müsse! (S. 36) Das dritte

Staatsrecht 2. Aufl. I. S. 13 ff.; Mayer, Grundsätze des Verwaltungsrechts (1862) S. 467—468; derselbe, Grundzüge des Verwaltungsrechts S. 78 bis 91; v. Kaltenborn, Einleitung in das konstit. Verfassungsrecht S. 314, 342; Mohl, Encyklopädie der Staatswissenschaften, 2. Aufl. (1872) S. 390 ff.; von Rönne, Staatsrecht der preußischen Monarchie, 5. Aufl. (1889) Bd. I S. 81, 143 f.; Bornhak, Preuß. Staatsrecht Bd. I S. 100; derselbe, Das preußische Verwaltungsrecht und das BGB., S. 4; G. Meyer, Deutsches Staatsrecht, S. 47, 139; derselbe, Verwaltungsrecht Bd. I S. 8; v. Stengel, Verwaltungsrecht, S. 29. Mit einiger Einschränkung Leuthold, Sächsisches Verwaltungsrecht S. 68; Seydel, Staatsrecht Bd. 3 S. 549. Ueber Ulbrich, Österr. Staatsrecht S. 63, sowie über die österreichische Rechtswissenschaft und Praxis s. Seidler, Zur Lehre vom Gewohnheitsrecht auf dem Gebiete des österr. Staats- und Verwaltungsrechts (Festgabe für Unger 1898 S. 543—584) S. 546, Anm. 2, 553 Anm. 2.

[4]) Otto Mayer, Verwaltungsrecht Bd. I S. 120 ff.; Grotefend, Preußisches Verwaltungsrecht Bd. I S. 37 ff.

Kapitel gibt vor, von dem Gewohnheitsrechte auf dem Gebiete des Verwaltungsrechts zu sprechen. Die Anerkennung und Giltigkeit des Gewohnheitsrechts in der Verwaltung, besonders „auf den Gebieten der exekutiven und regierenden Gewalt der Behörden" wird mit gänzlich unzulänglichen Mitteln und mit unnötigem Abschweifen auf Gesetz und Verordnung erörtert. Bezeichnend sind hier die Sätze: „Die ausführende Gewalt der Beamten hält sich lediglich an Gesetz und Recht. Daß diese Rechtssätze auch gewohnheitsrechtliche sein können, wird keiner weiteren Erläuterung bedürfen." (S. 65.) Die Hauptfrage, ob dem Wesen des Verwaltungsrechts das Gewohnheitsrecht nicht widerstrebt, wird einfach umgangen. Bei der Unterscheidung von Herkommen und Gewohnheit wird die mehrfache Bedeutung, die der ersteren Bezeichnung innewohnt, verkannt. Man versteht darunter bekanntlich sowohl eine objektive Rechtsnorm für die Allgemeinheit, als auch den Beweis der Unvordenklichkeit für subjektive Berechtigungen. Lüders stellt dies in folgender Weise dar. Begründe ein gewohnheitsrechtlicher Satz nicht blos besondere Rechtsverhältnisse eines Einzelnen, sondern normiere er allgemein die Rechtsverhältnisse unbestimmter Personen, so liege Gewohnheitsrecht vor; sei die rechtliche Begründung der öffentlich-rechtlichen Befugnisse eines Staatsbürgers durch die Thatsache, daß der Anfang der Ausübung über Menschengedenken hinaus liege, erfolgt, so sei dies Herkommen. Die Erörterungen über Juristenstand und Verwaltungspraxis, Präjudizien der Verwaltungsbehörden, autonomisches Gewohnheitsrecht, Erkenntnismittel, Beweis und Abänderung des administrativen Gewohnheitsrechts, endlich das Verhältnis der Verfassung zur Verwaltungspraxis bewegen sich innerhalb allgemeiner Meditationen und stellen ein systemloses Besprechen von Einzelfragen dar. Die Gedankenlosigkeit der Theorie von Lüders, daß nur partikuläre und autonomische Gewohnheiten im Widerspruch mit einer Verfassungsbestimmung rechtliche Geltung nicht beanspruchen können, führt vor Augen Seidler a. a. O. S. 552. 569.

Was die Hauptfrage selbst angeht, so ist bereits zutreffend hervorgehoben worden, wie das Problem der Gewohnheit hinsichtlich des Staats- und Verwaltungsrechts von dem auf dem Gebiete des Privatrechts insofern verschieden ist, als es sich nicht um einen historisch zu begründenden Nachweis thatsächlicher Geltung, sondern um eine aprioristische Erörterung über die Möglichkeit zukünftiger Gewohnheitsrechtsbildung handelt.[5]) Nur diese allein gehört in den Rahmen dieses Werkes.

Die erste uns hier beschäftigende Frage ist hiernach die: Kann es auf dem Gebiete des Verwaltungsrechts gewohnheitsrechtliche Bildungen geben? Die Untersuchung muß in zwei Richtungen geführt werden. Es ist darzuthun, was positiv für deren Geltung spricht. Sodann darf den gegenteiligen Ansichten die Widerlegung nicht erspart werden. Hiernach wird die grundsätzliche Stellung des verwaltungsrechtlichen Gewohnheitsrechts zu der, auf dem Gebiete des bürgerlichen Rechts ausgebildeten Theorie festzustellen sein. Weiter wird der Anteil, den das preußische Oberverwaltungsgericht und das Bundesamt für das Heimatwesen an der Ausbildung der Lehre genommen haben, aufgewiesen werden müssen. Endlich wird auf die Frage die Antwort zu finden sein, welche Bedeutung das neue bürgerliche Recht für das verwaltungsrechtliche Gewohnheitsrecht besitzt.

II. Ueber die derogatorische Kraft des Gewohnheitsrechts wird noch immer gestritten.[6]) Der neueste Versuch Seidlers ist besonderer Beachtung wert. Die Gesetzgebung sei der allein rechtmäßige Weg, auf welchem der Widerspruch des Volksbewußtseins gegen ein ungeeignetes Gesetz seine Befriedigung zu suchen habe. Es sei Pflicht der Behörde, jeder dem Gesetze widerstreitenden Übung, möge dieselbe nach ihrer Ansicht weit gerechter und zweckmäßiger sein, als die Erfüllung des Gesetzes, entgegenzutreten. Wenn die Behörden diese Pflicht erfüllten, könne dem Gesetz derogierendes Gewohnheitsrecht nicht entstehen, denn es gebe kein Recht ohne staatliche Anerkennung. Wenn jedoch die thatsächliche Rechtsanwendung von Unterthanen und Behörden übereinstimmend das dem Volksbewußtsein widerstreitende Gesetz

---

[5]) Seidler a. a. O. S. 548.

[6]) Näheres bei Zitelmann a. a. O.; Gierke, Deutsches Privatrecht Bd. I S. 122 ff.

fallen läßt und seit Menschengedenken konstant eine abweichende, entsprechende Übung an seine Stelle gesetzt hat, so sei hierfür die Erklärung die, daß es sich um einen Rechtsbruch mit nachfolgender Bildung von entgegengesetztem Gewohnheitsrecht, also gewissermaßen eine Revolution milder Form, im kleinen Rahmen der Gestaltung einzelnen Rechtssätze, handle. Ob freilich durch diese, den Bildungsgang des Gewohnheitsrechts richtig angebende Ansicht viel gewonnen ist? Kann es ein Rechtsbruch sein, was hier offenbar als erlaubt gelten soll? Oder umgekehrt, kann es als erlaubt gelten, was einen Rechtsbruch darstellt?

Immerhin kann man unmöglich die auf dem Gebiete des ganzen Rechtssystems vor Augen liegende Thatsache übersehen, daß zur Ergänzung lückenhafter, zum Ersatz vergessener, vernunftwidriger oder veralteter Gesetze sich Gepflogenheiten der an einem bestimmten Rechtsverhältnisse Beteiligten oder Interessierten bilden, die die Tendenz zur Allgemeingiltigkeit und staatlicher Anerkennung und dadurch zum Rechtsnormwerden besitzen.[7])

Es kommt daher nur darauf an, ob eine solche thatsächliche, aus der Nothwendigkeit des Rechtsverkehrs heraus geborene Anwendung von Normen staatliche Anerkennung in dem Sinne findet, daß gewissen, im Bewußtsein der Rechtsausübung vorgenommenen Fakten die Natur des Rechts zugestanden wird. Es hängt daher offensichtlich mit dieser Frage die nach der Befugniß des Gesetzgebers, die Bildung von Gewohnheitsrecht wirksam zu untersagen, zusammen. In der W i s s e n s c h a f t überwiegt wohl jetzt die Ansicht, daß ein solches Verbot „unverbindlicher Gesetzesinhalt" sei[8]), weil sich das Gewohnheitsrecht nicht

---

[7]) In Sachsen ist ein großer Teil der älteren Luxusgesetze, namentlich der Kleiderordnungen, lediglich im gewohnheitsrechtlichen Wege außer Geltung gekommen. Polizeiverordnungen vom 23. April 1612; 22. Juni 1661; Kleiderordnung vom 21. Februar 1750. Bezeichnend auch § 1 Abs. 2 des sächsischen Jagdgesetzes vom. 1. Dez. 1864: „Gegenstand des Jagdrechtes sind alle diejenigen herrenlosen und in ungezähmten Zustande lebenden Säugetiere und Vögel, „d i e b i s h e r i n h i e s i g e n L a n d e n a l s z u r J a g d g e h ö r i g a n g e s e h e n w o r d e n s i n d." S. auch über Observanz in Sachsen, L e u t h o l d a. a. O. S. 69, für Österreich S e i d l e r S. 565 Anm. 3.

[8]) E i s e l e a. a. O. S. 275 ff.; G i e r k e a. a. O. und S e i d l e r 569 ff.

infolge Gestattung des Gesetzgebers, sondern urwüchsig und als ein sozial-psychologisches Naturprodukt bildet und als solches ebensowenig wie Sitte und Sittlichkeit einer theoretischen, abstrakten Ablehnung gefügig sein kann[9]). Was die Praxis der Rechtsbildung angeht, so beruht das gemeine Privatrecht bekanntlich nur auf gewohnheitsmäßiger Annahme des römischen Rechts, während man im Staatsrechte des alten Reiches und der Territorien von einer ungehinderten Wirksamkeit des Gewohnheitsrechtes sprechen darf[10]). Insbesondere bildete sich die Landeshoheit nach der Herabdrückung der ständischen Mächte zweifellos durch Gewohnheit heraus und mit ihr und durch sie entstanden gewohnheitsrechtlich die dem Absolutismus entsprechenden Staatsgrundsätze. Nur deren Ausgestaltung war gesetztes Recht. Das Recht des konstitutionellen Staates beruht in vielen Punkten auf Gewohnheit[11]). Das preußische Recht hat, wenigstens in beschränktem Maße, wie wir bald sehen werden, die Bildung von Gewohnheitsrecht ausdrücklich gestattet; dies ist aber über diese Gestattung hinaus wirksam gewesen[12]). Was endlich das neue bürgerliche Recht angeht, so kann es nach den gesetzgeberischen Vorarbeiten[13]) einem Zweifel nicht unterliegen, daß die Ablehnung sämtlicher Anträge, die auf die gesetzliche Festlegung von Rechtssätzen hinsichtlich des Gewohnheitsrechtes abzielten, und schließlich der gefaßte Beschluß, die Frage des Gewohnheitsrechts mit Stillschweigen zu übergehen, von anderen

---

[9]) Karl Menger, Untersuchungen S. 271 ff.

[10]) In der Wahlkapitulation von 1790 II § 30 findet sich der Satz: „Was bei vorigen Reichstagen verabschiedet und geschlossen und durch die nachfolgenden Rechtskonstitutionen oder das rechtsmäßige Reichsherkommen nicht wieder aufgehoben worden".

[11]) Seidler, a. a. O. S. 579: „Die Verfassungsgeschichte einer Reihe von Staaten liefert den Beweis, daß die derogierende Kraft der Gewohnheit speziell auf dem Gebiete des Verfassungsrechts eine sehr große Rolle spielt und hier auch oft eine wohlthuende Wirkung geübt hat, indem die milden Formen der Revolution, als welche wir die Bildung derogierenden Gewohnheitsrechts gekennzeichnet haben, ernsten und gefährlichen Umwälzungen des Staats- und Rechtslebens vorzubeugeu in der Lage waren".

[12]) Dernburg, Pr. Privatrecht (5. Aufl.) I. 39. Förster-Eccius (6. Aufl.) I. 78 ff.

[13]) Mot. I S. 4 ff. Prot. II. Bd. I S. 3, 618 f. Bd. VI S. 359.

Momenten abgesehen [14]), darauf hinweisen, daß der gewohnheitsrechtlichen Bildung von Gesetzeswegen eine Schranke nicht errichtet werden kann.

Ist dem aber so, gilt es auf dem Gebiete des ganzen Rechtssystems (mit Ausnahme des Strafrechts), so ist zu fragen, weshalb dies nicht auch für Verwaltungsrecht Geltung haben sollte?

Otto Mayer hat hier einen durch seine bedeutende Persönlichkeit besonders beachtenswerten Angriff auf die bisherige Theorie unternommen. Nach ihm ist die Entstehung von Gewohnheitsrecht für die Verwaltung durch die allgemeinen Grundsätze unseres öffentlichen Rechts von selbst ausgeschlossen. Denn die Justiz könne nur auf Grund von Rechtssätzen thätig werden und in Ermangelung von gesetzlichem Rechte müßte zu dem gegriffen werden, was thatsächlich seine Stelle vertrete, was bisher für solche Sachen in der Übung der Einzelnen und der das Recht handhabenden Behörden als Recht gegolten habe. Dagegen sei für die Verwaltung die Rechtsordnung niemals so ganz ihre eigene Daseinsbedingung wie für die Justiz. Soweit kein Rechtssatz da sei, werde doch verwaltet und es sei auch gut. Darüber hinaus wird noch behauptet, daß, wo gesetztes Recht fehle, dies so gewollt sei und

[14]) Prot. II. Bd. VI. S. S. 362: „Immerhin werde sich auf manchen Gebieten, namentlich durch die einheitliche Rechtsprechung und die dadurch beeinflußte Anschauung der beteiligten Berufskreise einheitliches Gewohnheitsrecht bilden. Rechtssätze, die sich in der Judikatur unter dem Namen der Analogie, der einschränkenden oder ausdehnenden Auslegung, der feststehenden Praxis u. s. w. herausbildeten, seien in Wahrheit nichts anderes als Gewohnheitsrecht, und dieses mit Fug und Recht ein Produkt der fortbildenden Thätigkeit des Richters. Daß solches Recht auf demselben Wege, auf dem es entstanden, auch wieder beseitigt werden könne, thue seinem Charakter als Recht keinen Abbruch. Wie es sich aber, so lange es bestehe, zu dem geschriebenen Gesetzesrechte verhalte, sei eine Frage, die der Macht des Gesetzgebers entrückt sei, und nur von der Theorie nach Maßgabe der jeweils im öffentlichen Leben herrschenden Anschauungen beantwortet werden könne. Ein Gesetzbuch thue daher besser, sich in diesem Punkte jeder Andeutung zu enthalten, zumal es für den Gesetzgeber weniger angemessen und für die praktische Rechtsanwendung nicht unbedenklich erscheine, im Gesetze darauf hinzuweisen, daß dessen Vorschriften unter Umständen keine Verbindlichkeit zukomme." S. auch Prot. I 619, Über gewohnheitsrechtliche Bildungen im Landesrecht.

ordentlicherweise so bleiben solle. Wo die zur Rechtssetzung berufenen Gewalten den Behörden die vollziehende Gewalt überlassen hätten, nach pflichtgemäßem Ermessen im einzelnen Falle das Gute und Nützliche zu schaffen, da könnten sich diese nicht unter eine von anderswoher genommene bindende Regel stellen, um sich der Pflicht und Verantwortlichkeit zu entziehen. Gleichwohl sei der Gewohnheit noch insofern ein Platz im öffentlichen Rechte einzuräumen, als sie aus einer, auch die öffentlich-rechtlichen Verhältnisse nach civilistischen Gesichtspunkten ordnenden Zeit in die des Verfassungsstaates hinüberragt. Die Entstehung neuen Gewohnheitsrechts sei auf dem Boden unseres gegenwärtigen Staatswesens nur soweit möglich, als jene Bedingungen unseres öffentlichen Rechts, die sie ausschließen, ausnahmsweise nicht Platz greifen und die zu ordnenden Verhältnisse der öffentlichen Gewalt mehr in der Weise civilrechtlicher Verhältnisse gegenüber stehen. Das Gebiet, auf welchem dies der Fall sei und für welches demgemäß auch heute noch Gewohnheitsrecht wirksam werden könne, sei durch den Begriff der Observanz bezeichnet. Diese sei eine Gewohnheit, welche sich ausgebildet habe innerhalb eines durch rechtliche Gemeinschaft verbundenen Kreises für die Behandlung der auf diese Gemeinschaft bezüglichen Verhältnisse. Die Wirksamkeit des Gewohnheitsrechts sei auch innerhalb dieses engen Kreises durch sein Verhältnis zum Gesetze beschränkt. Die Richtung unserer Rechtsentwickelung gehe unverkennbar dahin, das Gewohnheitsrecht durch gesetztes Recht zu verdrängen. Wenn für das Civil- und Strafrecht hier und da Gewohnheitsrecht gänzlich ausgeschlossen werde, auch bloß ergänzendes, so gelte das nicht ohne weiteres auch für das Verwaltungsrecht. Wohl aber verallgemeinere sich von selbst die in Civilgesetzbüchern etwa ausgesprochene Unzulässigkeit des aufhebenden (derogatorischen) Gewohnheitsrechts; denn das gesetzte Recht sei unmöglich auf dem Gebiete der Verwaltung seiner Kraft nach geringer.

Was den letzten Ausspruch angeht, so ist er durch die obigen Ausführungen über das Verhältnis von Gesetz und Gewohnheit widerlegt[15]). Auch das ist bereits erwähnt worden, daß es auch außerhalb des Gebietes der Observanz auf dem Gebiete des Verfassungs- und Verwaltungsrechts gewohnheitsrechtliche Bildungen gegeben hat und giebt. Den Kernpunkt der Theorie, gleichzeitig aber die breiteste Angriffsfläche bietet die Ansicht, daß der verfassungsmäßige Vorbehalt das Gewohnheitsrecht im konstitutionellen Staate auf dem Gebiete der Verwaltung ausschließe. Sehen wir zu, wie es sich hiermit verhält.

Otto Mayer kennt einmal den Vorrang des Gesetzes, d. h. die Unmöglichkeit der Aufhebung, Abänderung oder Unwirksammachung des verfassungsmäßigen gesetzlichen Staatswillens auf einem anderen Wege als durch sich selbst und die Beseitigung aller anderen staatlichen Willensäußerungen, welche seinem Inhalte entgegenstehen. Sodann stellt er den Begriff vom Vorbehalt des Gesetzes auf. Wo dieses verfassungsmäßig für gewisse, besonders wichtige Gegenstände zur notwendigen Bedingung aller Staatsthätigkeit gemacht worden, sei die Verwaltungsthätigkeit von ihm abhängig. Für alle übrigen sei die vollziehende Gewalt an sich frei, sie wirke aus eigener Kraft, nicht auf Grund des Gesetzes. Der Ausschluß dieses selbständigen Vorgehens, der bezüglich jener besonders ausgezeichneten Gegenstände bestehe, sei eben der Vorbehalt des Gesetzes.

Dieser dem allgemeinen Sprachgebrauch widerstreitende neue Begriff ist unannehmbar. Gewiß ist eine verwaltende Thätigkeit nicht nur dann möglich und erforderlich, wenn eine ausdrückliche Ermächtigung des Gesetzes hierzu vorliegt, sondern auch auf den von dem Gesetze freigelassenen Gebieten; dies jedoch nur innerhalb des Rahmens eines formellen Gesetzes, in Übereinstimmung mit den Grundsätzen des staatlichen Rechts überhaupt. Das ist ja gerade das Kennzeichen des Rechtsstaates, daß von den Handlungen der Verwaltungsthätigkeit jede Willkür ferngehalten wird, daß die praktische, auf Regelung konkreter Rechtsverhältnisse gerichtete Staatsthätigkeit unter Beachtung von, meist allgemein gehaltenen, im einzelnen weiten Spielraum gewährenden Ge-

[15]) Seidler a. a. O. S. 555.

setzen ausgeübt wird. Während im Polizeistaate die Verwaltung durch keinerlei verfassungsmäßige Gesetzgebung beschränkt werden konnte, kann dies heute bei uns insofern geschehen, als diese ihre „Vorbehalte" erweitert. Da aber nach der Natur staatlicher Verwaltung auch im verfassungsmäßigen Staate ein freies, gesetzloses Gebiet bleiben muß, würde bei der Annahme, daß auf diesem die Verwaltung frei zu schalten hat, ein Unterschied gegenüber dem Polizeistaate nicht gefunden werden können. Diese Erwägung führt notwendig dahin, im Rechtsstaate den Grundsatz aufzustellen, daß die verwaltende Thätigkeit nicht aus eigener Kraft, sondern nur auf Grund des Gesetzes wirke, mit der Maßgabe jedoch, daß dessen Bestimmungen derart gestaltet seien, daß sie der Verwaltung im Interesse der von ihr zu erfüllenden Aufgaben die möglichste Freiheit der Bewegung gewähren. Für Preußen bilden z. B. § 10 Teil II Titel 17 ALR. und das Gesetz über die Polizeiverwaltung vom 11. März 1850 für die polizeiliche Thätigkeit wichtige gesetzliche Voraussetzungen, während innerhalb dieser Bestimmungen dem verwaltungsbehördlichen Ermessen ein weites Feld eingeräumt ist und einer Entfaltung der der Verwaltung eigenen Thätigkeiten wahrlich keine zu ängstlichen Schranken gezogen sind [16]).

---

[16]) S. Leuthold, Verwaltungsrecht S. 8. Sarwey, Allgemeines Staatsrecht S. 36 f. führt aus: Es fehle nicht an Stimmen und politischen Einrichtungen, welche die Ausübung der staatlichen Gewalt, die Befugnis zu gebieten und zu verbieten, den Verwaltungsorganen nur auf Grund einer Ermächtigung durch die Verwaltungsgesetze zugestehen. Nach dem formellen Verfassungsrechte müßte jedoch als Grundsatz des deutschen Verwaltungsrechts anerkannt werden, daß die staatliche Gewalt der Verwaltungsorgane nur dahin beschränkt sei, daß sie nichts gegen die Verwaltungsgesetze verfügen könne, sodaß also insbesondere insoweit, als die Verwaltungsgesetze durch die Anerkennung einer auch für die Verwaltung unantastbaren Rechts- und Willenssphäre der Einzelnen sie beschränkt haben, in diese nicht eingreifen können. Einen Ausgleich zwischen der von uns im Texte vertretenen und der gegenteiligen Ansicht herbeizuführen ist die von Sarwey hervorgehobene Thatsache geeignet, daß nach dem heutigen Stande der Verwaltungsgesetzgebung die praktische Bedeutung dieses prinzipiellen Gegensatzes auch für Deutschland eine sehr beschränkte ist. Wo infolge neuer Erscheinungen in dem öffentlichen Leben der latente Gegensatz der Ansprüche des Individualismus gegen die Staatsgewalt der Verwaltungsorgane zu einem akuten Kampfe zu werden drohe, beeile sich die gesetzgebende Gewalt, den-

Dieser weite Rahmen des Gesetzes gewährleistet die ungehemmte, zweckmäßigste Thätigkeit der Verwaltung, gleichzeitig aber deren Gebundenheit an die Rechtsordnung. Da auch Auslegung, Rechtssätze entwickelnde, aus dem allgemeinen Grundsatze die Besonderheiten ableitende Thätigkeit ebensowenig ausgeschlossen ist, wie die Anwendung des Rechtssatzes auf gleichliegende Fälle (Analogie, Natur der Sache), so kann ein dem Zwecke der vollziehenden Gewalt widerstreitendes Moment in unserer Auffassung nicht gefunden werden.

Wo aber trotz alledem die gesetzliche breite Basis für eine notwendig werdende Verwaltungsthätigkeit fehlt, wo hiernach ein Vacuum eintritt, dort kann sehr wohl die Gewohnheit Platz greifen und sich, mit der Überzeugung ihrer Rechtmäßigkeit gepaart, zum Rechte erheben. Schon Rümelin (a. a. O. S. 229) hat darauf hingewiesen, daß besonders zwei Umstände dazu beitragen, der Übung im Staats- und Verwaltungsrechte eine größere Bedeutung zu verleihen als im Privatrechte: 1. daß gerade mit Rücksicht auf das häufige Nichtvorhandensein gesetzten Rechts die Anlehnung an die Übung sehr naheliegend ist und 2., daß mangels eines Richters, wie bei Streitigkeiten zwischen Volksvertretung und Regierung, die Übung als das objektive, über den Parteien stehende Mittel erscheint. Daß endlich Gewohnheitsrecht, wenn es auftritt, Rechtskraft hat, ist noch niemals im Ernste bezweifelt worden[17] [18])

Zum Teil treffen unsere Gründe auch die Darstellung von Grotefend (a. a. O.). So ist schon die Unhaltbarkeit der

---

selben durch ihren, alle Teile bindenden Machtspruch zu entscheiden. Nach unserem Standpunkte ist die staatliche Gewalt der Verwaltungsorgane durch die Gesetzgebung immer beschränkt.

17) Auch Otto Mayer giebt dies mehrfach, insbesondere auch dadurch zu, daß er die Gebundenheit der vollziehenden Gewalt durch die Gewohnheit anerkennt, Verwaltungsrecht Bd. I S. 91 und Anm. 16, S. 133 a. E., 134 Anm. 23.

18) Es bedarf keiner weiteren Ausführung, daß, wie sich auf dem Gebiete des Strafrechts kein Gewohnheitsrecht bilden kann (v. Liszt, Deutsches Strafrecht, 9. Aufl. [1899] S. 83), so auch nicht auf dem Gebiete des von jenem abhängigen Verwaltungsstrafrechts. Die den beiden Rechten gemeinsamen Grundsätze verbieten die Anwendung eines anderen als des gesetzten Rechts. S. oben § 9 Anm. 48.

Ansicht dargethan, daß mit dem heutigen (wohl konstitutionellen?) Staatswesen, welches die privatrechtlichen Fesseln abgestreift habe, die Entstehung eines Gewohnheitsrechts nicht vereinbar sei. Die Angelegenheiten, die man zur gewohnheitsrechtlichen Regelung für geeignet halte, seien entweder überhaupt nicht solche des öffentlichen oder des Verwaltungsrechts, oder ihre rechtliche Ordnung beruhe auf einem Übereinkommen der Beteiligten. In den konstitutionellen Staaten könnte eine öffentlich-rechtliche Gewohnheit dem Gesetze gegenüber das Ansehen des privatrechtlichen jus consuetudinis nicht behaupten und keine Angelegenheit betreffen, deren Regelung das Gesetz des Staates schon bewirkt habe oder an sich ziehen wolle. Denn der Gesamtwille des Staates binde jeden Einzelwillen im Staate, soweit der Staatszweck es fordere. All dies trifft die derogatorische Kraft des Gewohnheitsrechts gegenüber dem Gesetze, eine Frage, deren grundsätzliche Behandlung zwar nicht hierher gehört, die aber durch die bisherige Darstellung als in einem, Grotefend entgegengesetzten, Sinne beantwortet gelten kann. Wenn freilich behauptet wird, eine „Verwaltungspraxis" sei eine jeden Augenblick veränderbare Gepflogenheit der betreffenden Behörden, so ist dies zutreffend. Aber es handelt sich gar nicht nur um die Gepflogenheiten der Beamten allein, sondern der Staatsglieder selber. Was die Bildung von Gewohnheit durch die Verwaltungspraxis angeht, ist unseres Ermessens zu unterscheiden. Gegen das Gesetz wird sie sich selten bilden können, weil es an der opinio necessitatis bei Beamten in der Mehrzahl der Fälle fehlen wird. Bei ihnen muß man voraussetzen, daß sie das Gesetz kennen. Möglich ist aber auch hier die Entstehung von Gewohnheitsrecht, besonders wenn es sich um veraltete, Jahrhunderte lang nicht angewendete Gesetze handelt. Neben dem Gesetz, insbesondere zu dessen Ergänzung, kann auch die Verwaltungspraxis gewohnheitsrechtliche Sätze schaffen. Wenn weiter gesagt ist, diejenigen Rechtslehrer, welche das Gewohnheitsrecht als eine Quelle des Verwaltungsrechts auffassen, werden schwerlich thatsächlich ein öffentlich-rechtliches Gewohnheitsrecht im juristischen Sinne nachweisen können, so widersprechen dem nicht nur die bereits angeführten Beispiele, sondern vor allem die noch zu betrachtenden Fälle gewohnheitsrechtlicher Übung aus der Judikatur des Oberverwaltungsgerichts und des Bundesamts für das Heimatswesen. Ein weiteres Verweilen bei diesem Punkt verbietet sich deshalb, weil Grotefend nicht angiebt, was er unter „Gewohnheitsrecht im juristischen Sinne" (in welchem denn sonst?) versteht. Möglich, daß dessen Begriff von dem unserigen abgewichen wäre. Endlich wird für den Geltungsbereich des preußischen Landrechts noch die Ansicht verfochten, daß dort eine positiv-rechtliche Beseitigung des Gewohnheitsrechts in Ziff. VII des PP. vom 5. Februar 1794 und § 3 Einleitung ALR. hinzukommen. Wie weit dies für uns gilt, wird alsbald (unten, Ziff. V dieses §) untersucht werden.

III. Wenn hiernach gewohnheitsrechtliches Verwaltungsrecht Geltung hat [19]), welche ist seine Ausgestaltung im Einzelnen? Es ist hier die grundsätzliche Stellung des verwaltungsrechtlichen Gewohnheitsrechts zu der auf dem Gebiete des bürgerlichen Rechts ausgebildeten Theorie festzustellen. Gilt sie in der dort empfangenen Form auch für das öffentliche Recht? Diese Frage erscheint insofern berechtigt, als kein Anlaß vorliegt, der gewohnheitsrechtlichen Theorie eine Beschränkung auf das Privatrecht zu geben und thatsächlich keine Momente haben aufgewiesen werden können, die den Beweis der Notwendigkeit einer für das öffentliche Recht besonders ausgeprägten Gewohnheitsrechtstheorie erbracht hätten. Freilich wäre es eine gewisse Kühnheit, von der gewohnheitsrechtlichen Lehre im Privatrecht als von einer gegebenen Größe zu sprechen. Wissenschaft wie Praxis sehen sich seit langer Zeit schon über das von der historischen Schule Geleistete hinaus zu einer Revision gedrängt, ohne daß diese auch nur ernstlich in Angriff genommen worden wäre. Nur eine von ihr vorausgesetzte quellenmäßige und dogmengeschichtliche Grundlegung ist neuerdings begonnen worden. [20]) Erst nach deren Vollendung

---

[19]) S. auch Entsch. d. Reichsger. Bd. XXV S. 304/5.

[20]) Brie, Die Lehre vom Gewohnheitsrecht. Eine historisch-dogmatische Untersuchung. I. Teil Grundlegung. (Bis zum Ausgang des Mittelalters) 1899. Das Werk soll die Geschichte des Gewohnheitsrechts nur bis zur Neuzeit behandeln und die Lehre in der Neuzeit nur skizzieren.

wird die Revision selbst unternommen werden können. Immerhin darf schon heute ausgesprochen werden, daß die überlieferte gemeinrechtliche Lehre, aus der alle Partikularrechte geschöpft haben, in allen ihren Bestandteilen unbestimmt und durch die Rechtsentwicklung überholt ist. Es hat sich ergeben, daß selbst die Bezeichnungen des Gewohnheitsrechts an einer verhängnisvollen Vieldeutigkeit leiden, woraus sich die Schwierigkeit und Unsicherheit in der Auslegung aller einschlägigen Quellenstellen ergiebt. Nur ein Punkt ist ohne Zweifel: daß als Entstehungsmomente des Gewohnheitsrechts die thatsächliche Übung und eine Willensübereinstimmung erachtet worden sind. Welcher Art beide sein müssen und wie alle hier auftauchenden Zweifelsfragen ihre Erledigung finden, ist in die Welt dämmerigen Scheines gerückt. Sonst ist alles übrige schwankend: die Fragen des Bildungs- und Geltungskreises, der Vernunftwidrigkeit der gewohnheitsrechtlichen Sätze, die Bedeutung des Irrtums, die Fragen der Kraft, Anwendung und Erkenntnis des Gewohnheitsrechts. Beständige Grundsätze und feststehende Meinungen sucht man vergebens. Auch das kanonische Recht hat keine Bereicherung der Lehre gebracht. Es finden sich zwar die römischen Rechtsgedanken ausgestaltende Ansichten, aber von Grund aus sind nur zwei Spezialfragen erörtert, nämlich der Widerstreit der consuetudo einerseits mit dem jus naturale bezw. mit der diesem verwandten ratio, andererseits mit dem Kirchengesetze menschlichen Ursprungs. Eine tiefgehende und ausgebildete Theorie findet man auch bei den Glossatoren und Postglossatoren nicht. Auch das mittelalterliche deutsche Recht bietet nicht viel. Es ist daher dringend notwendig, daß sich die heutige Rechtswissenschaft auch in dieser Frage von einer ängstlichen Nachachtung der gemeinrechtlichen Auffassung befreit. Unsere gewandelten Verhältnisse verlangen eine Theorie des Gewohnheitsrechts, die unter sorgfältiger Berücksichtigung der Elemente in der überlieferten Theorie, dennoch selbstständig vorgeht. Sämtliche Bestandteile der bisherigen Lehre vom Gewohnheitsrecht ermangeln einer natürlich-organischen Weiterbildung bis auf unsere Zeit, und ragen, als Rudimente einer abgestorbenen Rechtsentwicklung, in eine, in

Wirtschaft und Verkehr vollständig veränderte Welt hinein. Eine endgültige Klärung ist hiernach nur zu erwarten von einer Revision, die auf der breitesten, bereits begonnenen quellenmäßigen und historisch-dogmatischen Basis ruht, die in die Tiefe aller Probleme hinabsteigend, die Kraft und die Fähigkeit besitzt, das Gefundene in Einklang zu bringen mit den Erfordernissen des modernen Rechtslebens und mit dem Streben, eine Theorie von einleuchtender, gradliniger Einfachheit und praktischer Brauchbarkeit zu schaffen. Bis dahin jedoch kann die Praxis nicht unthätig bleiben. Deshalb muß sie sich an das halten, was die bisherige Rechtsprechung in Bezug auf das Verwaltungsrecht in dieser Lehre geleistet hat.

IV. Das Oberverwaltungsgericht beschäftigte sich, wenn nicht ausschließlich, so doch überwiegend mit derjenigen Art des Gewohnheitsrechts, die man Observanz oder Herkommen zu nennen pflegt. Bei der Vieldeutigkeit dieses Begriffs muß er hier präzisiert werden. Man versteht darunter sowohl Herkommen im Sinne einer objektiven Rechtsnorm für die Allgemeinheit als auch die Grundlage für den Erwerb oder noch schärfer ausgedrückt, für den Beweis der subjektiven Berechtigungen [21]). O. Mayer bezeichnet sie als Gewohnheit, welche sich ausgebildet hat innerhalb eines durch rechtliche Gemeinschaft verbundenen Kreises, für die Behandlung der auf diese Gemeinschaft bezüglichen Verhältnisse. So auch Entsch. des OTr. vom 16. Dezember 1870 (Str.A. 80 S. 179). Wir verstehen unter Observanz lediglich die objektive gewohnheitsrechtliche Norm, die sich innerhalb eines bestimmten Interessentenkreises bildet, so aber, daß es nicht notwendig ist, daß die unter den Beteiligten bestehende Gemeinschaft eine rechtliche sei. Es genügt vielmehr als Grundlage einer Observanz auch eine thatsächliche, selbst eine bloß örtliche Gemeinschaft, sofern es sich dabei handelt um dauernde Verhältnisse, die eine Regelung durch objektive Normen zulassen und ihrer bedürfen (OVG. Bd. 30 S. 298, Bd. 31 S. 196). Die Teilnehmer jenes Interessentenkreises müssen die Norm in

[21]) Staudinger, Vorträge S. 10.

der Überzeugung ihrer rechtlichen Notwendigkeit ausüben. So auch das Oberverwaltungsgericht[22]). Daß die fortdauernde Befolgung des Rechtssatzes unter vorausgesetzter stillschweigender Zustimmung der gesetzgebenden Gewalten geschehen müsse, ist nicht zutreffend, wie Jebens (S. 58) behauptet. Dies Erfordernis wird vom OVG. keineswegs als wesentliches angesehen. So wird z. B. in der Entscheidung Bd. XVII S. 95 das Vorliegen des Herkommens nur verneint, weil zwar die thatsächliche Übung unbestritten, aber kein Moment für die Annahme erbracht sei, daß diese Übung als ein Ausfluß der Überzeugung von der rechtlichen Notwendigkeit eines ... Sonderrechts sei. Bd. XXII S. 98 wird Observanz nur bestimmt als die aus einem gleichmäßigen Verhalten der an einem bestimmten Rechtsverhältnisse Beteiligten in Ansehung dieses Rechtsverhältnisses zu entnehmende Rechtsnorm. Was die Beziehung zwischen Observanz und Gewohnheitsrecht angeht, so kann man jene als die Unterart dieses, als einen Zweig an seinem Stamme bezeichnen. Den Nagel trifft auf den Kopf Jebens mit dem Ausspruche, es werde im allgemeinen das, was vom Gewohnheitsrechte überhaupt gelte, als zugleich von der Observanz geltend anzusehen sein und es wurzele der Unterschied zwischen beiden wesentlich nur in dem Umfange des Geltungsbereiches, in dem Gegensatze von einer Gesamtheit und einem engeren Kreise von Interessenten.

Als Erfordernisse des Gewohnheitsrechts sind aufzustellen 1. mehrere gleichmäßige Handlungen, 2. durch eine lange Zeit[23]), 3. bei jeder sich darbietenden Gelegegenheit[24]), 4. in der Rechts-

---

[22]) So insbesondere Entsch. v. 22. Okt. 1884 Bd. XI S. 102, Bd. XV S. 184, Bd. XVIII S. 139, Bd. XXII S. 98. (Die in dieser Entscheidung ausgesprochene Ansicht, daß die Praxis der Verwaltungsbehörden für die Bildung von Observanz überhaupt nicht in Betracht kommt, ist freilich unzutreffend.) Bd. XXIV S. 102, Preuß. Verw.-Bl. Bd. 9 S. 108; Bd. 17 S. 95, 480.

[23]) S. Entsch. d. OVG. Bd. V S. 159; VII S. 158; XIII S. 297; XVI S. 282; Preuß. Verw.-Bl. Bd. 9 S. 6, 101; 18 S. 504; 19 S. 249.

[24]) Das Erk. d. OVG. v. 24. Sept. 1890, Preuß. Verw.-Bl. Bd. XII, 156 spricht sich dahin aus: „Die Observanz ist nur soweit die Rechtsnorm, als sie durch die gleichmäßige Uebung bei jeder sich darbietenden Gelegen-

überzeugung geübt[25]), bei Observanz kommt noch hinzu 5. ein Interessentenkreis[26]). Ein Eingehen auf Einzelheiten der Theorie ist hier nicht möglich. Die Bedeutung des Irrtums[27]), die Fragen der derogatorischen Kraft[28]) und der Beweislast[29]) sind wiederholt von dem OVG. behandelt worden. Die meisten Entscheidungen beziehen sich auf Schul-[30]), Wege-[31]), Wasserrechtssachen[32]) und auf die Lehre der öffentlichen Lasten[33]).

Das räumliche Gebiet eines Herkommens kann verschieden sein. In dem Urteil des OVG. vom 7. Januar 1891 Bd. XX S. 175 wird eine Kreisobservanz, in dem Urteil vom 22. Dezember 1884 Bd. XI S. 170 eine Provinzialobservanz erwähnt, aber nicht anerkannt, wohl aber in dem Urteil vom 27. März 1896 Bd. XXIX S. 196 für den Regierungsbezirk Kassel das Bestehen einer ungeschriebenen „provinziellen Norm", welche die Gemeinden und Gutsbezirke verpflichtet, für gewisse Küsterschul-Baukosten aufzukommen. Im Einzelnen räumen die Provinzialrechte dem Herkommen eine verschiedene Bedeutung

---

heit in der auf Seiten aller Beteiligten beruhenden Ueberzeugung von deren rechtlicher Nothwendigkeit sich kundgegeben hat."

[25]) S. Entsch. Bd. V S. 160; VII 146, 157; XIII 296; XIV 252; XVI 283; XX 185; XXXIV 252, Preuß. Verw.-Bl. 9 S. 6, 7; 10 S. 185, 295; 20 S. 451.

[26]) S. Entsch. Bd. VIII S. 231, Bd. XII S. 260, 264, 275, 277, Bd. XIV S. 251, Bd. XV S. 228, Bd. XXII S. 100, Bd. XXVIII S. 120, Bd. XXX S. 298, Bd. XXXI S. 196, XXXIII S. 301; Preuß. Verw.-Bl. Bd. 9 S. 6, 108, 109, 461, Bd. 11 S. 347, Bd. 15 S. 575, Bd. 18, S. 238, Bd. 20 S. 281.

[27]) S. Entsch. Bd. XIII S. 248, 252, 279, 283, Bd. XV S. 185, 222, 229, Bd. XVII S. 289, Bd. XX S. 285, Bd. XXI S. 209, 210, Bd. XXIII S. 126, 127, 131, 156, Bd. XXXIV S. 252; Preuß. Verw.-Bl. v. 19. Febr. 1887 Bd. VIII S. 278, Bd. X S. 185, XIII S. 63, XV S. 70, XVI S. 558, XVIII S. 149. Entsch. v. 9. Juni 1896 CBl. f. UV. S. 614.

[28]) Entsch. v. 9. Juni 1896 Bd. XXX S. 166; Preuß. Verw.-Bl. 19 S. 16 ff., 91.

[29]) S. Jebens a. a. O. „Observanz und Beweistlast" S. 58—65.

[30]) Entsch. d. OVG. v. 25. Juni 1897, Pr. Verw.-Bl. Bd. 19. 92; vom 19. März 1897 Pr. Verw.-Bl. 19 S. 19; v. 3. Nov. 1896 CBl. f. d. UV. 284; v. 18. Mai 1897 Pr. Verw.-Bl. 494.

[31]) Entsch. d. OVG. v. 14. Okt. 1896, Pr. Verw.-Bl. 232; v. 28. Nov. 1896, Entsch. Bd. 31 S. 194 ff.

[32]) Entsch. d. OVG. v. 2. Juli 1895, Bd. 30 S. 295 ff.

[33]) S. unten § 41.

ein[34]). Der Umfang der Observanz ist vom Richter im Einzelfalle zu bestimmen. So ist aus der für Kirchen- oder Pfarrgebäude erwiesenen Observanz nicht notwendig zu folgern, daß sie für das Küsterhaus besteht und umgekehrt (Str.A. Bd. 86 S. 35) und aus der für Reparaturbauten beobachteten Übung nicht notwendig ein Gleiches für Neubauten. Ob.Tr. Bd. 35 S. 139, Bd. 52 S. 248, Str.A. Bd. 81 S. 158. Entsch. des OVG. vom 16. Dezember 1891 (Pr. Verw.-Bl. Bd. XIII S. 255).[35][36][36a])

Ein ortsübliches Herkommen kennen auch die §§ 11, 23 des Reichsgesetzes über den Unterstützungswohnsitz vom 6. Juni 1870, in der Fassung vom 12. März 1894[37]). Die zweijährige Frist, während der jemand nach zurückgelegtem 18. Lebensjahr innerhalb eines Ortsarmenverbandes ununterbrochen seinen gewöhnlichen Aufenthalt gehabt hat, läuft hiernach von dem Tage, an welchem der Aufenthalt begonnen ist. Hieraus folgt, daß derjenige Armenverband, welcher den Erwerb des Unterstützungswohnsitzes seitens einer Person durch zweijährigen Aufenthalt

---

[34]) Für das Gebiet des Allgemeinen Landrechts s. Entsch. vom 27. Dez. 1876 Bd. I S. 211; v. 12. März 1887 Bd. XIV S. 234; v. 18. Juni 1887, Pr. Verw.-Bl. VIII S. 330; 4. Jan. 1890, Pr. Verw.-Bl. XI S. 307; v. 17. Sept. 1890, XXI S. 181; v. 5. Nov. 1890, Pr. Verw.-Bl. XII S. 167/58; v. 17. März 1894, Pr. Verw.-Bl. XV S. 594; v. 16. Dez. 1891 das. XIII S. 255; v. 3. Mai 1893 das. XV S. 169. — Herkommen in Schlesien betreffen: Entsch. v. 22. Juni 1887 Bd. XV S. 232; v 7. Jan. 1891 Bd. XX S. 175; v. 21. Okt. 1893 Bd. XXV S. 196. — Örtliches Gewohnheitsrecht in Hannover behandeln: Entsch. v. 12. Mai 1888 Bd. XXVI S. 277; v. 15. Nov. 1890, Pr. Verw.-Bl. XII S. 336; v. 2. Mai 1891, Pr. Verw.-Bl. XII S. 439; v. 28. Jan. 1892 Bd. XXII S. 169; v. 3. Jan. 1894, CBl. S. 632.

[35]) Über den Einfluß rechtskräftiger Urteile auf das Herkommen spricht die Entsch. v. 3. Okt. 1891, CBl. S. 725.

[36]) Vgl. noch Kamptz-Genzmer, Die Rechtsprechung des Oberverwaltungsgerichts II. Bd. S. 738, 754, 766, 774—777, 818, 826, 824, 858, 866, 864, 889, 902—905.

[36a]) Observanz entscheidet übrigens auch in Betreff der Stellvertretung der Verlobten und in Betreff des Aufgebots für die Landesherren und die Mitglieder der landesherrlichen Familien, sowie der Fürstlichen Familie Hohenzollern. § 72 Abs. 2 d. Personenstandsgesetzes vom 6. Februar 1875.

[37]) Vgl. hierzu die Kommentare von Wohlers-Krech 8. Aufl. 1898 S. 19 ff. und Eger 4. Aufl. (1900) S. 62 ff.

behauptet, den Nachweis führen muß, daß die betreffende Person mit dem behaupteten Tage auch wirklich angezogen ist. Um die hierbei entstehenden Schwierigkeiten zu vermeiden, ist im § 11 Abs. 3 bestimmt, daß, wo für städtisches oder ländliches Gesinde, Arbeitsleute, Wirtschaftsbeamte, Pächter oder andere Mietsleute der Wechsel des Wohnortes zu bestimmten, durch Gesetz oder ortsübliches Herkommen festgesetzten Terminen stattfindet, der übliche Umzugstermin als Anfang des Aufenthalts gilt, sofern nicht zwischen diesem Termine und dem Tage, an welchem der Aufenthalt wirklich beginnt, ein mehr als siebentägiger Zeitraum gelegen hat[38])[39]). Da ein ortsüblicher Umzugstermin im Sinne der Vorschrift der §§ 11, 23 des Reichsgesetzes nur ein durchaus bestimmt feststehender, „mit dem Leben und Bewußtsein des Volkes vollkommen verwachsener Termin ist", wie die Materialien und nach ihnen das Bundesamt für das Heimatswesen in einer Entscheidung vom 5. Dezember 1891 (Entsch. Heft XXIV S. 10) ausgesprochen haben, sind hierdurch die Voraussetzungen des Gewohnheitsrechts als gegeben anzusehen. Die Rechtsüberzeugung tritt hier in Bezug auf den konkreten Fall des Termins insofern hervor, als dieser „mit dem Bewußtsein des Volks" verwachsen sein muß; das Erfordernis der Übung ist darin zu finden, daß der Termin auch mit dem Leben, d. h. doch mit der Übung, mit der Gewohnheit des Lebens in Übereinstimmung zu sein hat[40])[41]).

---

[38]) Der Verlust des Unterstützungswohnsitzes tritt ein: durch zweijährige, ununterbrochene Abwesenheit nach zurückgelegtem 18. Lebensjahre. (§ 22 Ziff. 2). Im § 23 Abs. 3 ist eine dem § 11 entsprechende Regelung getroffen worden.

[39]) Abs. 3 der §§ 11 und 23 stellen eine praesumtio iuris et de iure auf. S. unten § 28 dieses Werkes.

[40]) Über den ortsüblichen Anzugstermin s. die Entsch. des Bundesamts für das Heimatswesen Heft 7,2; 9,1; 10,15; 11,10; 18,1; 19,1; 21,9,11; 23,7,9; 24,9,11; 26,16,56; 30,11.

[41]) Von Ortsüblichkeit ist die Rede in dem auch für das Verwaltungsrecht erheblichen § 919 Abs. 2 BGB., wo gesagt wird, daß, wenn die Landesgesetze über Art und Verfahren bei der Abmarkung von Nachbargrundstücken keine Vorschriften enthalten, die Ortsüblichkeit entscheidet. Hierunter werden die in einem bestimmten Bezirke geübten Rechtsgebräuche

In einem anderen Sinne ist der Begriff der Ortsüblichkeit gebraucht in § 906, Satz 1 BGB. Der Eigentümer eines Grundstücks kann die Zuführung von Gasen, Dämpfen, Gerüchen, Rauch, Ruß, Wärme, Geräusch, Erschütterungen und ähnliche von einem anderen Grundstück ausgehenden Einwirkungen insoweit nicht verbieten, als die Einwirkung die Benutzung seines Grundstückes nicht oder nur unwesentlich beeinträchtigt oder durch eine Benutzung des anderen Grundstückes herbeigeführt wird, die nach den örtlichen Verhältnissen bei Grundstücken dieser Lage gewöhnlich ist. Hier handelt es sich nicht um eine in dem Bewußtsein der Rechtsausübung vorgenommene Handlung, sondern um eine Übung, die bewußtermaßen nur in einem bestimmten örtlichen Bezirke in der Regel so gehandhabt zu werden pflegt. Es fehlt also hier das subjektive Element des Rechtsbewußtseins. Ortsüblichkeit in diesem Sinne ist von Erheblichkeit für das Verwaltungsrecht in einem besonderen Falle. Es handelt sich um die Gewährung von Geschenken an Arbeiter oder Beamte und um die Frage, ob bei Ermittelung des steuerpflichtigen Einkommens aus Handel und Gewerbe solche Zuwendungen abzugsfähig sind. In einem Plenarbeschlusse vom 6. Februar 1889 (Entsch. Bd. XVII S. 42) hat das OVG. folgenden Grundsatz aufgestellt: Bei Ermittelung des steuerpflichtigen Einkommens aus Handel und Gewerbe ist die Abzugsfähigkeit solcher Zuwendungen, welche der Gewerbetreibende den zu ihm in kontraktlichen Dienst- und Arbeitsverhältnisse stehenden Personen über die vertragsmäßig zugesicherten Gehalts- und Lohnbezüge hinaus als Remunerationen oder Gratifikationen für geleistete Dienste gewährt hat, nicht abhängig von dem Bestehen einer rechtlichen Verbindlichkeit des Gewerbetreibenden zu deren Leistung. Zur Begründung wird unter anderem angeführt: Freiwillig und ohne Rechtspflicht gemachte Zuwendungen an Arbeiter oder Beamte, mögen sie sich als Belohnung für pflichttreu geleistete Dienste oder als Ermunterung für eine

---

zu verstehen sein. So auch Endeman a. a. O. I, 51; A. M. Weyl, Vorträge 1, 49; Riedel, Das BGB in Vergleichung mit dem preußischen Rechte S. 16 f.

künftige gleichartige Leistung darstellen, seien zweifellos nicht ohne Einfluß auf den Gewinnertrag des Unternehmens; ja sie könnten unter Umständen — insbesondere, wenn derartige Gratifikationen in der Gegend oder bei ähnlichen Unternehmungen allgemein üblich sind — selbst die unerläßliche Voraussetzung für die Erhaltung eines tüchtigen Arbeiterstammes und damit für das wirtschaftliche Bestehen des Unternehmens ausmachen. Diesem wirtschaftlichen Bedürfnisse habe auch das Privatrecht insoweit Rechnung tragen müssen, als Geschenke, welche — wie z. B. zu Neujahr, Weihnachten, an Erntearbeiter u. s. w. — üblich seien, und sofern sie nach dem Maße der Sitte und des Gebrauches erfolgen, oder welche, hiervon abgesehen, durch die Vermögensverwaltung begründet seien, selbst von dem Verwalter eines fremden Vermögens — von dem Vormund für sein Mündel — gewährt werden dürfen, und als ferner solche Geschenke, wenn vom Gemeinschuldner im letzten Jahre vor der Konkurseröffnung gemacht, seitens des Konkursverwalters nicht angefochten werden können (vergl. § 25 [jetzt § 32 in der Fassung vom 17. Mai 1898] der Konkursordnung, Dernburg Bd. II S. 427). Könnten sonach ohne Rechtspflicht gezahlte Gratifikationen an Beamte oder Arbeiter sogar privatrechtlich als notwendige Ausgaben der Vermögensverwaltung erscheinen, so sei noch weniger abzusehen, weshalb denselben steuerrechtlich die Eigenschaft als einer zur Fortführung des Betriebes erforderlichen Ausgabe abgesprochen werden sollte. Vom Standpunkt des Privatrechts kommen jetzt in Betracht die §§ 1446, 1641, 1804 BGB., nach welchen der Ehemann der Einwilligung der Frau zu einer Schenkung aus dem Gesamtgute nicht bedarf, ein Vater oder Vormund in Vertretung des Kindes eine Schenkung machen kann, wenn dadurch einer sittlichen Pflicht oder einer auf den Anstand zu nehmenden Rücksicht entsprochen wird [42]).

Der Anteil, den das preußische Oberverwaltungsgericht und das Bundesamt für das Heimatswesen, besonders aber das

[42]) Vergl. auch § 2330 BGB. mit Rücksicht auf den Pflichtteilsberechtigten.

erstere an der Ausbildung der Lehre genommen haben, ist nach alledem klargelegt.

V. Endlich ist noch die Frage zu beantworten, welche Bedeutung das neue bürgerliche Recht für das verwaltungsrechtliche Gewohnheitsrecht besitzt. Auch ist in diesem Zusammenhange auf die neue Betrachtungsart hinzuweisen, die rücksichtlich des Gewohnheitsrechts durch das BGB. in den juristischen Gesichtskreis getreten ist[43]).

Es ist davon auszugehen, daß beim Mangel an Bestimmungen über das Gewohnheitsrecht im BGB. die bisherigen partikularrechtlichen Schranken für seine Geltung gegenüber dem Gesetzesrechte fortfallen, insbesondere die Vorschriften der §§ 3, 4 Einleitung ALR. über die verbindliche Kraft des Gewohnheitsrechts und der Observanz. Wirkt dies auf das öffentliche Recht ein? Für Preußen werden im Gebiete des ALR. die gedachten §§ und Nr. VII des Publikationspatentes vom 5. Februar 1794 für das Gebiet des Verwaltungsrechts Geltung behalten, da das BGB. grundsätzlich nur für das Privatrecht jene Schranken beseitigt hat. Zur Zeit des ALR. bestehende partikulare Gewohnheiten gegen das Gesetz wie neben diesem werden auch in Zukunft anerkannt; es sollte nur deren Aufnahme in die Provinzialgesetzbücher erfolgen, was jedoch bloß für Ost- und Westpreußen geschehen ist. Neue Gewohnheitsrechte können sich bilden, soweit das Gesetz etwas unentschieden läßt oder ausdrücklich auf das Gewohnheitsrecht verweist. Die Bildung allgemeiner und partikularer Gewohnheitsrechte gegen das geschriebene Recht soll dagegen nach Inkrafttreten des Landrechts ausgeschlossen sein. Was das Gebiet des bisherigen gemeinen und französischen Rechts in Preußen angeht, so ist mit der Aufhebung der beiden Rechte (vergl. auch Art. 89 der pr. AG. z. BGB.) auch die in ihrem Bereiche (besonders für das gemeine Recht) entwickelte Gewohnheitsrechtstheorie sowohl für das private, als auch für das öffentliche Recht aufgehoben. Es entsteht daher eine Lücke, die auszufüllen allein die Wissenschaft in der Lage sein kann.

[43]) S. oben § 9 im Eingang.

Es findet sich deshalb, daß durch die Einführung des BGB. auch das öffentlich-rechtliche Gewohnheitsrecht in großen Gebietsteilen Preußens beseitigt ist. Es fallen daher die partikularrechtlichen Schranken für die Bildung des Gewohnheitsrechts seit seiner Geltung auch für das öffentliche Recht in großen Teilen Deutschlands fort. Es ist dies eine ungewollte, aber deshalb nicht weniger wichtige Einwirkung des BGB.

Was endlich das Reichsverwaltungsrecht betrifft, so ist auch hier ausschließlich die sich bildende gewohnheitsrechtliche Theorie des neuen bürgerlichen Rechts ebenso maßgebend, wie für das preußische Verwaltungsrecht auf den Gebieten des bisherigen gemeinen und französischen Rechts.

Die Voraussetzung ihrer Ausbildung ist die grundsätzliche Anerkennung der Geltung des Gewohnheitsrechts im ganzen Rechtssystem. Besonders durch zwei Bestimmungen des BGB. ist diese außer Zweifel gestellt. Nach §§ 157, 242 desselben sind Verträge so auszulegen und Leistungen so zu bewirken, wie Treu und Glauben mit Rücksicht auf die Verkehrssitte es erfordern. Dies trifft auch auf Rechtsgeschäfte überhaupt zu[44]). Der Sinn dieser Bestimmungen besteht darin, daß ausdrücklich die nicht im geschriebenen Gesetz enthaltenen, sondern durch Sitte und Anstand gebotenen ungeschriebenen Vorschriften des Verkehrslebens eine dem Gesetz gleiche, ja übergeordnete Kraft beanspruchen dürfen. Diese Verkehrsmoral ist dabei keineswegs Ausfluß subjektiv gefärbter Privatansichten der zur Rechtsanwendung berufenen Organe, sondern insofern objektiver Natur, als sie, einmal festgestellt, von dem Willen sowohl der Rechtsuchenden als der Rechtfindenden unabhängig ist. Nun bildet sich aber die Verkehrsmoral nicht anders als durch wiederholt auftauchende Ansichten über eine Handlungsweise in bestimmten Fällen. Dies ist aber gewohnheitsmäßige Übung einer (Verkehrs-)

---

[44]) Danz, Laienverstand und Rechtsprechung in Jherings Jahrbüchern Bd. 38 S. 373 ff. und die dort Citierten. Seine Ausführungen haben in der Litteratur überwiegend Zustimmung erfahren. S. Planck a. a. O. zu § 157 und Staub, Kommentar z. Handelsgesetzbuch 6. u. 7. Aufl. (1900) S. 6—10.

Sittenregel mit der Überzeugung ihrer Wohlanständigkeit. Wir nennen sie opinio honestatis. Es hat hiernach das BGB. einer, der bisherigen gewohnheitsrechtlichen Lehre parallel laufenden Theorie zur Entstehung verholfen. Wenn aber schon mit dem Gesetze gleiche Kraft hat und anzuwenden ist, was seinen Grund in der Verkehrsmoral hat, wie viel mehr das, dem nicht bloß die Überzeugung der Anständigkeit, sondern der rechtlichen Notwendigkeit innewohnt.

Wie weit diese neue, für das Gewohnheitsrecht erhebliche Betrachtungsart die Ausbildung der Lehre von der Gewohnheit auf dem Gebiete des Verwaltungsrechts einwirken wird, ist noch nicht abzusehen[45]). Erst nach einer Klärung der von der Wissenschaft des neuen bürgerlichen Rechts in Angriff genommenen Theorie des Gewohnheitsrechts wird eine Prüfung versucht werden können, wie weit die festgestellten Sätze einer entsprechenden Nuanzierung und Anpassung für das Verwaltungsrecht bedürfen[46].)

Wie steht es nun, hiervon abgesehen, mit der Geltung des Gewohnheitsrechts unter der Herrschaft des neuen bürgerlichen Rechts? Die maßgebenden Rechtssätze sind u. E. folgende: In allen vom BGB. ausschließlich geregelten Materien ist das bis zu seinem Inkrafttreten bestehende Gewohnheitsrecht aufgehoben, es sei denn, daß es sich um solches innerhalb von Reichsgesetzen handelt, deren Bestand von dem BGB. (von etwaigen Ände rungen abgesehen) nicht berührt wird. Aber auch das im Rahmen dieser Reichsgesetze ausgebildete Gewohnheitsrecht darf nicht den Grundsätzen der für das Gebiet des übrigen bürgerlichen Reichsrechts, besonders des BGB. ausgestalteten Lehre widersprechen.

Neues Reichsgewohnheitsrecht kann sich bilden sowohl neben den Reichsgesetzen (BGB. und alle anderen Reichsgesetze) als auch gegen diese. Neues partikulares Gewohnheitsrecht kann sich

---

45) Über die Berücksichtigung der Verkehrsanschauung im Gebiete des BGB. s. Weyl a. a. O. I, 77 ff.

46) Zur Ausgestaltung der privatrechtlichen Gewohnheitsrechtstheorie beizutragen ist hier nicht unseres Amtes. Es darf auf die eingangs dieses Paragraphen angeführten Schriften und die Lehrbücher des neuen bürgerlichen Rechts verwiesen werden.

gegenüber dem BGB. und anderen Reichsgesetzen nicht bilden (Art. 2 RV.). Neben dem BGB. und anderen Reichsgesetzen d. h. in den von diesen nicht oder nicht lückenlos geregelten Materien kann es unbedenklich wirksam werden. So vermag insbesondere auf dem Boden des Verwaltungsrechts in den landrechtlichen Teilen Preußens Gewohnheitsrecht innerhalb der Schranken der §§ 3, 4 Einleitung ALR. und Nr. VII des PP. vom 5. Februar 1794, in den französisch- und gemeinrechtlichen Teilen nach Maßgabe der gewohnheitsrechtlichen Theorie des neuen Rechts entstehen. Im übrigen ist diese Theorie auch maßgeblich für die Bildung eines etwaigen Reichsgewohnheitsrechts.

VI. Daß durch Gerichtsgebrauch neues Verwaltungsrecht entsteht, lehrt die Rechtsprechung der Verwaltungsgerichte. Hierauf näher einzugehen ist deshalb nicht von Nöten. Dasselbe gilt von der Bedeutung, die die „Natur der Sache", die Fragen der Analogie und der Auslegungsregeln auch im Verwaltungsrecht besitzen[47][48]. Es handelt sich hier zwar um, dem privaten und öffentlichen Rechte gemeinsame Lehren, aber um solche, für die es einer dem letzteren Gebiet angepaßten Ausprägung nicht bedarf. Eine Förderung dieser grundlegenden Fragen durch das neue bürgerliche Recht kommt auch dem preußisch-deutschen Verwaltungsrecht zu Gute.

VII. Staatsverträge. Auch diese fallen unter den im Art. 2 EG. BGB. aufgestellten Begriff der Rechtsnorm[49]. Soweit ihr

---

[47]) Auf die grammatische und logische Interpretation des Gesetzes ist die Entscheidung gestützt im Erk. d. OVG. v. 27. Juni 1877 Bd. II S. 15. In der Entsch. d. OVG. Bd. VII S. 115 ist der Grundsatz ausgesprochen, daß in Bezug auf Anfechtung von Kreistagsbeschlüssen ein Gegensatz zwischen „Gesetzesverletzung" und „Nichtanwendung oder unrichtiger Anwendung (Auslegung) der Gesetze" nicht besteht. Von strikter Auslegung und Ausschluß analoger Anwendung ist die Rede in der Entsch. Bd. XIII S. 29 mit Rücksicht auf den § 97 Nr. 7 KO. v. 13. Dez. 1872 (53 Nr. 7 der hannöverschen Kreisordnung).

[48]) S. hierüber Bornhak, Preuß. Staatsrecht I S. 102 und dortige Litteratur. v. Rönne, Staatsrecht der pr. Mon., 5. Aufl. S. 146 ff.

[49]) S. Entsch. d. Reichsgerichts Bd. 26 S. 118.

Inhalt Privatrecht oder internationales Privatrecht ist, mußten sie gemäß Art. 55 EG. BGB. in Verbindung mit Art. 2 das. außer Kraft treten, soweit es sich um Staatsverträge handelt, die ein Bundesstaat mit einem ausländischen Staate vor Inkrafttreten des BGB. geschlossen hat. Um dies zu vermeiden, sind solche Staatsverträge ausdrücklich vorbehalten worden im Art. 56 EG. BGB[50]). Soweit sie öffentliches Recht enthalten, würden sie auch ohne diesen Satz unberührt geblieben sein.

Ob ein vom Reich abgeschlossener Staatsvertrag[51]), der ebenfalls unter den Begriff der Rechtsnorm fällt, Gesetzeskraft, ob also das in ihm enthaltene Privatrecht Geltung hat, ist eine staatsrechtliche Frage und ist nach Art. 11 der Reichsverfassung in Verbindung mit dem Gesetze, betr. die Änderung der Nr. 13 des Art. 4 der Reichsverfassung vom 20. Dezember 1873 (RGBl. S. 379) zu beantworten. Staatsrechtlich ist auch die Frage der Verkündigung der Staatsverträge[52]).

---

[50]) Ob ein Staatsvertrag vorliegt, bestimmt sich nach dem öffentlichen Rechte des Bundesstaates. Für Preußen bedarf es der Erfüllung aller Voraussetzungen und Formen der innerstaatlichen Rechtssetzung, insbesondere auch bezüglich der Publikation. Rönne a. a. O. I S. 142.

[51]) Schulze, Pr. Staatsrecht 1 S. 13 ff. Hänel, Staatsrecht 1 S. 244; derselbe, Studien 1 § 15. Zorn, Staatsrecht 1 S. 399.

[52]) Über die Bedeutung des Vertrages für das Verwaltungsrecht ist in anderem Zusammenhange beim Beamtenrecht (§§ 44, 46) zu handeln. Hier soll nur auf den bezeichnenden Fall verwiesen werden, über den das Oberverwaltungsgericht in der Entscheidung vom 16. Februar 1895, Verwaltungsblatt Bd. 16 S. 296 befunden hat. Über die Frage, ob ein Armenarzt, dem durch Vertrag mit der Stadtgemeinde die ärztliche Behandlung der Stadtarmen übertragen worden ist, die Eigenschaft eines Gemeindebeamten hat, führen die Urteilsgründe aus, daß die Anstellung mit dem Effekte der Begründung der Beamteneigenschaft allerdings auch mittels Unterzeichnung eines Vertrages zwischen der Behörde und dem Berufenen erfolgen könne. In dem Kampfe um die Lehre vom öffentlichen Vertrage, der seinen vorläufigen Abschluß in der Abhandlung von O. Mayer, Arch. für öffentliches Recht Bd. III S. 1—86 gefunden hat, wird auch unsererseits am angegebenen Orte Stellung genommen werden müssen. S. auch Gg. Meyer, Staatsrecht (1899) S. 47, 192, 626 ff. — Separationsrezesse und die bei Zerstückelung von Grundstücken festgesetzten Abgabenverteilungspläne erkennt als Quellen des Gemeinderechts an: Entsch. d. OVG. v. 9. Juni 1880 Bd. VII S. 186. „Die bei Parzellierung einer Besitzung zwischen dem Verkäufer und den Käufern bezw. den letzteren unter sich getroffenen Abmachungen über

VIII. Autonomie. Allgemein bindende Normen kann nur die gesetzgebende Gewalt schaffen. Sie kann diese ihre Befugnis auch auf andere Faktoren übertragen. Dies ist der Fall bei der Autonomie, der Selbstgesetzgebung[53]). Auf dem Gebiete des Verfassungsrechts gehört hierher das Recht der Hausgesetzgebung der Hohenzollern, ausdrücklich anerkannt in der Verfassungsurkunde Art. 53[54]). Es ist im Einzelnen außerordentlich schwer, festzustellen, ob die Bestimmungen der Hausgesetze, abgesehen von den die Thronfolge betreffenden Bestimmungen, staatsrechtlichen Charakter oder den Charakter von autonomischem Privatrecht der königlichen Familie tragen[55]). Die besonderen Vorschriften der Hausgesetze sind jetzt vorbehalten in Ansehung der Landesherren und der Mitglieder der landesherrlichen Familien, sowie der Mitglieder der fürstlichen Familie Hohenzollern; das Gleiche gilt von den Mitgliedern des vormaligen Hannoverschen Königshauses, des vormaligen Kurhessischen und des vormaligen Herzoglich Nassauischen Fürstenhauses. Art. 57 EG. BGB.[56])[57]). Eine weitere autonomische Normierung steht den parlamentarischen Versammlungen hinsichtlich ihrer Geschäftsordnung zu.

Tragung und Teilung der öffentlichen Lasten sind privatrechtlicher Natur ... Anders verhält es sich dagegen mit den auf Grund des Gesetzes vom 8. Jan. 1845 (GS. S. 25) aufgestellten und von der Kommunalaufsichtsbehörde bestätigten Abgabenregulirungsplänen. Die darin getroffenen Festsetzungen sind öffentlich-rechtlicher Natur und werden ein Teil der Ortsverfassung." Ebenso Entsch. v. 12. Juni 1880 Bd. VII S. 193: Für die Feststellung des bestehenden Rechts bildet die unanfechtbare Rechtsquelle der § .... des bestätigten Separationsrezesses.

[53]) Über den Begriff Gg. Meyer a. a. O. S. 192; Laband I, 97, 497. O. Mayer, Verw.R. I S. 126 ff.

[54]) S. Bornhak, Preuß. Staatsrecht I 80 ff.

[55]) v. Rönne a. a. O. I 135.

[56]) Vergl. auch Art. 58 EG. BGB. und die Kommentare dazu von Niedner S. 123 f.; Staudinger-Löwenfeld Bd. VI. S. 93.

[57]) Bezüglich der Fürstlichen Familie Hohenzollern s. Accessionsvertrag v. 7. Dez. 1849 und preuß. Gesetz v. 12. März 1850. Im übrigen ist für Preußen zu vergl. ALR. Theil I Tit. 11 §§ 676, 677; Tit. 12 § 176; Teil II Tit. 1 mit Art. 89 AG. BGB.; Heffter, Die Sonderrechte der souveränen Häuser rc. 1871. Zu vergl. ist noch § 72 des Personenstandsgesetzes vom 6. Febr. 1875.

Auf dem Gebiete des Verwaltungsrechts erschöpft sich das autonomische Satzungsrecht in den Statuten der Selbstverwaltungskörper[58]). Dagegen sind nicht als Rechtsquellen des Verwaltungrechts anzusehen die Vereins- und Körperschaftsstatuten, „gegründet auf genossenschaftliche Autonomie und ihrerseits gleichzeitig bindende Regeln enthaltend“[59]).

Im übrigen ist die Grenze des autonomischen Rechts aus allgemeinen Grundsätzen zu entwickeln. Für die Grenzen der Autonomie der Stadtgemeinden nach § 11 der Städteordnung v. 30. Mai 1853 hat das OVG. (Entsch. v. 16. Mai 1888 Bd. XVI S. 48) zutreffend festgestellt, daß diese nicht blos insofern bestehen, als die Handhabung der städtischen Autonomie nicht gegen die bestehenden Gesetze, denen übrigens das Gewohnheitsrecht gleichgestellt wird, erfolgen dürfe. Nach dem Prinzip des modernen Verfassungsstaates kann sich die Autonomie der Gemeinden nicht weiter erstrecken, als auf die korporative Verfassung und Verwaltung selbst. Das heutige Recht kennt kein Stadtrecht im Sinne des Mittelalters, in welchem sich die Autonomie zahlreicher Städte weit über die Grenzen der kommunalen Verfassung auf alle Verhältnisse des sozialen Lebens bis zu den Beziehungen des Privatrechts erstreckte. Wenn nach jetzt bestehendem Rechte die Autonomie der Gemeinde als Korporation Platz greifen soll, müssen Angelegenheiten der Korporation selbst, Rechte und Pflichten ihrer Mitglieder, die diese als solche, die diese gegen die Korporation haben, in Frage kommen. Es können sich deshalb auch die städtischen Kollegien nicht in ein zwischen Dritten bestehendes Rechtsverhältnis mittels des Erlasses zwingender Vorschriften darüber, wie diese Dritten ihre Beziehungen zu einander zu gestalten und abzuwickeln haben, eindrängen, selbst da nicht, wo die Gemeinde

[58]) Schön, Das Recht der Kommunalverbände in Preußen S. 65, 71, 200, 408, 459.

[59]) O. Mayer a. a. O. S. 128. Durch das Vereinsrecht des BGB. und die sich anschließende Litteratur hat auch diese Frage eine inhaltliche Bereicherung erfahren. Sie wird deshalb weiter unten (§ 20) erörtert werden. Schon hier sei jedoch auf die vorzügliche Schrift von Rosin, Das Recht der öffentlichen Genossenschaften (1886) verwiesen.

immerhin ein gewisses Interesse daran hat, auf welche Weise jene Abwickelung erfolgt[60]).

Wo das autonomische Recht durch spezielles Gesetz eingeräumt ist, bietet dieses auch die maßgebende Grundlage für die Abmessung der bestehenden Befugnisse. So hat das OVG. in der Entsch. v. 1. Nov. 1887 Bd. XV S. 156 f. ausgesprochen, daß die Verpflichtung zur Sicherheitsbestellung den Anliegern für die Leistungen aus dem § 15 des Gesetzes v. 2. Juli 1875 als publizistische Last ortsstatutarisch nicht auferlegt werden kann. Das Ortsstatut darf über die den Anliegern im Gesetze auferlegten Verpflichtungen nicht hinausgehen. Als nicht gegen das Gesetz verstoßend ist dagegen erachtet worden eine dahingehende Festsetzung eines Statuts, daß auch der Wert der von einem angrenzenden Eigentümer unentgeltlich hergegebenen (Straßen=) Flächen nach dem Durchschnittspreise der entgeltlich überlassenen Flächen den Grunderwerbskosten beigerechnet, dann aber von dem Gesamtkostenbeitrage jenes Eigentümers wieder abgesetzt werde. (Entsch. d. OVG. v. 12. April 1886 Bd. XIII S. 165.) Ebenso kann nach Ansicht dieses Gerichts (Erk. v. 19. Jan. 1892 XXII S. 79) durch Ortsstatut bestimmt werden, daß von den gesamten Kosten der Straßenanlage solche für einzelne, bereits vollständig durchgeführte Einrichtungen vorab abgesondert, zusammengerechnet und umgelegt werden, so, daß dadurch die nachträgliche Einforderung der Kosten anderer noch rückständiger Leistungen nicht ausgeschlossen ist.

Einen weiteren Beleg bietet die Entsch. d. OVG. v. 21. Mai 1890 Bd. XXIX S. 89. Die kurhessische Gemeindeordnung v. 23. Okt. 1834 behielt im § 73 die in den Gemeinden bestehenden Gebrauchsauflagen bei und ließ die Einführung neuer mit ministerieller Genehmigung zu. Hierbei findet, wie die Entscheidung ausführt, die Autonomie der Gemeinden ihre Schranke in dem bestehenden Gesetze und zwar zunächst in dem, nach § 40 der Reichsverfassung als Reichsgesetz gültigen Zollvereinsvertrage v. 8. Juli 1867. Es wird dann deduziert, daß die

[60]) Entsch. d. OVG. v. 12. Dez. 1893 Bd. XXVI. S. 43 ff.

Reichsgesetzgebung der Regelung einer kommunalen Verbrauchsabgabe von dem zu Heilzwecken verwandten Branntwein grundsätzlich nicht entgegensteht.

Die Grenzen des Statutarrechts sind deshalb nur von Fall zu Fall zu bestimmen[61]).

§ 11.

Das Verhältnis des Bürgerlichen Gesetzbuchs zum bisherigen Reichs- und Landesverwaltungsrecht.

Während die materiellen Einwirkungen des BGB. auf das Verwaltungsrecht im Reiche und in Preußen bereits (§ 5) den Gegenstand allgemeiner Untersuchung gebildet haben, bedarf es hier lediglich der Prüfung der formellen Beziehungen. Es ist zu fragen nach dem Verhältnis des neuen bürgerlichen Rechts zum bisherigen Reichs- und Landesverwaltungsrechte[1]).

Was das Reichsverwaltungsrecht angeht, so bleiben gemäß Art. 32 EG. BGB. die Vorschriften der Reichsgesetze in Kraft. Sie verlieren jedoch insoweit ihre Geltung, als sich aus dem BGB. oder jenem Gesetz die Aufhebung ergiebt. Wenn nun zwar diese Vorschrift nur das Verhältnis des BGB. zum Reichsprivatrecht regeln wollte und an sich das Inkraftbleiben der Reichsverwaltungsgesetze nicht erst in einer privatrechtlichen Kodifikation ausgesprochen zu werden brauchte, so tritt

---

[61]) Über die Grenzen des autonomischen Rechts s. noch die Entsch. v. 30. Mai 1896, Preuß. Verw.-Bl. Bd. XVII S. 483. Beschlüsse über die Verteilung des Steuerbedarfs auf die verschiedenen Steuerarten unterliegen der Prüfung des Verwaltungsrichters nur in Ansehung der Frage, ob sie in der gesetzlich vorgeschriebenen Form zu Stande gekommen sind und ob sie sich inhaltlich innerhalb der Grenzen halten, die der Autonomie der zur Beschlußfassung berufenen Behörden gezogen sind. — Nach der Entsch. v. 18. März 1890 Bd. XIX S. 72 darf die Gemeinde den Straßenadjazenten mittels Ortsstatuts nicht die eigene Herstellung und Unterhaltung der Bürgersteige als Naturalleistungen, wohl aber die Leistung entsprechender Präzipualbeiträge ansinnen Auf Schulangelegenheiten bezieht sich das Urteil v. 5. Jan. 1887 Bd. XIV S. 242.

[1]) S. jetzt Posener, Das deutsche Reichsrecht im Verhältnis zum Landesrechte. Eine geschichtl. u. dogm. Entwickelung des Grundsatzes, daß „die Reichsgesetze den Landesgesetzen vorgehen". (RV. Art. 2) 1900.

doch eine noch nicht beachtete Neuerung in die Erscheinung. Nach unserem, durch das ganze Werk zu erweisenden Axiom besteht eine weitgehende Einwirkung des bürgerlichen Rechts auf das Verwaltungsrecht. Wenn nun das BGB. als das jüngere Gesetz ihm widerstreitende Vorschriften eines das Verwaltungsrecht beeinflussenden privatrechtlichen älteren Reichsgesetzes „von selbst" aufhebt, so tritt an die Stelle jener Vorschriften das BGB. Das ist die erste der zu berücksichtigenden, unbeabsichtigten Folgen des Art. 32. Die zweite besteht in folgendem: Wenn es sich um Reichsverwaltungsgesetze handelt, die mit Begriffen des bürgerlichen Rechts umzugehen haben, so schöpften sie aus den aufgehobenen Privatrechten ihre Begriffs- und Gedankenwelt, dort ruhten ihre Bedingungen und Voraussetzungen. Es kommen hier z. B. in Betracht die Vorschriften §§ 7—11 BGB. über Wohnsitz, die sachenrechtlichen Grundbegriffe (§ 90—98), Bestimmungen über die gesetzliche Unterhaltspflicht (§§ 1601 ff.) u. s. w. Nun treten an deren Stelle überall die Begriffe des BGB. und der Wissenschaft des neuen bürgerlichen Rechts. Insoweit kann sich also infolge der neuen Kodifikation eine partielle Außerkraftsetzung von Reichsverwaltungsgesetzen ergeben.

Die Landesverwaltungsgesetze bleiben grundsätzlich unberührt. Denn Art. 55 EG. BGB. bestimmt nur, daß die privatrechtlichen Vorschriften der Landesgesetze außer Kraft treten, soweit nicht in dem BGB. oder jenem Gesetze ein anderes bestimmt ist. Es muß daher im einzelnen geprüft werden, ob eine landesgesetzliche Bestimmung privatrechtlicher Natur und aufgehoben oder öffentlich-rechtlicher Natur und bestehen geblieben ist. Sodann beziehen sich die landesrechtlichen Vorbehalte des EG. meist auf verwaltungsrechtliche Gebiete. Es kommt aber noch ein weiteres hinzu. Im pr. AG. z. BGB. Art. 89 werden vornehmlich eine große Anzahl von Vorschriften des ALR. und des rheinischen bürgerlichen Gesetzbuchs aufgehoben. Allein dies nur, soweit sie sich nicht auf öffentliches Recht beziehen. Es gelten hiernach insbesondere Vorschriften des ALR. insoweit fort, als sie öffentliches Recht enthalten. Endlich ist von Erheblichkeit, daß zwar feststeht, was ausdrücklich durch den letztgenannten Artikel aufgehoben ist, nicht aber was stillschweigend aufrecht erhalten oder geändert wird. Dem Streite der Meinungen ist ein weites Feld geöffnet. Aus der engen Verknüpfung, in der sich das preußische Landesverwaltungsrecht mit den ausdrücklich oder stillschweigend vorbehaltenen landesrechtlichen Privatrechten befindet, ergiebt sich die Tragweite dieser Feststellung.

II. Abschnitt.

Die Einzelpersönlichkeit und die Verwaltung.

1. Kapitel.

Die Grundlagen.

§ 12.

Personenstand.

Das Personenstandswesen ist durch das neue bürgerliche Recht nicht unerheblich beeinflußt worden [1]). Von der Bedeutung abgesehen, die die Beurkundungen des Personenstandes für die Verwaltung besitzen, ist die Lehre hier von Erheblichkeit, weil die Standesbeamten der Aufsicht der Verwaltungsbehörden unterstehen [2]). An dieser Stelle findet nur Erörterung, was seit dem

---

[1]) Zunächst hat der § 186 d. RG. über d. freiw. Gerichtsbarkeit v. 17. Mai 1898 die Vorschriften d. §§ 11 u. 66 des Gesetzes über die Beurkundung d. Personenstandes und d. Eheschließung v. 6. Febr. 1875 insoweit beseitigt, als sie der Landesgesetzgebung die Befugnis gewähren, das gerichtliche Verfahren abweichend zu regeln. Das Verfahren richtet sich daher nach §§ 11, 66 ebenso wie die Beschwerdeführung gemäß den Vorschriften, welche in Sachen der nichtstreitigen Gerichtsbarkeit gelten. Es sind deshalb die Bestimmungen des Reichsgesetzes und ergänzungsweise auch die des preuß. Gesetzes über die freiwillige Gerichtsbarkeit maßgebend. S. insbesondere § 28 u. 70 des ersteren, Art. 7 des letzteren. Ferner sind aufgehoben die §§ 28—40 PStG. An deren Stelle kommen in Anwendung: §§ 1303—1315, 1322 Abs. 1 u. 3, 1325, 1332—1335, 1348, 1349 BGB. Art. 13 EG. Sodann sind aufgehoben §§ 42, 43, 51—53 PStG. Endlich sind abgeändert §§ 41, 44, 50, 55, 67, 69, 75 (Art. 46 EG. BGB). Maßgeblich sind jetzt §§ 1316— 1321, 1322 Abs. 2 BGB.

[2]) Aus der neueren Litteratur sei erwähnt: v. Sicherer, Art. „Standesregister" im Wörterbuch des deutschen Verwaltungsrechts v. Stengel,

1. Januar 1900 geändert und für das öffentliche Recht von Wichtigkeit ist[3]).

1. Erheblich ist der § 1315 BGB. Nach ihm dürfen Militärpersonen und solche Landesbeamte, für die nach den Landesgesetzen zur Eingehung einer Ehe eine besondere Erlaubnis erforderlich ist, nicht ohne diese eine Ehe eingehen. Dasselbe gilt für Ausländer, die einer Erlaubnis oder eines Zeugnisses in demselben Falle bedürfen. Der Mangel der vorgeschriebenen Erlaubnis gilt in allen Fällen, wie wir meinen, als aufschiebendes Ehehindernis; die disziplinarischen Folgen für den Beamten werden hierdurch nicht berührt[4]). Wegen der preußischen Landesbeamten kommt in Betracht Art. 42 des preuß. AG. z. BGB. Nach diesem werden die Vorschriften, die für Staatsbeamte und Geistliche zur Eingehung einer Ehe eine besondere Erlaubnis erfordern, aufgehoben. In Preußen bedürfen hiernach allein die Militärbeamten einschließlich der Militärpfarrer einer solchen Genehmigung. Für die übrigen Beamten bestand die Verpflichtung früher nur mit Rücksicht auf den Beitritt zu der allgemeinen Wittwenverpflegungsanstalt. Der Staatsministerialbeschluß vom 3. November 1896 verlangt, da der Zwangseintritt in jenes Institut beseitigt ist, nur noch die Anzeige von der vollendeten Thatsache der Eheschließung.

3. Ergänzungsband 1897; Schultz, Die Umgestaltung des Personenstandsgesetzes nebst Ausführungsvorschriften aus Anlaß des BGB., Pr. Verw.-Bl. v. 13. Mai 1899 Bd. XX S. 349 ff.; derselbe, Das Gesetz über die Beurkundung des Personenstandes 1900; Kruse, Das Standesamt. Fünfte Auflage von Wohlers, Das Reichsgesetz v. 6. Febr. 1875, Berlin 1900. Vergl. hierzu V. d. JM. u. d. M. d. J. v. 17. Okt. 1899, Veränderungen in Angelegenheiten der Beurkundung des Personenstandes (MiV. 189).

[3]) Ausgeschlossen ist deshalb die in das Privatrecht gehörende Darstellung der wesentlichen und nicht wesentlichen Förmlichkeiten der Eheschließung, sowie deren Beurkundung, der Vorschriften über Nichtigkeit und Anfechtbarkeit der Ehe. Andererseits finden die hierher gehörigen Bestimmungen des Art. 68 AG. BGB. beim Namensrecht (unten § 54) Berücksichtigung. Von Wichtigkeit sind auch der Runderlaß d. Ministers d. J. und d. Justiz vom 2. Juni 1899 und Vorschriften des Bundesrats zur Ausführung des Gesetzes über die Beurkundung des Personenstandes u. d. Eheschließung vom 25. März 1899.

[4]) S. Reichsmilitärgesetz v. 2. Mai 1874 § 40, 60, Nr. 4, 61, 38, Militärstrafgesetzbuch v. 20. Juni 1872 § 150.

Wegen der Ausländer oder Ausländerinnen, die in Preußen eine Ehe eingehen wollen, bestimmt Art. 43 d. pr. AG. BGB., daß sie ein Zeugnis der zuständigen Behörde des Staates, dem sie angehören, darüber beizubringen haben, daß der Behörde ein nach den Gesetzen dieses Staates bestehendes Ehehindernis nicht bekannt geworden ist; außerdem darüber, daß sie nach den Gesetzen dieses Staates ihre Staatsangehörigkeit nicht durch die Eheschließung verlieren, sondern auf ihre Ehefrau und ihre ehelichen oder durch die nachfolgende Ehe legitimierten Kinder übertragen. Von der ersteren Vorschrift kann der Justizminister im einzelnen Falle, von der letzteren Vorschrift der Minister des Innern Befreiung bewilligen. Hierzu erging der Runderlaß des Min. d. Inn. und J.-M. vom 16. Oktober 1899 (B.Min.Bl. S. 188), der für die Verwaltung von größter Bedeutung ist. Hierdurch ist das Gesetz vom 13. März 1854 (GS. S. 123), betr. die Zulassung von Ausländern zur Eingehung einer Ehe in Preußen, aufgehoben[5]).

II. Die Regelung der Zuständigkeit des Standesbeamten ist mit nur wenigen Neuerungen erfolgt. Die Ehe soll vor dem zuständigen Standesbeamten geschlossen werden. Es ist dies derjenige, in dessen Bezirk einer der Verlobten seinen Wohnsitz oder seinen gewöhnlichen Aufenthalt hat. (§ 1320 Abs. 1 u. 2.) Auf Grund einer schriftlichen Ermächtigung des zuständigen Standesbeamten darf die Ehe auch vor dem Standesbeamten eines anderen Bezirks geschlossen werden (§ 1321). Hat keiner der Verlobten seinen Wohnsitz oder gewöhnlichen Aufenthalt im Inland und ist auch nur einer von ihnen ein Deutscher, so wird der zuständige Standesbeamte von der obersten Aufsichtsbehörde des Bundesstaates, dem der Deutsche angehört, und, wenn dieser keinem Bundesstaat angehört, von dem Reichskanzler bestimmt (§ 1320 Abs. 3).[6]).

[5]) Die nach den §§ 1322 Abs. 1 u. 3, 1303, 1313, 1312 BGB vorgesehenen Befreiungen sind bereits oben § 9 Ziffer V S. 100 f. behandelt. Hierzu jetzt Erlaß d. JM. v. 14. Dez. 1899 über die geschäftliche Behandlung der in den Art. 10, 13, 14 d. Kgl. V. vom 16. November 1899 bezeichneten Angelegenheiten, JMBl. S. 487.

[6]) Dem Standesbeamten steht eine Person gleich, die das Amt eines Standesbeamten öffentlich ausübt, also auch dann, wenn dies rechtswidrig

III. Infolge des Art. 55 EG. BGB. haben alle Eintragungen in die Standesregister auf Grund privatrechtlicher Vorschriften zu unterbleiben, so insbesondere die Beurkundung der Annahme an Kindesstatt und die Beurkundung der Ehescheidung im Gebiete des französischen Rechts. Reichsgesetzlich ist in dieser Richtung nur bestimmt worden (EG. BGB. Art. 46 Nr. II) daß am Rande der über die Eheschließung bewirkten Eintragung zu vermerken ist, wenn eine Ehe für nichtig erklärt, in einem Rechtsstreite, der die Feststellung des Bestehens oder des Nichtbestehens einer Ehe zwischen den Parteien zum Gegenstande hat, das Nichtbestehen der Ehe festgestellt ist, wenn eine Ehe vor dem Tode eines der Ehegatten aufgelöst oder nach § 1575 BGB. die eheliche Gemeinschaft aufgehoben ist[6a]).

IV. Die Pflichten des Standesbeamten sind vermehrt worden durch die Bestimmungen des § 48 des RG. über die freiw. Gerichtsbarkeit. Wird bei ihm der Tod einer Person, die ein minderjähriges Kind hinterlassen hat, oder die Geburt eines ehelichen Kindes nach dem Tode des Vaters oder die Geburt eines unehelichen Kindes oder die Auffindung eines Minderjährigen, dessen Familienstand nicht zu ermitteln ist, angezeigt oder wird vor einem Standesbeamten von einer Frau, die ein minderjähriges eheliches Kind hat, eine Ehe geschlossen, so hat der Standesbeamte hiervon dem Vormundschaftsgericht Anzeige zu machen. Dies zum Zwecke der Einleitung einer Vormundschaft oder der Bestellung eines Beistandes für die Mutter als Inhaberin der elterlichen Gewalt. §§ 1684, 1686, 1687, 1640, 1696, 1697, 1707, 1773 BGB. Aufgehoben ist infolgedessen der § 16 Abs. 2 der preuß. Vormundschaftsordnung vom 5. Juli 1875.

Endlich ist die Entscheidung bei Weigerung eines Standesbeamten, eine Amtshandlung vorzunehmen, die Anordnung der

---

geschieht. Wenn aber die Verlobten im Augenblicke der Eheschließung den Mangel der amtlichen Befugnis kannten, so vermag die öffentliche Ausübung des Amtes die amtliche Eigenschaft nicht zu ersetzen.

[6a]) Sind Vorgänge, die auf Antrag eines Beteiligten in dem Standesregister am Rande einer Eintragung zu vermerken sind, von einem Notar beurkundet, so gilt dieser als ermächtigt, die Eintragung zu beantragen. § 71 d. RG. ü. d. freiw. Gerichtsbarkeit vom 17. Mai 1898.

Berichtigung der Standesregister, die bis jetzt zur Zuständigkeit der Landgerichte gehörten, den Amtsgerichten übertragen worden; die Aufbewahrung des Nebenregisters kann bei den Amtsgerichten oder Landgerichten erfolgen. §§ 69 des RG. über die freiw. Gerichtsbarkeit in Verbindung mit § 197 das. §§ 11, 66, 14 Abs. 2 des Gesetzes vom 6. Februar 1875.

V. Das Aufgebot[1]. Zuständig zu dessen Anordnung ist jeder Standesbeamte, vor dem die Ehe nach den gedachten Vorschriften des § 1320 BGB. geschlossen werden darf (§ 44 des RG. vom 6. Februar 1875). Während die Bestimmungen über die Anmeldung des Aufgebots und Beibringung der Urkunden, wegen der Bekanntmachung und Bescheinigung des Aufgebots (§ 45—49 des RG. vom 6. Februar 1875) unberührt geblieben sind, ist neu die Fassung des § 50. Nach diesem soll der Standesbeamte ohne Aufgebot die Eheschließuug nur vornehmen, wenn ihm ärztlich bescheinigt wird, daß die lebensgefährliche Erkrankung eines Verlobten den Aufschub der Eheschließung nicht gestattet. Inhaltlich dasselbe besagt § 1316 Abs. 2 BGB., während Abs. 1 den Verlust der Kraft des Aufgebots verordnet, wenn die Ehe nicht binnen 6 Monaten nach der Vollziehung des Aufgebots geschlossen wird. Der letzte, 3. Absatz stellt die Möglichkeit der Befreiung von dem Aufgebot fest. Zuständig ist hierzu der Minister des Innern (V. v. 8. Januar 1876, GS. S. 3). Ebenso die Kgl. Verordnung v. 16. Nov. 1899 zur Ausführung des BGB. (GS. S. 562) Art. 12 Abs. 1. Die Aufsichtsbehörde kann in dringenden Fällen eine Abkürzung der für die Bekanntmachung des Aufgebots bestimmten Fristen (RG. v. 6 Febr. 1875 §§ 46, 47) gestatten, Art. 12 Abs. 2.

VI. Endlich ist noch der Abänderung des Gesetzes, betr. die Eheschließung und die Beurkundung des Personenstandes von Bundesangehörigen im Auslande v. 4. Mai 1870 (BGBl.

---

[1]) Zum Teil gelten die Vorschriften der §§ 1316, 1321 Abs. 2, 3 BGB., zum Teil die Vorschriften des RG. v. 6. Febr. 1875 in ihrer alten Fassung, zum Teil Bestimmungen dieses Gesetzes in der neuen, durch das EG. BGB. Art. 46 Ziff. II erhaltenen Gestaltung.

S. 599) zu gedenken. Seine Vorschriften über die Form des Eheabschlusses sind ersetzt durch Bestimmungen, die im Art. 40 EG. BGB. Ziffer II unter §§ 7, 7a, 8, 8a die früheren §§ 7, 8 mit dem Inhalte der §§ 1317, 1318 Abs. 1 u. 2, 1319, 1324 BGB in Uebereinstimmung bringen. An Stelle des Wortes „Standesbeamter", in den letzteren Bestimmungen tritt in jenen das Wort „Beamter", d. h. der diplomatische Vertreter, der Konsul[8]).

§ 13.

Rechtsfähigkeit und Geschäftsfähigkeit.

I. Die Rechtsfähigkeit ist die Fähigkeit, Träger von Rechten und Pflichten zu sein. Der Begriff ist ein für das ganze System des Rechts, also auch für das Verwaltungsrecht geltender. Person ist, wer Rechtsfähigkeit besitzt; demnach giebt es natürliche Personen, Menschen, und juristische Personen. Der Mensch existiert von der vollendeten Geburt an (§ 1 BGB.). Deren Beweis ist zunächst nach § 15 Personenstandsgesetzes zu führen. Für die Verwaltung ist erheblich, daß Lebensfähigkeit nicht mehr erfordert wird. Ein wenn auch noch so kurzes Leben des Neugeborenen macht ihn zum Subjekt von Rechten und Pflichten. Er wird deshalb auch beerbt, Erbschaftssteuer, Besitzveränderungsabgaben werden, wo solche noch erhoben werden, fällig. Bezüglich der Rechtsfähigkeit der juristischen Personen ist das BGB. maßgebend, freilich nur für die dort in Frage kommenden juristischen Personen (§§ 21—89). Die Rechtsfähigkeit der Körperschaften des öffentlichen Rechts erkennt das BGB. § 89 ausdrücklich an[1]).

Im übrigen ist die Rechtsfähigkeit weder durch den Unterschied des Alters, noch des Geschlechts oder Standes bedingt. Wohl aber bestehen Beschränkungen in zwei Richtungen. 1. Damit

---

[8]) Über die Beurkundung des Personenstandes und der Eheschließung in Grenzpfarreien s. § 75 Abs. 1 d. PStG. neuer Fassung und bezüglich der entstandenen Kontroverse v. Sicherer a. a. O. S. 263.

[1]) Über den Erwerb und Verlust der Rechtsfähigkeit von Vereinen s. unten § 20.

Religionsgesellschaften nicht trotz entgegenstehender landesgesetzlicher Vorschriften durch Eintragung in das Vereinsregister in Gemäßheit der Vorschriften des BGB. Rechtsfähigkeit erwerben sollen, ist im Art. 84 EG. BGB. aufrechterhalten das Landesrecht, nach welchem eine Religionsgesellschaft oder eine geistliche Gesellschaft Rechtsfähigkeit nur im Wege der Gesetzgebung erlangen kann. Die Begriffe sind den §§ 10—12, 939 Theil II Tit. 11 ALR. entnommen und für das preußische öffentliche Recht insofern von Bedeutung, als Art. 13 d. VU. bestimmt, daß Religionsgesellschaften, sowie die geistlichen Gesellschaften, welche keine Korporationsrechte haben, diese Rechte nur durch besondere Gesetze erlangen können. Der Vorbehalt des Einführungsgesetzes bezieht sich jedoch nicht auf die öffentlich-rechtlichen Religionsgesellschaften, denn diesen stehen immer Korporationsrechte zu. Pr. VU. Art. 14, 15. Für Herrenhuter Gen. Conc. vom 7. Mai 1746; Altlutheraner Gen. Conc. vom 23. Juli 1845; reform. niederl. Konf.Erl. vom 24. November 1849; Judengesetz vom 23. Juli 1847.

Das BGB. läßt auch unberührt die landesgesetzlichen Vorschriften, welche die Wirksamkeit von Schenkungen an Mitglieder religiöser Orden oder ordensähnlicher Kongregationen von staatlicher Genehmigung abhängig machen. Auch die für deren Erwerb von Todeswegen bestehenden Landesrechte bleiben unberührt (Art. 87 EG. BGB). Hierzu ist des Art. 6 d. AG. BGB. zu gedenken. Es bedürfen Schenkungen oder Zuwendungen von Todeswegen an juristische Personen zu ihrer Wirksamkeit ihrem vollem Betrage nach der Genehmigung des Königs oder der durch Königliche Verordnung bestimmten Behörde, wenn sie Gegenstände im Werte von mehr als 5000 Mark betreffen [2]) [3]). Es begründet 2. die Staatsangehörigkeit insofern einen Unterschied

[2]) In einer Verf. v. 8. Jan. 1900 bestimmt der Min. d. Inn., es solle sorgfältig darauf geachtet werden, daß diese Vorschriften auf diejenigen Schenkungen und letztwillige Zuwendungen Anwendung finden, welche den mit Korporationsrechten ausgestatteten Orden und Kongregationen der katholischen Kirche oder solchen juristischen Personen gemacht werden, die zu Gunsten von Orden und Kongregationen ins Leben gerufen werden. Nicht nur öffentliche Korporationen, sondern auch sonstige juristische Personen be-

der Ausländer gegenüber den Inländern, als Art. 31 EG. BGB. das Vergeltungsrecht für erlittene ungerechte Behandlung von Deutschen im Auslande eingeführt hat.

II. Geschäftsfähigkeit ist die Fähigkeit, persönlich und selbstständig Rechtsgeschäfte mit Rechtswirksamkeit vorzunehmen. Geschäftsunfähigkeit liegt vor bei dem, der 1. nicht das 7. Lebensjahr vollendet hat, 2. wer sich in einem die freie Willensbestimmung ausschließenden Zustande krankhafter Störung der Geistesthätigkeit befindet, sofern nicht der Zustand seiner Natur nach ein vorübergehender ist, 3. wer wegen Geisteskrankheit entmündigt ist. Wird eine Willenserklärung einem Geschäftsunfähigen gegenüber abgegeben, so wird sie nicht wirksam, bevor sie dem gesetzlichen Vertreter zugeht (§ 131 Abs. 1 BGB.). In der Geschäftsfähigkeit beschränkt ist der Minderjährige. Er bedarf zu einer Willenserklärung, durch die er nicht lediglich einen rechtlichen Vorteil erlangt, der Einwilligung des gesetzlichen Vertreters (§ 107 BGB.). Wenn die Willenserklärung ihm gegenüber abgegeben wird, wird sie ebenfalls nicht wirksam, bevor sie dem gesetzlichen Vertreter zugeht (§ 131 Abs. 2 S. 1). Bringt die Erklärung jedoch der in der Geschäftsfähigkeit beschränkten Person lediglich einen rechtlichen Vorteil, oder hat der gesetzliche Vertreter seine Einwilligung erteilt, so wird die Erklärung in dem Zeitpunkt wirksam, in welchem sie ihr zugeht (§ 131 Abs. 2 letzter Satz). Die Wirksamkeit des von einem Minderjährigen abgeschlossenen Vertrages hängt von der Genehmigung des Vertreters ab (§ 108 BGB.). Für das Verwaltungsrecht wird meist ein einseitiges Rechtsgeschäft des Minderjährigen in Betracht kommen. Dem Minderjährigen über sieben Jahren steht in Ansehung der Geschäftsfähigkeit gleich, wer wegen Geistesschwäche, Verschwendung oder Trunksucht entmündigt oder unter vorläufige

---

dürfen der Genehmigung; im Sinne der einschlagenden Vorschriften sind als solche auch Aktiengesellschaften, Kommanditgesellschaften auf Aktien, eingetragene Genossenschaften und Gesellschaften mit beschränkter Haftung anzusehen. Min.Bl. f. d. inn. Verw. 1900 Nr. 3.

[3]) Vergl. v. Schulte, Kirchenrecht 4. Aufl. §§ 200, 201, 203; Kahl, Art. Amortisationsgesetze im Handwörterbuch der Staatswissenschaften 2. Aufl. 1898 Bd. I S. 284 ff. und dortige Litteratur.

Vormundschaft gestellt worden ist (§ 114 BGB.). Die hier festgestellten Rechtssätze sind auch für das Verwaltungsrecht maßgebend [4]) [5]).

Hieraus ergiebt sich, daß hinsichtlich aller Rechtshandlungen, zu deren Vornahme die Verwaltung selbstständige Geschäftsfähigkeit voraussetzt, sie sich an den gesetzlichen Vertreter der Geschäftsunfähigen oder beschränkt Geschäftsfähigen zu wenden hat. Ein Beispiel bieten die §§ 24, 29 des Einkommensteuergesetzes vom 24. Juni 1891. Das Gebot zur Abgabe einer Steuererklärung ist nicht an den minderjährigen Verpflichteten, sondern an seinen Vertreter zu richten [6]). Grundsätzlich kann man sagen, daß überall dort, wo eine vermögensrechtliche Leistung von dem Geschäftsunfähigen oder in der Geschäftsfähigkeit Beschränkten verlangt wird, der Vertreter für ihn in Anspruch genommen werden muß, dagegen nicht dort, wo es sich um Erfüllung von, durch das öffentliche Recht persönlich auferlegten Pflichten handelt. So wird der gesetzliche Vertreter zu verfolgen haben den Anspruch auf Zurückzahlung einer vom Minderjährigen zu Unrecht eingezogenen Steuer, den Anspruch gegen den Armenverband des Unterstützungswohnsitzes eines Hülfsbedürftigen auf Erstattung der für diesen aufgewendeten Armenpflegekosten. Dagegen richtet sich die Aufforderung zur militärischen Gestellung

---

[4]) Art. 95 EG. BGB. erklärt die Bestimmungen der §§ 104—115 BGB. auf das Gesinde anwendbar. Schepp a. a. O. behandelt deshalb im Anschluß an die Lehre von der Geschäftsfähigkeit die Einwirkung des BGB. auf das Gesinderecht. Ihr werden wir unten, § 46, wo „Der Dienstvertrag und das öffentliche Recht" erörtert werden, und im I. Abschnitt des II. Teiles gerecht werden.

[5]) Vergl. § 8 Ziffer 1 des Staatsangehörigkeitsges. v. 1. Juni 1870, wo der Begriff der Dispositionsfähigkeit durch den der Geschäftsfähigkeit zu ersetzen ist.

[6]) Keiner, Der Einfluß des BGB. auf das in Preußen geltende Verwaltungsrecht, Pr. Verw.-Bl. Bd. XX S. 530. Zustimmen kann man auch der dort ausgesprochenen Ansicht, daß die von einem Minderjährigen selbst abgegebene Steuererklärung zwar nach § 111 BGB. unwirksam ist, jedoch, wenn sie lediglich zum Vorteile des Minderjährigen dient, nach § 107 BGB. den Verlust des Rechtsmittels hindert, der nach § 30 des Einkommensteuergesetzes bei unterlassener Abgabe der Steuererklärung eintritt.

ebenso unmittelbar gegen die Person, wie eine für ihn bestimmte polizeiliche Verfügung. Unmittelbar ist auch der Geschäftsverkehr mit einem minderjährigen Beamten[7]).

Eine Erweiterung der Geschäftsfähigkeit der Minderjährigen enthalten die für das Verwaltungsrecht erheblichen §§ 112, 113 BGB. Ermächtigt nämlich der gesetzliche Vertreter mit Genehmigung des Vormundschaftsgerichts den Minderjährigen zum selbstständigen Betrieb eines Erwerbsgeschäfts, oder in Dienst und Arbeit zu treten, so ist der Minderjährige für solche Rechtsgeschäfte unbeschränkt geschäftsfähig, welche der Geschäftsbetrieb mit sich bringt oder welche die Eingehung wie Aufhebung eines Dienst- oder Arbeitsverhältnisses der gestatteten Art oder die Erfüllung der sich aus einem solchen Verhältnis ergebenden Verpflichtungen betreffen. Wir werden uns mit diesen Verpflichtungen noch zu beschäftigen haben[8]).

Die die Geschäftsfähigkeit der volljährigen Ehefrau beschränkende Verwaltung des eingebrachten Vermögens durch den Ehemann (§§ 1363, 1443, 1519, 1525, 1549, 1550) ist auch für die staatliche Verwaltung maßgeblich. Weitergehende öffentlich-rechtliche Vorschriften bleiben jedoch in Kraft, z. B. § 29 des Einkommensteuergesetzes. Für die minderjährige Ehefrau hat der Ehemann die Steuererklärung abzugeben[9]).

Wo bis jetzt die Vertretung des öffentlich-rechtlich Berechtigten oder Verpflichteten durch den die väterliche Gewalt Besitzenden in Frage kam, wird überall an dessen Stelle die die elterliche Gewalt ausübende Person in Betracht kommen[10]). Für das preußische Verwaltungsrecht ist dies gesetzlich ausgesprochen im § 4 Art. 69 des AG. BGB. Soweit in öffentlich-rechtlichen Vorschriften der bestehenden Landesgesetze auf die väterliche Gewalt Bezug genommen ist, tritt an die Stelle der väterlichen Gewalt

[7]) Über die Anrechnung von vor Beginn des 21. Lebensjahres zurückgelegter Dienstzeit bei der Pensionierung gemäß § 16 Abs. 1 des Pensionsgesetzes v. 27. März 1872/31. März 1882, s. Verf. d. Min. d. Inn. vom 23. Okt. 1898, Min.Bl. f. inn. Verw. 1900 Nr. 3.

[8]) S. auch §§ 1822 Nr. 7 u. 8, 1643, 1821 BGB.

[9]) Keiner a. a. O.

[10]) S. weiter unten § 55 dieses Werkes.

die elterliche des Vaters. Steht die elterliche Gewalt nach dem BGB. der Mutter zu, oder wird sie von ihr ausgeübt, so liegt der Mutter auch die Vertretung des Minderjährigen in öffentlich-rechtlichen Angelegenheiten insoweit ob, als sie nach dem bisherigen Rechte dem Vater, Vormund oder Pfleger oblag. Dies gilt jedoch nicht ausnahmslos. Ist in einer Angelegenheit die Mitwirkung weiblicher Personen ausgeschlossen, so kann sich die Mutter nach den für die Vertretung solcher Personen geltenden Vorschriften vertreten lassen. So werden nach § 46 der Landgemeindeordnung vom 3. Juli 1891 in der Ausübung des Stimmrechts, zu welchem der Grundbesitz befähigt, vertreten ... Nr. 2. die Ehefrau durch ihren Ehemann; Nr. 3.... unverheirathete Besitzerinnen und Wittwen durch Gemeindeglieder [11]) [12]).

§ 14.

Volljährigkeitserklärung.

Die Volljährigkeits-, früher Großjährigkeitserklärung genannt, ist für das Verwaltungsrecht nach zwei Richtungen von Bedeutung. Einmal ist überall, wo die Verwaltung von einem Großjährigen etwas verlangt, auch der für volljährig Erklärte mit inbegriffen. Wo es sich um Verwaltungsakte handelt, die sich an einen voll Geschäftsfähigen wenden, ist diesem der für volljährig Erklärte gleich zu achten [1]). Sodann hält Art. 147 EG. BGB. diejenigen landesgesetzlichen Vorschriften aufrecht, nach welchen für die dem Vormundschaftsgericht oder dem Nachlaßgericht obliegenden Verrichtungen andere als gerichtliche Behörden zuständig sind. Hiernach kann für die Volljährigkeitserklärung nach Landesgesetz die

[11]) S. Entsch. d. OVG. Bd. XXIII S. 74. Der Entwurf eines Ausführungsgesetzes zum BGB. (Ausgabe von Carl Heymann's Verlag) S. 223 stellt in Aussicht, daß soweit in den bisherigen Gesetzen an die väterliche Gewalt öffentlich-rechtliche Wirkungen, insbesondere die Befugnis zur Vertretung des Kindes bei der Ausübung öffentlicher Rechte geknüpft wird, die erforderlichen Änderungen durch ein besonderes Gesetz vorgenommen werden sollen.

[12]) Über die Deliktsfähigkeit unten § 50 dieses Werkes.

[1]) Im Gegensatz hierzu halten es Manche für eine Auslegungsfrage, ob, wo in den Gesetzen außerhalb des BGB. von Volljährigen die Rede ist, damit die für volljährig Erklärten inbegriffen sind.

Zentralstelle des Bundesstaates zuständig sein. Für diesen Fall trifft der § 196 des RG. über die freiwillige Gerichtsbarkeit vom 17. Mai 1898 Maßnahmen. Die für die Gerichte gegebenen Vorschriften in dem ersten Abschnitte dieses Gesetzes binden die Zentralstelle des Bundesstaates nicht. In Baiern und Sachsen besteht zur Zeit die Zuständigkeit des Landesherrn für die Volljährigkeitserklärung. Von Preußen wird wohl von dem Vorbehalte kein Gebrauch gemacht werden. Rechtlich möglich ist es immerhin.

Die Erteilung der Volljährigkeitsrechte steht im Ermessen des berechtigten Staatsorgans[2]). Daran ist auch durch das BGB. nichts geändert. Denn der § 3 besagt nur, daß ein Minderjähriger, der das 18. Lebensjahr vollendet hat, durch Beschluß des Vormundschaftsgerichts für volljährig erklärt werden **kann**. Unhaltbar ist deshalb die von Manchen aufgestellte Ansicht, daß, wenn die pflichtgemäße richterliche Prüfung das Vorliegen der materiellen und formellen Voraussetzungen ergiebt, die Volljährigkeitserklärung zu erfolgen hat — d. h. erfolgen muß. Hiernach läge eine vorsätzliche oder fahrlässige Verletzung einer Amtspflicht und Schadenersatzpflichtigkeit des Amtsrichters gemäß § 839 BGB. vor, wenn in jenem gedachten Falle die Großjährigkeitserklärung abgelehnt wird. Dieses Ergebnis widerspricht dem Wortlaute und der Tendenz des Gesetzes.

2. Kapitel.

Besondere Rechtsverhältnisse der Einzelpersönlichkeit im Verwaltungsrechte.

§ 15.

Fürsorge für Trunksüchtige und Geisteskranke.

I. In der Fürsorge für Trunksüchtige bieten sich das Bürgerliche Gesetzbuch und das Verwaltungsrecht gegenseitige Hülfe[1]). Dieses hat bis jetzt in der Handhabung des Konzessionsrechts

[2]) **Georg Meyer**, Verwaltungsrecht Bd. 1 S. 106.

[1]) Aus der Litteratur: **Fuld**: Empfiehlt sich und unter welchen Voraussetzungen, eine Bestimmung darüber, daß eine Person wegen Trunksucht entmündigt werden kann, in das BGB. aufzunehmen? Referat und Debatte.

(Erteilung, Zurücknahme), Ausübung des Schankgewerbes, Festsetzung der Polizeistunde, Bestimmung über die Qualität geistiger Getränke, Maßregeln gegen Gäste, insbesondere Ausschließung gewisser Personen von dem Wirtshausbesuche mittels Polizeiverordnungen bereits mehr als anerkannt worden ist, geleistet. Eine neue Aufgabe harrt seiner zur Durchführung der Bestimmungen des BGB. über Trunksüchtige. Es hat im § 6 Ziff. 3 die Möglichkeit gegeben, den zu entmündigen, der infolge von Trunksucht seine Angelegenheiten nicht zu besorgen vermag oder sich oder seine Familie der Gefahr des Notstandes aussetzt oder die Sicherheit Anderer gefährdet[2]). Der Trunksüchtige erhält dann einen Vormund (§ 1896 BGB.), der für die Person des Mündels insoweit Sorge zu tragen hat, als der Zweck der Vormundschaft es erfordert (§ 1901 Abs. 1, 1793). Insbesondere ist er auch (arg. §§ 1897, 1631) berechtigt, den Trunksüchtigen zu beaufsichtigen und dessen Aufenthalt zu bestimmen. Es knüpft sich hieran die Streitfrage, ob der Vormund befugt ist, den entmündigten Trunksüchtigen gegen seinen Willen in eine Trinker-

---

Verhandlungen des 19. deutschen Juristentages 1888 2. Bd. S. 85—120; 3. Bd. S. 213—218, 320. Lammers, Gutachten über die Frage: Ob und unter welchen Voraussetzungen, empfiehlt es sich, eine Bestimmung darüber, daß eine Person wegen Trunksucht entmündigt werden kann, in das BGB. aufzunehmen. Referat und Debatte. Verhandlungen des 19. deutschen Juristentages 1888 Bd. 1 S. 157—162; Bd. 3 S. 213—218, 320. Schmitz, Die Entmündigung Trunksüchtiger vom medizinischen Standpunkte. Referat, erstattet in der 9. Jahresversammlung des deutschen Vereins gegen den Mißbrauch geistiger Getränke, Halle a. d. S. 1892. Aschaffenburg, Die Entmündigung der Trinker nach dem neuen BGB., Münchener medizinische Wochenschrift 1896 Nr. 42. Schneider, Über die Entmündigung von Alkoholisten, 1897. Bratz, Die Behandlung der Trunksüchtigen unter dem BGB., 1898. Anschütz, Die Bekämpfung der Trunksucht im Verwaltungswege, 1899. Colla, Die Trinkerversorgung unter dem BGB., 1899. Erlenmeyer, Die Entmündigung wegen Trunksucht nach dem BGB., 1899. Flade, Die Heilung Trunksüchtiger und ihre Versorgung nach dem BGB, 1899. Daude, Entmündigungsverfahren, 2. Aufl. 1899. Beer, Voraussetzungen und Wirkungen der Entmündigung wegen Trunksucht nach dem BGB., Ärztliche Sachverständigen-Zeitung 1898 Nr. 24.

[2]) II. Prot. Bd. I S. 33 f., 67 f.; Bd. IV S. 277, 343, 639 ff., 851 ff.; Bd. V S. 323 ff., 352; Bd. VI S. 696.

heilanstalt unterzubringen[3]). Wir stehen nicht an, diese Frage im Gegensatz zu anderen Schriftstellern zu bejahen. In der im § 1631 BGB. gegebenen Befugnis, den Aufenthalt zu bestimmen, liegt zweifellos eine Freiheitsbeschränkung, die das Gesetz ausdrücklich erlaubt. Auch in der in Verbindung mit § 1800 anzuwendenden Bestimmung des § 1632, wonach die Sorge für die Person des Kindes auch das Recht umfaßt, die Herausgabe des Mündels von Jedem zu verlangen, ist ein bestimmtes Verfügungsrecht des Vormundes über die persönliche Freiheit seines Mündels als gegeben zu erachten. Liegt nun aber eine solche Freiheitsbeschränkung im Interesse des Mündels, worüber ärztliches Gutachten entscheiden mag, so besteht keine rechtliche Schranke für die zwangsweise Unterbringung des Mündels[4]). Die gegenteilige Ansicht stützt sich darauf, daß die Aufenthaltsbestimmung keine Freiheitsberaubung sein dürfe. Gewiß nicht im Sinne des Strafrechts. Von den §§ 234—241 Strafgesetzbuchs, die über die Verbrechen und Vergehen wider die persönliche Freiheit handeln, könnte überhaupt nur der § 239 scheinbar in Betracht kommen, aber nur auf den ersten Blick und scheinbar. Denn wenn dort zur Begehung der Strafthat verlangt wird, daß Jemand vorsätzlich und widerrechtlich einen Menschen einsperrt oder auf andere Weise des Gebrauches der persönlichen Freiheit beraubt, so kann von Widerrechtlichkeit nicht die Rede sein, wenn die Annahme des Mündels von einem Anstaltsinhaber auf Grund des Ersuchens eines hierzu berechtigten Vormundes erfolgt.

Hierzu kommt noch ein Weiteres. Das BGB. hat den neuen Rechtsbegriff der Trunksucht geschaffen. Es genügt nach der herrschenden Ansicht nicht der übermäßige Genuß geistiger Getränke für sich allein, nicht einmal dann, wenn er sich häufiger wiederholt, ebenso wenig der gewohnheitsmäßige Genuß; es muß

---

[3]) Die Frage, ob diese Anstalten öffentliche oder private sein, vom Staate, den Kommunen oder den Armenverbänden errichtet werden sollen, welche die Anforderungen an Einrichtung, Organisation und Leitung, überhaupt Verwaltung der Trinkerheilstätten sein müssen, gehören nicht in das Gebiet des Verwaltungsrechts.

[4]) Der Vormund wird sich verständigerweise mit dem Vormundschaftsrichter in Verbindung setzen, § 1837, 1897 BGB.

vielmehr ein krankhafter Zustand, eine Seelenstörung, eine geistige oder Gemütskrankheit vorliegen. Es ist deshalb keineswegs ausgeschlossen, das den Irrenanstalten gewährte Detentionsrecht, das sich auf die zwangsweise Annahme und Zurückhaltung von Geisteskranken bezieht, auch analog auf die an der Trunksucht Erkrankten anzuwenden. Hiernach wären auch von den Leitern der Trinkerheilanstalten die Erfordernisse des Detentionsrechtes zu erfüllen wie bei den Irrenanstalten. Eventuell ist es eine dringende Aufgabe der Gesetzgebung bezw. Verwaltung, den Trinkerheilanstalten (in Deutschland bestehen bisher nur Privatanstalten und Stiftungen) dieselben Befugnisse wie den Irrenanstalten einzuräumen.

Für das Verwaltungsrecht ist noch erheblich die Entmündigung wegen Trunksucht. Sie erfolgt durch Beschluß des Amtsgerichts (§ 680 CPO.). Der schriftliche, bei dem Gerichte einzureichende oder zum Protokoll des Gerichtsschreibers angebrachte Antrag auf Entmündigung soll eine Angabe der ihn begründenden Thatsachen und die Bezeichnung der Beweismittel enthalten (§§ 680 Abs. 3, 647 CPO.). Als solche Beweismittel werden unter anderem eine polizeiliche Auskunft über den zu Entmündigenden, polizeiliche Strafen wegen Übertretung von Anordnungen der eingangs dieses Paragraphen gedachten Art dienen. Auch kann die Armenverwaltung solche Beweise liefern. Antragsberechtigt sind der Ehegatte, ein Verwandter oder derjenige gesetzliche Vertreter des zu Entmündigenden, dem die Sorge für die Person zusteht. Gegen eine Person, die unter elterlicher Gewalt oder unter Vormundschaft steht, kann der Antrag von einem Verwandten nicht gestellt werden. Gegen eine Ehefrau kann der Antrag von einem Verwandten nur gestellt werden, wenn auf Aufhebung der ehelichen Gemeinschaft erkannt ist oder wenn der Ehemann die Ehefrau verlassen hat, oder wenn der Ehemann zur Stellung des Antrages dauernd außer Stande oder sein Aufenthalt dauernd unbekannt ist (§ 646 CPO.). Es werden aber auch die landesgesetzlichen Vorschriften aufrecht erhalten, nach welchen eine Gemeinde oder ein der Gemeinde gleichgestellter Verband oder ein Armenverband berechtigt ist, die Entmündigung wegen Trunksucht zu beantragen. Hiernach hat das preuß. Ausführungsgesetz zum Reichsgesetz v. 17. Mai 1898 betr. die Änderungen der CPO. vom 22. September 1899 (GS. S. 284 u. 388) im § 3 bestimmt, daß die Entmündigung wegen Trunksucht auch von dem Armenverband beantragt werden kann, dem die Fürsorge für den zu Entmündigenden im Falle seiner Hülfsbedürftigkeit obliegen würde. Für minderjährige Trunksüchtige kann noch von Bedeutung werden der § 4 Art. 78 des preuß. AG. BGB. Auf Grund ortsstatutarischer Bestimmung können nämlich Beamten der Gemeindeverwaltung alle oder einzelne Rechte und Pflichten eines Vormundes für diejenigen Minderjährigen übertragen werden, welche im Wege der öffentlichen Armenpflege unterstützt und unter Aufsicht der Beamten entweder in einer von diesen ausgewählten Familie oder Anstalt oder, sofern es sich um uneheliche Minderjährige handelt, in der mütterlichen Familie erzogen oder verpflegt werden[5]). Diese Anstalt kann wohl auch eine solche für Trunksüchtige sein[6]).

---

[5]) S. auch Art. 136 EG. BGB.

[6]) Neues Recht enthält auch der § 681 CPO. Über diese Vorschrift keine Satire zu schreiben, fällt Erlenmeyer a. a. O. S. 23 schwer. Zweck der Entmündigung wegen Trunksucht sei nur der, einen sozialen und wirtschaftlichen Schutz zu leisten; als Voraussetzung der Entmündigung gelte auch nur die Trunksucht, die als ein seelischer Krankheitszustand aufgefaßt und anerkannt werde. Und nun solle eine Krankheit durch Androhung der Entmündigung gebessert werden? Wie solle aber eine Drohung bei einem Kranken zur Besserung führen? In höhnischem Tone fährt der Verf. so fort. Die Rechtslage ist aber doch recht einfach. Die Besserung des zu Entmündigenden soll ja nicht nur eine solche des Charakters sein, sondern auch der körperlichen Krankheit. Dient etwa eine nicht allzu lange Anstaltsbehandlung, zu der sich der Trunksüchtige freiwillig entschließt, zu seiner Heilung, so gewährt die Vorschrift des § 681 CPO. die Möglichkeit, die nachteiligen Folgen einer Entmündigung zu ersparen, Folgen, die die ganze soziale Stellung der Person erschüttern müssen. II. Prot. Bd. VI S. 697: „Man glaubte, eine solche Ermahnung werde mitunter die gute Folge haben, daß sie den Trunksüchtigen zu dem Entschlusse bewege, sich in einer Trinkerheilanstalt aufnehmen zu lassen." Der wegen Trunksucht Entmündigte ist nicht nur in der Geschäftsfähigkeit beschränkt § 114 BGB., er kann auch ohne Einwilligung des gesetzlichen Vertreters keine Ehe eingehen (§ 1304 BGB.), oder bestätigen (§§ 1325, 1331), er kann nicht Vormund, Gegenvormund, Pfleger, Beistand oder Mitglied des Familienrats werden (§§ 1780,

Die Entmündigung eines Verschwenders hat für die Verwaltung nur insofern Interesse, als die soeben angeführte Bestimmung des § 3 pr. AG. z. CPO. auch auf den entmündigten Verschwender Anwendung findet.

II. Was die Fürsorge für Geisteskranke betrifft[7]), so ist hier darauf hinzuweisen, daß der Begriff des Irreseins zwar durch das BGB. nicht festgelegt worden ist, daß es aber eine von der bisherigen Terminologie aller Landesrechte abweichende Bezeichnung eingeführt hat. Nach § 6 Ziff. 1 BGB. kann entmündigt werden, wer in Folge von Geisteskrankheit oder von Geistesschwäche seine Angelegenheiten nicht zu besorgen vermag. Wer wegen Geisteskrankheit entmündigt ist, ist geschäftsunfähig. Vergl. auch § 114 BGB. Die hiernach geschaffenen Beschränkungen der Geschäftsfähigkeit sind auch für das Verwaltungsrecht maßgeblich.

Ein Reichsirrengesetz, zu welchem gemäß Art. 4 Ziff. 15 der Reichsverfassung die staatsrechtliche Zuständigktit vorhanden ist, ist noch nicht ergangen. Auch ein preußisches Gesetz über das Irrenwesen fehlt. Es bleibt daher hinsichtlich der Fürsorge für Geisteskranke der polizeilichen Thätigkeit weiter Spielraum, in Gemäßheit des § 10 Teil II Tit. 17 ALR. und des § 6 des Gesetzes über die Polizeiverwaltung vom 11. März 1850. Zu den Gegenständen der ortspolizeilichen Vorschriften gehören hiernach: a) der Schutz der Personen und des Eigentums; f) Sorge für Leben und Gesundheit; i) alles andere, was im besonderen Interesse der Gemeinden und ihrer Angehörigen polizeilich ge-

---

1792, 1915, 1694, 1865 BGB. Er kann auch ein Testament nicht errichten § 2229 (dagegen § 2230), wohl aber widerrufen (§ 2253 Abs. 2), einen Erbvertrag nicht schließen, außer mit Ehegatten und Verlobten (§ 2275).

[7]) Bley, Was ist geisteskrank nach deutschem Recht 1894. Hardeland t, Die Behandlung der Geisteskranken im Privatrecht, Ihering's Jahrbücher Bd. 37 S. 95—190. Ortloff, Zur Irrengesetzgebung, 1897. Unger, Die Irrengesetzgebung in Preußen, 1898. Schultze (Bonn), Die für die gerichtliche Psychiatrie wichtigsten Bestimmungen des BGB. und der Novelle zur Civilprozeßordnung, 1899 und Litteratur. v. Krafft-Ebing, Die zweifelhaften Geisteszustände vor dem Civilrichter des Deutschen Reiches nach Einführung des BGB., 2. Aufl. 1900.

ordnet werden muß. Die bisherige Regelung des Gegenstandes ist veraltet und dringend der Neuerung bedürftig[8]).

§ 16.

Staatsangehörigkeit und bürgerliches Recht[1]).

I. Die bewußte und ausdrückliche Aufnahme privatrechtlicher Begriffe und Rechtseinrichtungen in das öffentliche Recht findet bezeichnender Weise statt bei dem Gesetze über den Erwerb und Verlust der Staatsangehörigkeit vom 1. Juni 1870.

Von den beiden Begriffen, durch deren Nebeneinanderstellung und Verbindung die hier zu erörternde Aufgabe bezeichnet wird, bedarf zunächst der der Staatsangehörigkeit einer näheren Betrachtung. Er ist einmal anzusehen als dasjenige dem Territorialitätsgrundsatze entgegengesetzte Prinzip, das im internationalen Privatrechte zur Geltung kommt. Es wird sich deshalb zuförderst um dessen Bedeutung für das heutige deutsche bürgerliche Recht handeln. Die Erörterung dreht sich also in diesem Betracht nicht um die Richtigkeit oder Unrichtigkeit der für das internationale Privatrecht maßgebenden Prinzipien und insbesondere kann hier nicht untersucht werden, ob das der Staatsangehörigkeit oder das des örtlichen Verhältnisses zum Staatsgebiete den Anforderungen des modernen Rechtslebens entspricht oder nicht. Bekanntlich ist der um diese Streitfrage

---

[8]) Reskript des Staatsrats an die Kriegs- und Domänenkammern vom 29. Sept. 1803, v. 18. Juli 1812. In den neu erworbenen Landesteilen regelt in einzelnen Punkten den Rechtszustand die allerh. Verordnung v. 13. Mai 1867. Hierzu kommt der Runderlaß der Minister der geistlichen, Unterrichts- und Medizinalangelegenheiten und des Innern v. 3. Aug. 1858.

[1]) Aus der Litteratur sei verwiesen auf Gg. Meyer, Staatsrecht S. 196, wo auch die bekannten einschlägigen Arbeiten verzeichnet sind. Ferner ist zu vergl. Sartorius, Der Einfluß des Familienstandes auf die Staatsangehörigkeit nach dem deutschen Reichsgesetze vom 1. Juni 1870 in der Fassung des Einführungsgesetzes zum Bürgerlichen Gesetzbuche im Verwaltungsarchiv Bd. VII S. 319 ff. Aßmann, Reichsgesetz über den Erwerb und Verlust der Reichs- und Staatsangehörigkeit, 1897. Bodo Lehmann, Die deutsche Reichsangehörigkeit vom nationalen und internationalen Standpunkt, Hirth's Annalen 1899 S. 776 ff., 809 ff. Auf die reiche Litteratur des internationalen Privatrechts kann hier nur Bezug genommen werden.

entbrannte Kampf noch lange nicht entschieden. Von dem Postglossatoren Bartolus bis zu Savigny, von Windscheid, Dernburg, Gierke, von Bar über Regelsberger und Niemeyer bis zu Zitelmann giebt es eine reichhaltige Forschung und Meinungen für und wider. Für uns hat lediglich die Frage Bedeutung, inwieweit auf Grund des bestehenden gesetzlichen internationalen Privatrechts im Deutschen Reiche, inwieweit also auf Grund der Art. 7—31 EG. BGB. der Grundsatz der Staatsangehörigkeit eine Rolle spielt, wie weit also die Staatsangehörigkeit das bürgerliche Recht beeinflußt[2]). Der Schwerpunkt unserer Erörterungen wird aber gelegt werden müssen auf den Einfluß, den umgekehrt das bürgerliche Recht auf das Staatsangehörigkeitsrecht, also, da wir es mit dem deutschen Rechte zu thun haben, auf das Gesetz vom 1. Juni 1870 ausübt.

Die Einwirkung des bürgerlichen Rechts ist eine dreifache[3]):

1. Gemäß § 3 StAG. (= Staatsangehörigkeitsgesetz) wird die Staatsangehörigkeit u. A. begründet durch Abstammung, Legitimation und Verheiratung. Dem entspricht der § 13, wonach die Staatsangehörigkeit fortan nur verloren geht Ziff. 4 bei unehelichen Kindern durch eine den gesetzlichen Bestimmungen gemäß erfolgte Legitimation, wenn der Vater einem anderen Staate angehört als die Mutter; Ziff. 5 bei einer Deutschen durch Verheiratung mit dem Angehörigen eines anderen Bundesstaates oder mit einem Ausländer. Während hiernach unzweifelhaft die zur Zeit des Inkrafttretens dieses Gesetzes geltenden bürgerlichen Landesgesetze maßgebend waren, muß nach Einführung des BGB. dieses mit seinen Bestimmungen über Ab-

---

[2]) Durch die innere Zusammengehörigkeit der im Text aufgeworfenen beiden Fragen rechtfertigt sich die ausnahmsweise Erörterung der Einwirkung eines öffentlich-rechtlichen Begriffes, desjenigen der Staatsangehörigkeit auf das bürgerliche Recht.

[3]) Es wird im Laufe der Darstellung nur das Verhältnis Deutschlands zum Auslande, nicht das der Bundesstaaten unter einander beachtet werden. Wird doch mit der Aufhebung der Landesrechte ihre Kollision beseitigt.

stammung, Legitimation und Verheiratung an deren Stelle treten.

2. Es ist die Einwirkung des BGB. erheblich geworden dadurch, daß gemäß den §§ 11, 19 StAG. die Verleihung der Staatsangehörigkeit bezw. die Entlassung sich, insoweit nicht eine Ausnahme gemacht wird, zugleich auf die Ehefrau und die noch unter väterlicher Gewalt stehenden minderjährigen Kinder, gemäß § 21, der von dem Verluste durch Auslandsaufenthalt redet, dieser sich auf die genannten Familienangehörigen, soweit sie sich beim Ehemanne oder Vater befinden, erstreckt. Das BGB. setzt nun bekanntlich an Stelle der väterlichen Gewalt die elterliche. Hieraus sind Schwierigkeiten erwachsen, da es sich um einen, dem StAG. fremden Rechtsbegriff handelt. Das EG. BGB. hat deshalb im Art. 41 eine Anpassung des StAG. an das BGB. vorgesehen. Es sind Abänderungen erfolgt, deren Bedeutung und Tragweite zu erörtern mit unsere Aufgabe sein wird.

3. Auch das internationale Privatrecht wirkt auf die Lehre von der Staatsangehörigkeit ein. Gemäß § 4 StAG. erwirbt das uneheliche Kind eines Deutschen die Staatsangehörigkeit des Vaters durch eine „den gesetzlichen Bestimmungen gemäß erfolgte" Legitimation. Dem entspricht der Verlust der Staatsangehörigkeit gemäß § 13 Ziff. 4 bei unehelichen Kindern durch eine „den gesetzlichen Bestimmungen gemäße" Legitimation, wenn der Vater einem andern Staate angehört als die Mutter. Unter diesen „gesetzlichen Bestimmungen" ist einmal zweifellos das deutsche Recht, also das Recht der Legitimation im BGB. zu verstehen, aber auch, was bei § 13 Ziff. 4 selbstverständlich ist, das Recht des Auslandes. Hiermit ergiebt sich aber in Kollisionsfällen die Anwendungsnotwendigkeit auch des internationalen Privatrechts. Wir behaupten aber weiter, daß diese auch bezüglich der Rechtssätze über Abstammung und Verheiratung gegeben ist. Durch die Geburt, heißt es im § 3 StAG., auch wenn sie im Auslande erfolgt, erwerben eheliche Kinder eines Deutschen die Staatsangehörigkeit des Vaters, uneheliche einer Deutschen die Staatsangehörigkeit der Mutter.

Es kann nicht bezweifelt werden, daß die Frage, ob ein Kind ehelich oder nicht ehelich ist, nicht blos nach deutschem Rechte, sondern auch nach internationalem Privatrechte zu beurteilen ist. Falls z. B. eine im Auslande geschlossene Ehe nach dem in Deutschland anerkannten internationalen Privatrechte aus irgend einem Grunde für ungültig erachtet wird, können die Kinder aus dieser Ehe als eheliche nicht gelten. Hieraus folgt, daß der Vater eines solchen Kindes, falls er ein Deutscher ist, durch Legitimation sein Kind zum deutschen machen kann, aber auch, daß nur die Legitimation dem Kinde die Staatsangehörigkeit verschafft. Wenn hingegen jene im Auslande geschlossene Ehe nach unserm internationalen Privatrechte gültig ist, die aus ihr hervorgegangenen Kinder mithin eheliche sind, bedarf es natürlich, falls der Vater Deutscher ist, keiner besonderen Erwerbsart der Staatsangehörigkeit, insbesondere wäre eine „der Sicherheit halber" versuchte Legitimation durch Ehelichkeitserklärung unzulässig. Ebenso wie hier ist auch im § 5 StAG., nach welchem durch Verheiratung mit einem Deutschen die Ehefrau die Staatsangehörigkeit des Mannes erwirbt, der besondere Zusatz „nach den gesetzlichen Bestimmungen" überflüssig. Es gelten hier die bezüglichen Vorschriften des internationalen Privatrechts, insbesondere der noch zu erörternde Art. 13 des Einführungsgesetzes zum BGB.

Hiernach ist der Schluß gerechtfertigt, daß das Gesetz über die Staatsangehörigkeit Einwirkungen erleidet: 1. durch die Vorschriften des BGB. über Abstammung, Verheiratung und Legitimation; 2. durch die Abänderungen des EG. BGB. hinsichtlich der Bestimmungen über elterliche Gewalt; 3. insofern, als auch das für die gedachten Rechtsverhältnisse geltende, in Deutschland anerkannte internationale Privatrecht und zwar nicht blos das gesetzlich fixirte, sondern auch das wissenschaftliche, Einfluß ausübt.

Die Bedeutung der Begriffe Staatsangehörigkeit und bürgerliches Recht in dem von uns angewandten Sinne ist hiernach festgelegt.

II. Prüfen wir, inwieweit der Grundsatz der Staatsangehörigkeit im geltenden gesetzlichen internationalen Privatrechte Deutschlands durchgeführt ist. Er hat in dem EG.BGB. einen doppelten Sinn erhalten. In einer Anzahl von Bestimmungen ist lediglich deutsche Staatsangehörigkeit, in anderen die Staatsangehörigkeit überhaupt für rechtswirksam erachtet worden. Im letzteren Falle ist der Ausländer nach dem Rechte seiner Heimat schlechtweg zu beurteilen; in solchen Fällen nimmt das EG. auf die Staatsangehörigkeit kurzhin Bezug. Dies jedoch vorbehaltlich der Wirkungen des bekannten Rückverweisungsprinzips im Art. 27 EG. Wo dagegen nur von der Anwendung der deutschen Gesetze gesprochen wird, ist das Wort Staatsangehörigkeit nur im ersteren Sinne zu verstehen.

Grundsätzlich ist das Recht der Staatsangehörigkeit überhaupt maßgebend in der Frage der Geschäftsfähigkeit. Nach Art. 7 Abs. 1 wird die Geschäftsfähigkeit einer Person nach den Gesetzen des Staates beurteilt, dem die Person angehört. Eine Folge dieses Grundsatzes ist der Abs. 2 des Art. 7, wonach ein Ausländer, der volljährig ist oder die rechtliche Stellung eines Volljährigen hat, beim Erwerb der Reichsangehörigkeit die rechtliche Stellung eines Volljährigen behält, auch wenn er nach den deutschen Gesetzen nicht volljährig wäre. Hier ist die Abhängigkeit des Ausländers vom ausländischen Rechte, also das Recht des Heimatsstaates ausdrücklich anerkannt. Dasselbe ist der Fall bezüglich der für die Eingehung einer Ehe maßgebenden Rechtssätze; jene wird gemäß Art. 13 Abs. 1 nach den Gesetzen des Staates beurteilt werden, dem jeder der Verlobten angehört. Das eheliche Güterrecht wird zwar nach Art. 15 Abs. 1 nach den deutschen Gesetzen beurteilt, wenn der Ehemann zur Zeit der Eheschließung ein Deutscher war; wenn er jedoch erst nach der Eingehung der Ehe die Reichsangehörigkeit erwirbt, oder wenn die ausländischen Ehegatten ihren Wohnsitz im Inlande haben, so sind für das eheliche Güterrecht die Gesetze des Staates maßgebend, dem der Mann zur Zeit der Eingehung der Ehe angehörte. Die Gesetze des Heimatsstaates des Ehemannes sind auch anzuwenden auf die Scheidung der Ehe. Diese Gesetze werden auch insofern bevorzugt, als eine Thatsache, die sich ereignet hat, während der Mann einem anderen Staate angehörte, als Scheidungsgrund nur geltend gemacht werden kann, wenn die Thatsache auch nach den Gesetzen dieses Staates ein Scheidungsgrund ist, Art. 17 Abs. 1 u. 2. Die Unterhaltspflicht des Vaters gegenüber dem unehelichen Kinde und seine Verpflichtung, der Mutter die Kosten der Schwangerschaft, der Entbindung und des Unterhalts zu ersetzen, wird nach den Gesetzen des Staates beurteilt, dem die Mutter zur Zeit der Geburt des Kindes angehört, Art. 21. Die Beerbung eines Deutschen erfolgt nach deutschen, eines Ausländers, der die Reichsangehörigkeit erworben hat, grundsätzlich nach ausländischem Recht, Art. 24.

Dagegen ist ausschließlich die deutsche Staatsangehörigkeit und nur diese maßgebend bei der Verschollenheitserklärung gemäß Art. 9 Abs. 1; die deutsche Staatsangehörigkeit schützt ferner den Deutschen, der im Auslande eine unerlaubte Handlung begangen hat, insofern, als gegen ihn nicht weitergehende Ansprüche geltend gemacht werden können, als nach den deutschen Gesetzen begründet sind, Art. 12. Die persönlichen Rechtsbeziehungen deutscher Ehegatten zu einander werden nach den deutschen Gesetzen beurteilt, auch wenn die Ehegatten ihren Wohnsitz im Auslande haben. Ja, die deutschen Gesetze finden auch Anwendung, wenn der Ehemann die Reichsangehörigkeit verloren, die Frau sie aber behalten hat, Art. 14. Die deutschen Gesetze allein finden auch Anwendung, wenn zur Zeit der Erhebung der Scheidungsklage die Reichsangehörigkeit des Mannes erloschen, die Frau aber Deutsche ist, Art. 17 Abs. 3. Ausschließlich nach deutschen Gesetzen wird die eheliche Abstammung eines Kindes beurteilt, wenn der Ehemann der Mutter zur Zeit der Geburt ein Deutscher ist oder, falls er vor der Geburt des Kindes gestorben ist, zuletzt Deutscher war. Dasselbe ist der Fall bezüglich des Rechtsverhältnisses zwischen den Eltern und einem ehelichen Kinde, sowie zwischen einem unehelichen Kinde und seiner Mutter, Art. 18—20.

Die Bedeutung der ersten Gruppe ist noch dadurch eingeschränkt, daß in einer Anzahl von Fällen der grundsätzlichen Durchführung des Staatsangehörigkeitsprinzips abschwächende Bestimmungen entgegenstehen. So wird die Unterhaltspflicht des unehelichen Vaters nach den Gesetzen des Staates beurteilt, dem die Mutter zur Zeit der Geburt des Kindes angehört; es können jedoch nicht weitergehende Ansprüche geltend gemacht werden, als nach den deutschen Gesetzen begründet sind. Art. 21 letzter Satz. Für die Legitimation eines unehelichen Kindes gelten die deutschen Gesetze, wenn der Legitimierende Reichsangehöriger ist, die ausländischen, wenn er Ausländer ist. Jedoch ist die Legitimation unwirksam, wenn die nach den deutschen Gesetzen erforderliche Einwilligung des Kindes oder eines Dritten, zu dem das Kind in einem familienrechtlichen Verhältnis steht, nicht erfolgt ist. Das Personalstatut des Vaters wird daher wiederum durchbrochen. Art. 22. Die Vorschrift, daß für die Geschäftsfähigkeit die Gesetze des Staates maßgebend sind, dem die Person angehört, erleiden eine erhebliche Ausnahme durch Art. 7 Abs. 3, wonach der nach seinem Rechte zur Vornahme eines vermögensrechtlichen Rechtsgeschäftes unfähige oder beschränkt geschäftsfähige Ausländer für dieses Rechtsgeschäft insoweit als geschäftsfähig gilt, als er nach den deutschen Gesetzen geschäftsfähig sein würde. Auch bezüglich des ehelichen Güterrechts ist eine Sonderbestimmung getroffen. Wenn ein Ehemann nach der Eingehung der Ehe die Reichsangehörigkeit erwirbt, oder wenn die ausländischen Ehegatten ihren Wohnsitz im Inlande haben, so sind zwar für das eheliche Güterrecht die Gesetze ihres Staates maßgebend, jedoch können die Ehegatten einen Ehevertrag schließen, auch wenn er nach diesen Gesetzen unzulässig sein würde.

Es ergiebt sich hiernach, daß der Grundsatz, es sollen die Gesetze des Staates gelten, dem eine Person angehört, nur in äußerst dürftiger Weise im neuen deutschen Rechte durchgeführt ist. Hierzu kommt noch, daß auch das Territorialitätsprinzip Anerkennung gefunden hat im Art. 8, wonach ein Ausländer im Inlande nach den deutschen Gesetzen entmündigt werden kann, wenn er seinen Wohnsitz oder Aufenthalt im Inlande hat; unter Umständen kann er unter Vormundschaft gestellt werden, wenn er in Deutschland wohnt. Art. 23. Ferner kann auf Antrag einer im Inlande befindlichen deutschen oder deutsch gewesenen Ehefrau eines verschollenen ausländischen Ehemannes dieser im Inlande nach den deutschen Gesetzen für todt erklärt werden, falls er seinen letzten Wohnsitz im Inlande gehabt hat. Art. 8 Abs. 3. Auf den Wohnsitz in Deutschland zur Zeit des Todes werden gewisse erbrechtliche Ansprüche im Art. 25 abgestellt.

Eine besondere Stellung kommt noch den Personen zu, die mehreren Staaten, und solchen, die keinem Staate angehören. Man muß hier unterscheiden. Soweit es sich um diejenigen Rechtssätze handelt, die lediglich die Berücksichtigung der deutschen Staatsangehörigkeit vorsehen, ist die Frage hinsichtlich der Deutschen, die außerdem noch eine andere Staatsangehörigkeit besitzen, dahin zu beantworten, daß auf sie die fraglichen Vorschriften unbedingt Anwendung finden, da sie doch auch Deutsche sind. Was die Heimatlosen anbetrifft, so gilt hier Art. 29. Ihre Rechtsverhältnisse werden, soweit die Gesetze des Staates, dem eine Person angehört, für maßgebend erklärt sind, nach den Gesetzen des Staates beurteilt, dem die Person zuletzt angehört hat, und wenn sie auch früher einem Staate nicht angehört hat, nach den Gesetzen des Staates, in welchem sie ihren Wohnsitz oder Aufenthalt gehabt hat. Was dagegen die Vorschriften betrifft, die den Grundsatz der Staatsangehörigkeit ohne Beschränkung auf die deutsche Nationalität durchgeführt haben, ermangelt es an einem Auswege, soweit es sich um die Frage handelt, daß Jemand mehreren Staaten angehört. Wie etwa, wenn Jemand Engländer und Franzose ist und seine Geschäftsfähigkeit in Deutschland in Betracht kommt? Hat die betreffende Person ihren Wohnsitz oder Aufenthalt in England oder Frankreich, so ist dessen Recht maßgebend. Wenn es aber auch an Wohnsitz und Aufenthalt fehlt, so versagt jedes Mittel. Der Ausweg Zitelmanns, daß die ältere Staatsangehörigkeit entscheidet, ist nicht zu empfehlen. Für den Fall der Staatslosigkeit hilft auch hier Art. 29[4]).

Im Ganzen kann man behaupten, daß die Staatsangehörigkeit auf das deutsche bürgerliche Recht, soweit es zur Zeit gesetzlich ausgeprägt ist, einen ganz außerordentlich geringen Einfluß ausübt. Das wissenschaftliche internationale Privatrecht hierauf zu prüfen, geht beim Mangel jedes objektiven Maßstabes nicht an. Quot capita tot sensus. Ein wissenschaftlich wertvolles Ergebnis könnte hierbei nicht gewärtigt werden.

III. Die Einwirkung des bürgerlichen Rechts auf das Staatsangehörigkeitsgesetz beginnt gleich im § 3 desselben. Nach diesem erwerben durch die Geburt, auch wenn diese im Auslande erfolgt, die ehelichen Kinder eines Deutschen die Staatsangehörigkeit des Vaters, die unehelichen Kinder einer Deutschen die Staatsangehörigkeit der Mutter. Hier taucht die Frage auf, nach welchem Gesetze die eheliche oder uneheliche Abstammung eines Kindes beurteilt wird. Art. 18 EG. BGB. giebt hierauf eine nicht vollständige Antwort. Er besagt, daß die deutschen Gesetze entscheiden, wenn der Ehemann der Mutter zur Zeit der Geburt des Kindes Deutscher ist, oder, falls er vor der Geburt des Kindes gestorben ist, zuletzt Deutscher war. Diese deutschen Gesetze sind die Bestimmungen des BGB. §§ 1591 bis 1600. Es sind hiernach ehelich alle nach der Eingehung der Ehe geborenen — gleichviel ob ehelich oder außerehelich empfangenen — Kinder, sofern nur der Mann innerhalb der Empfängniszeit, d. i. vom 181. bis 302. Tage vor der Geburt des Kindes der Frau beigewohnt hat. Fällt die Empfängniszeit in die Zeit nach der Eheschließung, so wird vermutet, daß der Mann innerhalb der Empfängniszeit der Frau beigewohnt hat. Soweit die Empfängniszeit in die Zeit vor der Eheschließung fällt, gilt die Vermutung nur, wenn der Mann verstorben ist, ohne die Ehelichkeit des Kindes angefochten zu haben. Eheliche Geburt setzt aber ferner auch die Existenz einer

---

[4]) A. Kahn in Iherings Jahrb. Bd. 30 S. 67; Zitelmann, Internationales Privatrecht I 176; v. Bar, Lehrb. S. 49; Niedner a. a. O. S. 74.

gültigen Ehe, also das Vorliegen der formellen und materiellen Erfordernisse der Eheschließung voraus. §§ 1317 ff., 1324 ff., 1343 BGB. Als ehelich sind aber auch die Putativkinder zu erachten. Putativehe ist nicht nur die formgerecht geschlossene, aber wegen eines trennenden Ehehindernisses nicht rechtsbeständige Ehe, sondern ebenso auch die formwidrig abgeschlossene, aber in das Heiratsregister eingetragene, sofern wenigstens einem der beiden Ehegatten die Nichtigkeit der Ehe im Augenblicke der Eheschließung unbekannt war. § 1324 Abs. 2, 1329, 1699. Kinder aus solcher Ehe sind, sofern sie im Falle der Gültigkeit der Ehe ehelich sein würden, d. h. sofern die Voraussetzungen der §§ 1591 f. BGB. vorliegen, als ehelich zu betrachten. Auch für das StAG. ist diese Erweiterug des Begriffes der ehelichen Kindschaft durch die Putativkindschaft maßgebend.

Nach welchem Gesetze wird aber die eheliche Abstammung beurteilt, wenn der Vater nicht, wohl aber die Mutter die deutsche Reichsangehörigkeit besitzt? Es sind hier zwei Fälle denkbar. 1. Der im Zeitpunkte der Eheschließung deutsche Ehemann hat nachher die Staatsangehörigkeit aufgegeben, die Ehefrau aber kraft Ausnahmevorbehalt die ihre zurückbehalten. 2. Die Ehefrau hat selbständig, ohne ihren Ehemann die deutsche Staatsangehörigkeit erworben.

Nimmt man den Grundsatz der Nationalität an, wie er in der neuen Litteratur herrschend ist, und wie er im EG. BGB. zur Geltung gekommen ist, so ergiebt sich, da das Kind als eheliches Kind dem Vater oder als uneheliches der Mutter folgt, folgendes Resultat: Da der Vater, dessen Personenstatut entscheidend ist, kein Deutscher ist, gilt ausländisches Recht. Wenn nach diesem das Kind unehelich ist, ist das Kind ein deutsches, denn gemäß § 3 StAG. erwirbt das uneheliche Kind einer Deutschen die Staatsangehörigkeit der Mutter. Ist nach dem ausländischen Gesetze das Kind ehelich, dann folgt es der Staatsangehörigkeit seines nichtdeutschen Vaters. Wir sehen hier, wie der Erwerb der Reichsangehörigkeit von der zivilrechtlichen Grundlage des ausländischen Rechts abhängt.

IV. Wir kommen zur Frage des Erwerbes der Staatsangehörigkeit durch Legitimation. Diese geschieht lediglich nach deutschem Rechte. Denn nach § 4 StAG. erwirbt das uneheliche Kind durch eine, den gesetzlichen Bestimmungen gemäße Legitimation die Staatsangehörigkeit des Vaters, wenn dieser Deutscher ist, die Mutter aber die Staatsangehörigkeit des Vaters nicht besitzt, also Ausländerin ist. Es fragt sich hiernach, wie das deutsche Recht, unter dem der Erwerb der Staatsangehörigkeit durch Legitimation steht, heute gestaltet ist.

Das BGB. kennt Legitimation a) durch nachfolgende Ehe, b) durch Ehelichkeitserklärung. Betrachten wir zunächst die Legitimation durch nachfolgende Ehe. Hier kommt zuvörderst in Betracht die Darbietung des zerstreuten Gesetzesmaterials. Denn nicht blos das BGB., sondern auch, wie wir gleich sehen werden, die CPO., das Reichsgesetz über die freiwillige Gerichtsbarkeit, das preuß. Ausführungsgesetz zum BGB. und die Bekanntmachung des Reichskanzlers vom 25. März 1899 spielt eine Rolle. Sodann tritt eine Reihe von zweifelhaften Fragen auf, deren Lösung versucht werden muß.

Das Gesetzesmaterial ist folgendes:

Gemäß § 1719 BGB. erlangt ein uneheliches Kind dadurch, daß sich der Vater mit der Mutter verheiratet, mit der Eheschließung die rechtliche Stellung eines ehelichen Kindes. Bezüglich des Erfordernisses der Vaterschaft gilt der Ehemann der Mutter als der Vater des Kindes, wenn er ihr in der Empfängniszeit, also vom 181. bis 302. Tage vor dem Tage der Geburt des Kindes beigewohnt hat, es sei denn, daß es den Umständen nach unmöglich ist, daß die Mutter das Kind aus dieser Beiwohnung empfangen hat. Und weiterhin besteht (§ 1720 BGB.) eine Vermutung dafür, daß der Vater der Mutter innerhalb der Empfängniszeit beigewohnt habe, wenn der Ehemann seine Vaterschaft nach der Geburt des Kindes in einer öffentlichen Urkunde anerkennt. Was die letztere anbetrifft, so kennt das BGB. sowohl öffentliche als auch gerichtliche oder notarielle Beurkundung. Den Begriff der öffentlichen Urkunde bestimmt der § 415 CPO. Eine solche ist, die von einer öffentlichen Behörde innerhalb der Grenzen ihrer Amtsbefugnisse oder von einer mit öffentlichem Glauben versehenen Person innerhalb des ihr zugewiesenen Geschäftskreises in der vorgeschriebenen Form aufgenommen ist. Hiernach u. A. das gerichtliche oder notarielle, nicht aber das holographische Testament. Ueber die Zuständigkeit zur Aufnahme der öffentlichen Urkunde entscheidet in der Regel das Landesrecht, nur ausnahmsweise das Reichsrecht. Ein solcher hierher gehöriger Fall liegt vor im § 167 Abs. 2 des FG. vom 17. Mai 1898, der für die Aufnahme einer im § 1720 Abs. 2 BGB. vorgenommenen öffentlichen Urkunde über die Anerkennung der Vaterschaft außer den Notaren für die öffentliche Beglaubigung einer Unterschrift die Amtsgerichte für zuständig erklärt. Gemäß Art. 184 FG. stehen den letzteren in Ansehung solcher Personen, die zur Besatzung eines in Dienst gestellten Schiffes der Kaiserlichen Marine gehören, oder die in anderer Eigenschaft an Bord eines solchen Schiffes sind, auch die Geschwader-Auditeure gleich, so lange das Schiff sich außerhalb eines inländischen Hafens befindet. Den Schiffen stehen die sonstigen Fahrzeuge der Kaiserlichen Marine gleich. Die Ausfertigung der Protokolle über die Beurkundung eines Rechtsgeschäftes ist von dem Auditeur zu unterschreiben und mit dem Gerichtssiegel zu versehen. (Für das Landheer vgl. Reichsmilitärgesetz vom 3. Mai 1874 § 39 Abs. 3.) Endlich läßt der § 191 FG. vom 17. Mai 1898 unberührt die landesgesetzlichen Vorschriften, nach welchen für die Aufnahme der nach dem § 1720 Abs. 2 des BGB. erforderlichen öffentlichen Urkunde, sowie für die öffentliche Beglaubigung einer Unterschrift außer den Amtsgerichten und Notaren auch andere Behörden oder Beamte zuständig sind. In Preußen giebt eine solche landesgesetzliche Vorschrift der Art. 70 des Preuß. Ausführungsgesetzes zum BGB. Hier ist für die Aufnahme der im § 1720 Abs. 2 des BGB. vorgesehenen öffentlichen Urkunde über die Anerkennung der Vaterschaft der Standesbeamte, welcher die Geburt des Kindes oder die Eheschließung seiner Eltern beurkundet hat, auch dann zuständig, wenn die Anerkennung der

Vaterschaft nicht bei der Anzeige der Geburt oder bei der Eheschließung erfolgt.

Endlich kommt hierzu noch die Bekanntmachung des Reichskanzlers vom 25. März 1899 über die Vorschriften zur Ausführung des Gesetzes über die Beurkundung des Personenstandes und die Eheschließung. Im § 15 bestimmt sie die Pflicht des Standesbeamten für den Fall, daß Jemand bei seiner Eheschließung mit der Mutter eines unehelichen Kindes seine Vaterschaft anerkennt. Diese Anerkennung gilt, wenn nicht das Gegenteil erklärt wird, zugleich als Antrag auf Beischreibung eines Vermerkes am Rande der über den Geburtsfall vorgenommenen Eintragung. Ist der Geburtsfall in dem Standesregister eines anderen Bezirkes eingetragen, so hat der Standesbeamte dem Standesbeamten dieses Bezirkes einen Auszug aus dem Heiratsregister behufs Beischreibung des Vermerkes kostenlos zu übersenden.

Für die Legitimation eines nichtdeutschen unehelichen Kindes ist das Personalstatut des unehelichen Vaters maßgebend, also gemäß Art. 21 Abs. 1 EG. BGB. das deutsche Recht. Auf die Mutter kommt es in Abs. 1 nicht an. Diese Bestimmung gilt also auch, wenn es sich z. B. um die Legitimation eines im Auslande lebenden unehelichen Kindes eines Deutschen, der ebenfalls im Auslande wohnt, handelt.

Die im Abs. 1 des Art. 22 gedachten deutschen Gesetze sind die des bürgerlichen Rechts einschließlich der des sogenannten internationalen Privatrechts in und außerhalb des EG. BGB. Nach diesen ist also die Frage, auf welche Weise die Legitimation erfolgen kann, zu entscheiden, mithin wäre eine Legitimation per testamentum und leg. per nuncupationem unzulässig, richtiger: nicht ausreichend (siehe Motive Bd. 4 S. 918)[5]). Es bedarf keiner weiteren Ausführung, wie wichtig all' diese Bestimmungen für die formellen Fragen der Legitimation sind.

---

[5]) Barazetti, Internationales Privatrecht des BGB., Hannover 1897, S. 91; Cahn, Kommentar S. 111; Niedner, S. 55—57; v. Bar, Theorie Bd. I S. 534, 540, 547; Lehrbuch S. 88; Gierke, Deutsches Privatrecht Bd. 1 S. 240.

Es tauchen hier nun eine Anzahl zweifelhafte materielle Fragen auf, auf die wir die Antwort finden müssen.

Da es sich um den Erwerb der deutschen Staatsangehörigkeit durch Legitimation handelt, muß der Vater Deutscher sein. Die Eingehung der Ehe wird daher in Ansehung seiner Person nach den deutschen Gesetzen beurteilt. Gemäß § 1721 in Verbindung mit § 1699 gilt ein uneheliches Kind, wenn sich der Vater mit der Mutter verheiratet mit der Eheschließung nur dann als legitimiert, wenn wenigstens einer der Ehegatten die Nichtigkeit der Ehe bei der Eheschließung nicht gekannt hat. Das Kind gilt also nicht als legitimiert, wenn beiden Ehegatten die Nichtigkeit der Ehe bei einer Eheschließung bekannt war. Wie wirkt es nun auf die Staatsangehörigkeit des legitimierten Kindes ein, wenn sich später die Nichtigkeit der Ehe herausstellt?

Es ist hier nach den Voraussetzungen der Legitimation zu fragen. Diese sind: 1. Vaterschaft, 2. Eheschließung. Denn durch die Eheschließung des Vaters mit der Mutter des unehelichen Kindes erfolgt gemäß § 1719 BGB. die Legitimation. Es muß also der sich als Vater Ausgebende wirklich der Vater sein. Dies wird in dem Falle des § 1720 Abs. 1 BGB. vermutet, wenn der Ehemann der Mutter ihr innerhalb der gesetzlichen Empfängniszeit beigewohnt hat, es sei denn, daß es den Umständen nach offenbar unmöglich ist, daß die Mutter das Kind aus dieser Beiwohnung empfangen hat. Für die Beiwohnung innerhalb der Empfängniszeit wird wieder eine Vermutung aufgestellt in Abs. 2 des § 1720, wenn der Ehemann seine Vaterschaft nach der Geburt des Kindes in einer öffentlichen Urkunde anerkennt.

Trifft der Fall des § 1720 Abs. 1 nicht zu, dann war die Voraussetzung des § 1719, daß sich der Vater mit der Mutter verheiratet, nicht gegeben. Wird hiernach eine solche Ehe wegen Kenntnis beider Teile von dem Nichtigkeitsgrund für nichtig erklärt, so war eine Legitimation überhaupt nicht vorhanden gewesen, sondern nur eine Scheinwirkung, es fehlte an den Voraussetzungen der Legitimation. Es kann dies natürlich auch keine Wirkungen äußern. Dasselbe ist der Fall, wenn die Vermutung des § 1720 Abs. 2 widerlegt ist.

Anders aber, wenn der Fall des § 1720 Abs. 1 zutrifft und wenn die Vermutung des § 1720 Abs. 2 nicht widerlegt ist. Dann ist wirklich die Legitimation zu Stande gekommen. Ihre Voraussetzungen: Vaterschaft und Eheschließung, liegen vor.

Ob eins dieser Erfordernisse, nämlich die Eheschließung, ihrerseits an einem materiellen Mangel leidet, ist im Zeitpunkte der Legitimation, der allein für die staatsrechtlichen Wirkungen maßgebend sein muß, nicht festzustellen. Das die Ehe aufhebende Moment, die Kenntnis der beiden Ehegatten von der Nichtigkeit, wird erst durch das gerichtliche Verfahren, das diese Kenntnis feststellt, also nachträglich, von Bedeutung. Inzwischen sind die staatsrechtlichen Wirkungen der Legitimation eingetreten und können durch die spätere Feststellung der Nichtigkeit nicht alteriert werden. Die Richtigkeit dieses Standpunktes ersieht man am besten, wenn man sich auf den entgegengesetzten Standpunkt stellt. Nach diesem müßte man die staatsrechtliche Wirksamkeit der Legitimation so lange in der Schwebe halten, bis der Mangel der Nichtigkeit zweifellos feststeht. Dies ist jedoch unannehmbar.

Einem Einwande muß aber von vornherein begegnet werden. Man könnte sagen, die staatsrechtliche Wirkung der Legitimation mag eingetreten sein, aber sie wird wieder aufgehoben durch die Nichtigkeitserklärung der Ehe. Hierauf ist zu erwidern: Die Nichtigkeit mag die privatrechtlichen Wirkungen der Legitimation aufheben, nicht kann sie aber die öffentlichrechtlichen berühren. Insbesondere bleibt bestehen die kraft Legitimation durch nachfolgende Eheschließung erworbene Staatsangehörigkeit. Dies muß näher begründet werden. Der § 4 StAG. nimmt, indem er die Legitimation als Erwerbsart der Staatsangehörigkeit anführt, die Lehre der Legitimation in das öffentliche Recht auf, d. h. es werden die privatrechtlichen Bestimmungen der Legitimation als ein Teil des öffentlichen Rechts anerkannt. Die Wirkungen der Legitimation beschränken sich aber nach § 4 auf die Begründung der Staatsangehörigkeit. Davon, daß irgend ein Gesetz die infolge der Nichtigkeit der Ehe eingetretenen, an sich nur privatrechtlichen Folgen der Legitimation auch als integrierende Bestandteile des öffentlichen Rechts anerkannt hätte, kann keine Rede sein. Hierzu kommt noch, daß ein dieses etwa bestimmendes Gesetz öffentlich-rechtlicher Natur sein müßte, denn nur ein solches kann über Erwerb und Verlust der Staatsangehörigkeit Rechtsvorschriften geben. Ein solches ist aber nicht gegeben. Man kann dies auch so fassen: Es kann die Staatsangehörigkeit, einmal erworben, nur aus bestimmten, im öffentlichen Rechte festgesetzten Gründen verloren werden. Einen solchen Grund aus § 1721 in Verbindung mit § 1699 des BGB. zu schöpfen, geht nicht an. Denn das BGB. kann nur darüber bestimmen, welches die privatrechtlichen Wirkungen im Falle einer nachfolgenden Feststellung der Nichtigkeit der Ehe sind, nicht aber kann es von den öffentlich-rechtlichen Wirkungen handeln.

Abgesehen hiervon ist es auch ein anerkannter Grundsatz, daß die Aushändigung der Naturalisationsurkunde die Staatsangehörigkeit dergestalt begründet, daß jede Nachprüfung der thatsächlichen oder rechtlichen Voraussetzungen für die Erteilung ausgeschlossen bleibt. OVG. vom 1. Juni 1894 (Entsch. Bd. XXVII, 410). Dieselbe Kraft wie eine staatliche Urkunde hat doch wohl auch das Gesetz ohne eine solche.

Hierzu kommt: die Legitimation äußert ihre Wirkung ex nunc; mit dem Zeitpunkte ihres Eintrittes nimmt das legitimierte Kind diejenige Stellung ein, die ihm unter der Voraussetzung der ehelichen Geburt zukommen würde. Cahn a. a. O. S. 32; Opet, Verwandtschaftsrecht S. 42. Es kann daher niemand rückwärtshin im Falle der Nichtigkeit der Ehe seiner Eltern seine Staatsangehörigkeit verlieren.

Eine weitere Streitfrage erhebt sich bei Betrachtung des § 1722 BGB.: Die Eheschließung zwischen den Eltern hat für die Abkömmlinge des unehelichen Kindes die Wirkungen der Legitimation auch dann, wenn das Kind vor der Eheschließung gestorben ist. Diese Bestimmung gilt zu Gunsten der Abkömmlinge des unehelichen Kindes. Es ist dadurch eine Fiktion der erfolgten Legitimation des vor der Eheschließung verstorbenen unehelichen Kindes gegeben, aber nur eine Fiktion, denn ein Verstorbener kann nicht durch eine, nach seinem Tode erfolgende Handlung eine Statusänderung erfahren. Läßt man eine solche Fiktion zu Gunsten des Abkömmlings im Privatrecht zu, so geschieht dies aus Gründen der Billigkeit unter Zugrundelegung eines gewissen Vererbungsgrundsatzes. Es soll dem Enkel nichts schaden, daß seine Großeltern erst nach dem Tode seines Parens (des unehelichen Kindes) die Ehe eingegangen sind. Für das öffentliche Recht kann dies aber nicht gelten, denn es ist schlechthin widersinnig, daß ein vor der Eheschließung seiner Eltern verstorbenes Kind durch die Eheschließung der Eltern nach seinem Tode, die preußische Staats- oder die Reichsangehörigkeit erwerben könne, ganz abgesehen davon, daß jenes Vererbungsprinzip auf dem Gebiete des öffentlichen Rechts keine Stätte hat.

Zu § 4 ist noch die Frage zu erörtern, welches ist die Staatsangehörigkeit eines Ausländers, der als uneheliches Kind vor der Eheschließung seines deutschen Vaters mit seiner Mutter bereits von einem nichtdeutschen Dritten adoptiert worden ist? Die gesetzliche Wirkung der Eheschließung der Eltern, nämlich die erfolgte Legitimation ist nicht zu beseitigen und es ist daher so anzusehen, als ob das Kind erst nach erfolgter Eheschließung adoptiert worden wäre. Mit der Legitimation gilt die Staatsangehörigkeit des deutschen Vaters, die Adoption hat keinerlei Wirkung (§ 2 Abs. 2 des Gesetzes vom 1. Juni 1870).

Eine weitere Komplikation ergiebt sich aus diesem Falle. War das Kind z. B. der Legitimation durch nachfolgende Ehe bereits von einem Dritten adoptiert, so erlangt der Vater arg. §§ 1757, 1765 BGB. die elterliche Gewalt über dasselbe nicht, da sie bereits der Annehmende besitzt. Wie ist es nun, wenn gemäß § 19 (neuer Fassung) des Gesetzes vom 1. Juni 1870 die Entlassung eines deutschen Vaters, der sein uneheliches Kind durch nachfolgende Ehe legitimiert hat, nachdem es bereits von einem Dritten adoptiert wurde, aus dem Staatsverbande erfolgt? Nach § 19 erstreckt sich die Entlassung (sofern nicht dabei eine Ausnahme gemacht wird) zugleich auf die Ehefrau und auf diejenigen Kinder, deren gesetzliche Vertretung dem Entlassenen kraft elterlicher Gewalt zusteht. Die gesetzliche Vertretung des ehelich gewordenen Kindes steht aber dem Annehmenden, nicht dem natürlichen Vater zu. Es ergiebt sich daher das Sonderbare, daß das ehelich gewordene Kind des natürlichen Vaters im Falle der Entlassung des letzteren aus der Staatsangehörigkeit nicht mit entlassen ist. Soll dies aber geschehen, so bedarf es, das ist die praktische Pointe dieser Frage, eines besonderen Entlassungsgesuches bei der zur Ausfertigung der Entlassungsurkunde zuständigen höheren Verwaltungsbehörde (Regierungspräsident) und weiter der Genehmigung des Annehmenden, praktischerweise auch des natürlichen Vaters; aber notwendig ist dies nicht; vergl. Entsch. d. RG. vom 5. Juni 1894 (Bd. 23 S. 196). Für den früheren Rechtszustand maßgebend das Reskript vom 31. Mai 1883 (MBl. S. 140). Von Erheblichkeit ist ferner der § 1765 Abs. 2, nach welchem das Recht und die Pflicht, für die Person des Kindes zu sorgen, falls der Vater oder die Mutter dem Kinde Unterhalt zu gewähren hat, wieder eintritt, wenn die elterliche Gewalt des Annehmenden endigt oder wenn sie wegen Geschäftsunfähigkeit des Annehmenden, oder aus ähnlichen Gründen ruht. Da jedoch das Recht zur Vertretung des Kindes hierdurch nach dem gedachten Paragraphen nicht wieder eintritt, hat dieser Zustand staatsrechtlich keine Folgen, da, wie wir alsbald sehen werden, das Vertretungsrecht auf Seite der Eltern notwendig ist.

Die Legitimation mit ihren staatsrechtlichen Wirkungen wird aber auch begründet durch Ehelichkeitserklärung. Ein uneheliches Kind kann auf Antrag seines Vaters durch eine Verfügung der Staatsgewalt für ehelich erklärt werden (§ 1723 BGB.). Die Ehelichkeitserklärung steht dem Bundesstaate zu, dem der Vater angehört; ist aber der Vater ein Deutscher, der keinem Bundesstaate angehört, so steht sie dem Reichskanzler zu. Über die Erteilung der Ehelichkeitserklärung (AGO. II 1 § 10) bedarf es in Preußen keiner gesetzlichen Vorschriften, denn nach § 1723 Abs. 3 hat hierüber, soweit die Ehelichkeitserklärung nicht dem Reichskanzler zusteht, die Landesregierung zu bestimmen

(s. Materialien des Preuß. Gesetzes über die freiwillige Gerichtsbarkeit [Heymann'sche Ausgabe] S. 132). In Preußen geschieht die Ehelichkeitserklärung durch den Justizminister, sofern es sich um die Führung eines adeligen Namens handelt, durch den König. JMBl. 1870 S. 126 § 601 Titel II Teil 2 des ALR.; AHE. vom 25. April 1870 und Motive zum BGB. Bd. IV S. 923, 937. Wegen des hohen Adels Art. 57 EG. BGB., Weyl I S. 52. Der Antrag auf Ehelichkeitserklärung muß gerichtlich oder notariell sein, jedes Amtsgericht ist zuständig § 167 FG.; § 1734 BGB. giebt die Möglichkeit, die Ehelichkeitserklärung ganz nach freiem Ermessen eintreten zu lassen oder sie zu versagen. Mithin handelt es sich lediglich um einen Gnaden- oder auch Privilegienakt, welcher lediglich verwaltungsrechtlicher Natur ist.

Wie der bisher erörterte Erwerb der Staatsangehörigkeit durch Legitimation, so gehört auch deren Verlust hierher. Nach § 13 Ziff. 4 StAG. geht die Staatsangehörigkeit verloren bei unehelichen Kindern durch eine, den gesetzlichen Bestimmungen gemäß erfolgte Legitimation, wenn der Vater einem anderen Staate angehört als die Mutter; es kann sich hier nur um den Fall handeln, daß der Vater Ausländer ist und das Kind legitimiert. Dies geschieht nach den Gesetzen des ausländischen Staates. Dessen Legitimationsformen sind daher zu beachten. Sie reichen aber nicht vollständig aus, denn Art. 22 des EG. BGB. bestimmt, daß, wenn der Vater zur Zeit der Legitimation die Reichsangehörigkeit besitzt, die deutschen Gesetze für die Legitimation maßgebend sind, also auch dann, wenn er zur Zeit der Geburt des Kindes die Reichsangehörigkeit nicht besessen hatte; daß jedoch dann, wenn der Vater einem fremden Staate angehört, während das Kind die Reichsangehörigkeit besitzt, die Legitimation unwirksam ist, wenn die nach den deutschen Gesetzen erforderliche Einwilligung des Kindes oder eines Dritten, zu dem das Kind in einem familienrechtlichen Verhältnisse steht, nicht erfolgt ist. Es ist mithin hier eine Ausnahme statuirt von der Regel, daß das Personalstatut des Vaters für die Frage der Legitimation grundsätzlich maßgebend ist. Es kann sich im übrigen nur um die Einwilligung zur Legitimation kraft Ehelichkeitserklärung handeln. Bei der Legitimation durch nachfolgende Ehe kommt sie naturgemäß nicht in Betracht. Zur Ehelichkeitserklärung ist aber die Einwilligung des Kindes über 21 Jahren, sonst die der Mutter, erforderlich. Von der letzteren kann jedoch abgesehen werden, wenn sie zur Abgabe einer Erklärung dauernd außer Stande ist, oder ihr Aufenthalt dauernd unbekannt ist. Die Einwilligung kann nicht durch einen Vertreter erfolgen. Wird die Einwilligung von der Mutter versagt, so kann sie auf Antrag des Kindes durch das Vormundschaftsgericht ersetzt werden, falls das Unterbleiben der Ehelichkeitserklärung dem Kinde nachteilig wäre. Ist das Kind geschäftsunfähig oder hat es nicht das 14. Lebensjahr vollendet, so kann sein gesetzlicher Vertreter die Einwilligung mit Genehmigung des Vormundschaftsgerichts erteilen, §§ 1726 ff. BGB. In Betracht kommt auch die Vorschrift des § 1827 Abs. 1 BGB., nach welcher nach vollendetem 14. Lebensjahr ein Mündel vom Vormundschaftsgericht über die Entlassung aus dem Staatsverbande zu hören ist. Das Gehörgewähren kann auch schriftlich geschehen. Die Wirkung der Versagung des Gehörs ist zwar nicht Anfechtung der Genehmigung des Vormundschaftsrichters, wohl aber ist dieser gemäß § 1848, 839 Abs. 1 u. 3 BGB. wegen vorsätzlicher oder fahrlässiger Verletzung seiner Pflichten verantwortlich. Im übrigen wird bei dem Verluste der deutschen Staatsangehörigkeit durch Legitimation zu beachten sein, daß in einer Anzahl von Ländern die Legitimation ausnahmslos zulässig ist, in anderen nur unter gewissen Voraussetzungen gestattet, unter anderen verboten und in einzelnen Staaten überhaupt gesetzlich nicht zulässig ist. Hier hängt der Verlust der Staatsangehörigkeit von dem Rechte des Auslandes ab, ohne daß das deutsche Recht hierauf irgend welchen Einfluß ausüben könnte. Dies kann nicht als ein erwünschter Zustand angesehen werden.

V. Neben der Frage der Abstammung und der Legitimation kommt noch die der Verehelichung sowohl als Erwerbs- als auch Verlustgrund in Betracht. Nach § 5 StAG. begründet die Verheiratung mit einem Deutschen für die Ehefrau die Staatsangehörigkeit des Mannes, also ohne Naturalisation. Nach § 13 Ziff. 5 geht durch die Verheiratung einer Deutschen mit einem Ausländer deren Staatsangehörigkeit verloren. Da es sich stets um eine nichtdeutsche Person handeln muß, greift das internationale Privatrecht erheblich ein. Was die materiellen Voraussetzungen der Eheschließung betrifft, so giebt der Art. 13 EG.BGB. eine ausreichende Kollisionsnorm, falls erstens beide Verlobte oder wenigstens einer die deutsche Staatsangehörigkeit besitzt, oder zweitens, falls die Ehe im Inlande geschlossen wird. In beiden Fällen kommen in Ansehung eines jeden Verlobten die Gesetze des Staates in Betracht, dem er angehört. Ist hiernach einer ein Deutscher, so werden die Vorschriften über Ehefähigkeit und Ehemündigkeit (§ 1303), über Zwang, Irrtum und Schein bei der Eheschließung (§§ 116—224), über Ehehindernisse (§§ 1305—1315) in Frage sein. Es ist hiernach nicht bloß das Personalstatut des Ehemannes, sondern beider Ehegatten maßgebend. Handelt es sich dagegen um Ehen, die von Deutschen oder Ausländern im Auslande geschlossen sind, so bestehen keine gesetzlichen Bestimmungen hinsichtlich der materiellen Erfordernisse. Nur bezüglich der Form ist eine gesetzliche Regelung erwirkt in dem Art. 11, der für die Form eines Rechtsgeschäftes diejenigen Gesetze maßgebend sein läßt, welche für das den Gegenstand des Rechtsgeschäftes bildende Rechtsverhältnis maßgebend sind. Es genügt jedoch die Beobachtung der Gesetze des Ortes, an dem das Rechtsgeschäft vorgenommen wird, d. h. es müssen die Voraussetzungen des Heimatsrechts beider Verlobten oder diejenigen des Ortes der Eingehung der Ehe vorliegen. Was die Form der Eingehung der Ehe sonst anbetrifft, d. h. für den Fall, daß beide Teile oder wenigstens einer die deutsche Staatsangehörigkeit besitzt, oder für den Fall, daß die Ehe im Inlande geschlossen wird, so gilt der Grundsatz des ebengedachten Art. 11 auch hier. Aber darüber hinaus muß doch unterschieden werden. Innerhalb des Reichsgebietes ist nur die von den deutschen Gesetzen vorgenommene oder zugelassene Eheschließungsform ausreichend. EG. Art. 13 Abs. 3. Außerhalb des Reichsgebiets tritt wieder der allgemeine Grundsatz in Kraft, daß auch die Form, die das für die materielle Seite maßgebende Recht vorschreibt, ausreichend ist. Endlich kann aber auch im Auslande eine Ehe gültig abgeschlossen werden, ohne daß den Formen weder des einen noch des anderen Ortes genügt ist. Das EG. hat das Reichsgesetz vom 5. Mai 1870 über die Eheschließung im Auslande unberührt gelassen, es kann also nach wie vor eine Ehe im Auslande, wenn wenigstens einer der Verlobten deutscher Nationalität ist, vor dem dazu ermächtigten konsularischen und diplomatischen Vertreter des Reiches abgeschlossen werden. Eine so vollzogene Ehe ist gültig, gleichviel, ob die Gesetze des Eheschließungsortes oder die des Heimatsstaates des Ausländers sie als solche anerkennen. Im übrigen darf hier noch erwähnt werden, daß das oben genannte Gesetz vom 5. Mai 1870 ebensowohl wie das Personenstandsgesetz mit den auf die Eheschließung bezüglichen Bestimmungen des BGB. in zum Teil wörtlichen Einklang gebracht worden ist, und zwar durch die Art. 41 und 46 des EG.

VI. Von besonderer Wichtigkeit ist der Einfluß, den der Begriff der elterlichen Gewalt ausgeübt hat. Die §§ 11 und 19 des StAG. sind mit Rücksicht auf ihn durch den Art. 41 EG. BGB. abgeändert worden. Sie bestimmten früher bloß, daß die Verleihung der Staatsangehörigkeit bezw. die Entlassung sich, insofern nicht dabei eine Ausnahme gemacht wird, auf die Ehefrau und die noch unter väterlicher Gewalt stehenden minderjährigen Kinder erstreckt. Jetzt bestimmen die gedachten Paragraphen des StAG, daß die Verleihung der Staatsangehörigkeit wie die Entlassung aus derselben sich zugleich auf die Ehefrau und auf diejenigen minderjährigen Kinder erstreckt, deren gesetzliche Vertretung dem Aufgenommenen oder Naturalisierten kraft elterlicher Gewalt zusteht. Wir müssen hier jedes einzelne Begriffsmoment genau betrachten.

Scheinbar unbeabsichtigt verschiebt sich die Stellung der Ehefrau in einem bestimmten Falle. Es geschieht dies durch die im BGB. enthaltene Rechtseinrichtung der Aufhebung der ehelichen Gemeinschaft. Während unzweifelhaft nach erfolgter Ehescheidung die Schicksale des Mannes hinsichtlich des Indigenats die Frau nicht mehr berühren, kann man nach erfolgter richterlicher Aufhebung der ehelichen Gemeinschaft bezüglich dieser zweifelhaft sein. Nach den §§ 1575, 1576, 1586 hat, sofern ein Ehescheidungsgrund vorliegt, der Ehegatte die Wahl, auf die Scheidung oder Aufhebung der ehelichen Gemeinschaft zu klagen. Ihre Wirkungen sind die der Scheidung mit einer Ausnahme: Die Eingehung einer neuen Ehe ist ausgeschlossen. Stellt man nun die Aufhebung der ehelichen Gemeinschaft der Ehescheidung grundsätzlich gleich, nimmt man insbesondere an, daß in beiden Fällen die Auflösung der Lebensgemeinschaft erfolgt, so wird man auch sagen müssen, daß die Ehefrau nach erfolgter Aufhebung der ehelichen Gemeinschaft selbständig ihre Staatsangehörigkeit zu verändern imstande ist und daß sie auch an dem etwaigen Indigenatswechsel ihres Ehemanns nicht mehr teilnimmt. Man beruft sich für diese Ansicht darauf, daß auch bei der Aufhebung der ehelichen Gemeinschaft, wie bei der Scheidung die vorwaltende Familiengewalt des Mannes, wie sie im § 1354 BGB. mit den Worten bestimmt ist: „Dem Manne steht die Entscheidung in allen das gemeinschaftliche eheliche Leben betreffenden Angelegenheiten zu", wegfällt, und auf diese Familiengewalt die Erstreckung des Indigenatswechsels der Familienglieder abgestellt ist.

Dem gegenüber gehen wir von der Ausnahme aus, durch die sich die Aufhebung der ehelichen Gemeinschaft von der Scheidung abhebt, daß nämlich bei der ersteren die Eingehung einer neuen Ehe ausgeschlossen ist und daß die Wiederherstellung der ehelichen Gemeinschaft möglich ist. Es handelt sich also nicht wie bei der Scheidung um eine endgültige Aufhebung der Lebensgemeinschaft. Wenn bei der Wiederherstellung der ehelichen Gemeinschaft gemäß § 1587 BGB. die mit der Aufhebung verbundenen Wirkungen wegfallen, so müßte dies auch in Bezug auf die Staatsangehörigkeit zutreffen. Wenn hiernach die Ehefrau ihre Staatsangehörigkeit inzwischen selbständig gewandelt hat, so müßte sie nach der Wiederherstellung der ehelichen Gemeinschaft ihre frühere Staatsangehörigkeit annehmen. Da dies aber nicht möglich ist, versagt jene gedachte erste Theorie. Sie würde zur Folge haben, daß die wiedervereinigten Eheleute verschiedener Staatsangehörigkeit sein können — ein Zustand, der praktisch unhaltbar ist. Diesem Sachverhalt gegenüber neigen wir der Ansicht zu, daß die Staatsangehörigkeit der Ehefrau durch die Aufhebung der ehelichen Gemeinschaft nicht verloren geht, daß sie diese auch nicht selbständig aufgeben kann. So lange sie nicht geschieden ist, bleibt sie bei Lebzeiten ihres Ehemannes Ehefrau, denn die Aufhebung der ehelichen Gemeinschaft ist nur eine provisorische. Sie nimmt daher an den Schicksalen des Ehemannes hinsichtlich des Indigenats weiter Teil. Bei solcher Ansicht ergeben sich kaum Schwierigkeiten. Die Eheleute müssen einerseits bis zur Scheidung dieselbe Staatsangehörigkeit aufweisen und andererseits giebt es keine Mißlichkeiten bei Wiederherstellung der ehelichen Gemeinschaft und insbesondere ist dann ausgeschlossen, daß die beiden Eheleute verschiedenen Staaten angehören. Die einzige unerwünschte Folge könnte für die Frau der gegen ihren Willen erfolgte Wechsel der Staatsangehörigkeit ihres Mannes sein. Doch ist dies die berechtigte Konsequenz der Forderung, daß Eheleute demselben Staate, derselben Volksgemeinschaft angehören sollen. Bei der vom BGB. gewährten leichten Art, mit der die eheliche Gemeinschaft in Scheidung verwandelt werden kann, dürfte aber diese Folge praktisch nicht von Erheblichkeit sein.

Ein weiteres Begriffsmerkmal bildet die elterliche Gewalt. Nicht erstreckt sich daher die Verleihung der Staatsangehörigkeit a) auf die unehelichen, b) auf die volljährigen Kinder. Was jene betrifft, so hat die Mutter wohl Recht und Pflicht der Sorge, aber nicht die elterliche Gewalt mit dem ihr eigenen Vertretungsrechte, BGB. § 1707, eine sehr ungerechte Bestimmung, die Recht und Pflicht nicht gleichmäßig verteilt. Die Folge ist, daß die Staatsangehörigkeit des unehelichen Kindes von der der Mutter unabhängig ist. Freilich bezieht sich dies nur auf einen Wandel der Staatsangehörigkeit der Mutter. Denn beim ursprünglichen Erwerb durch die Geburt erwirbt das Kind einer Deutschen die Staatsangehörigkeit der Mutter gemäß § 3 StAG.

Was die volljährigen Kinder anbetrifft, so sind ihnen u. E. die für volljährig erklärten §§ 3—5 BGB. gleichzustellen.

Die elterliche Gewalt kann aber auch verloren gehen außer Tod und Todeserklärung durch Verwirkung infolge Verurteilung wegen eines an dem Kinde verübten Verbrechens oder vorsätzlich verübten Vergehens zu Zuchthausstrafe oder zu einer Gefängnisstrafe von mindestens 6 Monaten, § 1680 BGB. Begnadigung kann die staatsrechtliche Wirkung nicht ändern. Wenn also der gemäß § 1680 verurteilte aber begnadigte Vater nach erfolgter Verurteilung seine Staatsangehörigkeit wechselt, erstreckt sich diese nicht auf die Kinder. Schwierigkeiten bietet der Fall der Wiederaufnahme des Verfahrens. Denn im Falle des Erfolges fällt auch die Verwirkung fort. Wie, wenn nun die Kinder mit Zustimmung ihres Vormundes nach erfolgter Verurteilung ihre Staatsangehörigkeit wechseln? Wie die Wiederaufnahme des Verfahrens, freilich zu spät, erwiesen hat, ist die Wirkung zu Unrecht angenommen worden. Das Mündel ist inzwischen auf Antrag des Vormundes unter Genehmigung des Vormundschaftsgerichts (§ 1827 BGB.) aus dem Staatsverbande entlassen worden. Dieser staatsrechtliche Akt ist nicht widerruflich. Von dem Zeitpunkte an, wo infolge der Wiederaufnahme des Verfahrens feststeht, daß die Verwirkung der elterlichen Gewalt irrtümlich angenommen wurde, nimmt jedoch u. E. das Kind an dem Wechsel des Indigenats des freigesprochenen Vaters teil. Die Verwirkung gilt auch für die Mutter (§ 1686 BGB.).

Dagegen kann, wie vielfach angenommen wird, durch Entziehung die elterliche Gewalt nicht endigen. Denn nach § 1666 können nur die einzelnen Bestandteile der elterlichen Gewalt, wie die Fürsorge für die Person oder nur das Erziehungsrecht und das Recht, die Herausgabe des Kindes zu fordern, oder auch nach § 1638 die Vermögensverwaltung und nach § 1649 die Nutznießung entzogen werden. Von erheblicher Bedeutung für die Staatsangehörigkeit ist die rechtliche Natur der elterlichen Gewalt. Sie steht nicht beiden Eltern gemeinschaftlich zu. So lange der Vater lebt, hat er sie allein; sie fällt nur fort, wenn der Vater gestorben, für todt erklärt, oder wenn die elterliche

Gewalt verwirkt oder die Ehe aufgelöst ist. Hieraus folgt für die Staatsangehörigkeit, daß, wenn einer der eben gedachten Fälle nicht vorliegt, die in der Person der Mutter entstehende Änderung der Staatsangehörigkeit auf die Kinder nicht wirkt, da sie die elterliche Gewalt nicht ausübt. Liegt aber einer der Fälle vor, dann tritt die Mutter in das Recht der elterlichen Gewalt mit allen staatsrechtlichen Folgen ein.

Anders bei der nichtigen Ehe. Die elterliche Gewalt steht gemäß § 1699, 1701, 1702 nur dem gutgläubigen Ehegatten, unter Umständen auch unzweifelhaft der Mutter zu und geht ohne Weiteres auf sie über, wenn der Vater sie verwirkt.

Von dieser elterlichen Gewalt der Mutter kraft eigenen Rechtes ist begrifflich zu unterscheiden ihre Zuständigkeit zur Ausübung der elterlichen Gewalt. Gemäß § 1685 BGB. übt während der Dauer der Ehe die Mutter die elterliche Gewalt dann aus, wenn der Vater an der Ausübung der elterlichen Gewalt thatsächlich verhindert ist. Und nach Auflösung der Ehe hat das Vormundschaftsgericht der Mutter auf ihren Antrag die Ausübung zu übertragen, wenn die elterliche Gewalt des Vaters ruht und keine Aussicht besteht, daß der Rechtsgrund des Ruhens wegfallen werde. Immerhin erfolgt auch diese Ausübung kraft eigenen Rechts, sie übt die Gewalt nicht aus in fremdem Namen, wie wir im bewußten Gegensatze zu anderen Schriftstellern behaupten. Die staatsrechtliche Wirkung ist daher in beiden Fällen dieselbe.

Nach der neuen Fassung der §§ 11 und 19 StAG. werden hiernach durch die Naturalisation der Mutter allein auch ihre Kinder in den Staatsverband aufgenommen, oder aus diesem entlassen, falls sie die elterliche Gewalt über sie ausübt. Die neue Fassung hebt aber ferner noch ausdrücklich hervor, daß kraft dieser elterlichen Gewalt dem Aufgenommenen oder Naturalisierten die gesetzliche Vertretung über die minderjährigen Kinder zustehen muß. In der Regel fällt elterliche Gewalt und gesetzliche Vertretung zusammen. Denn § 1630 BGB. sagt: Die Sorge für die Person und das Vermögen umfaßt die Vertretung des Kindes. Ausnahmsweise sind sie geschieden: entweder die elterliche Gewalt des Vaters oder der Mutter ruht. Die elterliche Gewalt des Vaters ruht, wenn er geschäftsunfähig ist, wenn er in der Geschäftsfähigkeit beschränkt ist oder wenn er einen Pfleger für seine Person und sein Vermögen erhalten hat. Ferner wenn von dem Vormundschaftsgericht festgestellt wird, daß der Vater auf längere Zeit an der Ausübung der elterlichen Gewalt thatsächlich verhindert ist, §§ 1676—1678. Diese Bestimmungen finden auf die Mutter entsprechende Anwendung, § 1686. Ausgeschlossen ist daher die Erstreckung, Verleihung der Staatsangehörigkeit und die Entlassung aus derselben, wenn es sich um einen elterlichen Teil handelt, dem die gesetzliche Vertretung, die Nutznießung oder Vermögensverwaltung, entzogen ist.

Hiernach ist der Grundsatz der §§ 11 und 19 StAG. erstens beschränkt auf den Fall des Besitzes der elterlichen Gewalt und der gesetzlichen Vertretung bei demjenigen, durch dessen Antrag der Minderjährige die Staatsangehörigkeit erhalten oder verlieren soll.

Die zweite Beschränkung der Erstreckung der Verleihung oder Entlassung besteht darin: Verheiratete oder verheiratet gewesene Töchter sind nach den Bestimmungen der §§ 11, 19, 21 Abs. 2 ausgenommen; weder der Erwerb noch der Verlust der Staatsangehörigkeit erstreckt sich auf sie. Nach dem bisherigen Gesetze war eine solche Vorschrift für Preußen nicht notwendig, denn gemäß §§ 228, 229 II. 2 ALR. endete die väterliche Gewalt mit der Heirat. Dies ist jetzt gemäß § 1633 BGB. mit der elterlichen Gewalt nicht der Fall hinsichtlich der die Sorge der Person betreffenden Rechtsverhältnisse. Durch Heirat wird gemäß den §§ 5, 14 Nr. 5 StAG. selbstständiger Erwerb und Verlust der Staatsangehörigkeit begründet. Wäre jene Exemption bezüglich der verheirateten oder verheiratet gewesenen Töchter nicht gemacht worden, so wären die Paragraphen des StAG. widerspruchsvoll.

Eine dritte Beschränkung der aus der elterlichen Gewalt folgenden Erstreckung, Verleihung oder Entlassung aus der Staatsangehörigkeit auf die minderjährigen Kinder ist bereits erwähnt. Sie besteht darin, daß eine Ausnahme von der Entlassung oder Verleihung ausdrücklich gemacht werden kann.

Eine Konsequenz, die durch die dargelegte Neuregelung der §§ 11 und 19 gezogen werden mußte, ist die Schaffung des § 14a, der durch den Art. 41 des EG. dem StAG. eingefügt worden ist. Er schließt sich an den bisherigen § 14 StAG. an, nach welchem die Entlassung aus dem Staatsverbande auf Antrag durch eine von der höheren Verwaltungsbehörde des Heimatsstaates ausgefertigte Entlassungsurkunde erteilt wird. Das StAG. läßt Vorschriften darüber vermissen, unter welchen Voraussetzungen minderjährige Personen eine selbstständige Staatsangehörigkeit durch Naturalisation begründen oder selbstständig aus derselben entlassen werden können. Diese Lücke ist bisher ausgefüllt worden durch die Vorschriften des materiellen Landesrechts. Nach den an die Stelle getretenen Vorschriften des BGB. über die elterliche Gewalt würde grundsätzlich die Naturalisation als auch die Entlassung eines Minderjährigen auf Antrag des Elternteils oder Vormundes zulässig sein, auch ohne daß dieser selbst die Naturalisation oder Entlassung nachsucht. So weit die Verleihung der deutschen Staatsangehörigkeit in Frage kommt, ist dieser Zustand einerseits nicht unerwünscht, andererseits ist eine weitergehende Regelung deshalb nicht möglich, weil ja das ausländische Recht darüber entscheiden muß, ob der (doch immer ausländische) Elternteil oder Vormund berechtigt ist, die Naturalisation in Deutschland für den Minderjährigen nachzusuchen. Was dagegen die Entlassung aus der Staatsangehörigkeit betrifft, so ist es für erforderlich erachtet worden, bei einem, den deutschen Staatsverband betreffenden Verlust auch die Mitwirkung einer staatlichen Behörde zu statuiren. Deshalb bestimmt der Satz 1 des § 14a: Die Entlassung eines Staatsangehörigen, der unter elterlicher Gewalt oder Vormundschaft steht, kann von dem gesetzlichen Vertreter nur mit Genehmigung des Vormundschaftsgerichts beantragt werden. Dies enthält gegenüber § 42 Nr. 1 der Preußischen Vormundschaftsordnung nur insofern eine Neuerung, als dort nur die Mündel, nicht aber die Hauskinder der gedachten Genehmigung des Vormundschaftsgerichts bedürfen. Eine solche Genehmigung ist jedoch nicht erforderlich, wenn der Vater oder die Mutter die Entlassung für sich und zugleich kraft elterlicher Gewalt für ein Kind beantragen (Abs. 2 Satz 1 des § 14a).

Dies ergiebt sich aus dem bereits erörterten § 19 des Gesetzes vom 1. Juni 1870, wonach sich die Entlassung erstreckt, sofern nicht dabei eine Ausnahme gemacht wird, zugleich auf die Ehefrau und auf diejenigen Kinder, deren gesetzliche Vertretung dem Entlassenen kraft elterlicher Gewalt zusteht. Die elterliche Gewalt der Mutter ist aber durch die Thätigkeit eines Beistandes beschränkt, wenn der Vater die Bestellung angeordnet hat, oder wenn sie sie selbst beantragt oder wenn das Vormundschaftsgericht eine solche Bestellung aus besonderen Gründen im Interesse des Kindes für nötig erachtet. §§ 1687, 1667, 1688—1689 BGB. In allen diesen Fällen bedarf die Mutter der Genehmigung des Beistandes zu dem Antrage auf Entlassung ihres Kindes aus dem Staatsverbande. So bestimmt es der letzte Satz des § 14a StAG.

Erheblich beeinflußt durch das neue bürgerliche Recht ist ferner noch der § 21 des StAG. Er bestimmt, daß Deutsche, welche das Reichsgebiet verlassen und sich 10 Jahre lang ununterbrochen im Auslande aufhalten, dadurch ihre Staatsangehörigkeit verlieren, daß die vorgezeichnete Frist von dem Zeitpunkte des Austrittes aus dem Reichsgebiet oder, wenn der Austretende sich im Besitz eines Reisepapiers oder Heimatsscheines befindet, von dem Zeitpunkte des Ablaufes dieser Papiere an gerechnet wird. Sie wird unterbrochen durch die Eintragung in die Matrikel eines Reichskonsulats. Ihr Lauf beginnt von Neuem mit dem auf die Löschung in der Matrikel folgenden Tage. Die Streitfrage, ob nur dispositionsfähige oder auch nicht dispositionsfähige und minderjährige Angehörige unter diese Bestimmung fallen, ist entgegen dem Erkenntnis vom 15. Juni 1894, RG. Entsch. in Str. S. XXV 415; in dem Erkenntnis des RG. vom 4. Februar und 28. November 1895 (Entsch. i. Str. S. XXVI 427 und XXVIII, S. 24) für letztere Alternative entschieden. Dispositionsfähige sind jetzt Geschäftsfähige, also die nicht in ihrer Geschäftsfähigkeit ganz oder zum Teil Geminderten (§§ 104—115 BGB.). An die Stelle des § 21 Abs. 2 des Gesetzes vom 1. Juni 1870 treten infolge des Art. 41 EG. BGB. die uns bereits bekannten Bestimmungen: Der gemäß Abs. 1 § 21 eingetretene Verlust der Staatsangehörigkeit erstreckt sich zugleich auf die Ehefrau und auf diejenigen Kinder, deren gesetzliche Vertretung dem Ausgetretenen kraft elterlicher Gewalt zusteht, soweit sich die Ehefrau oder die Kinder bei dem Ausgetretenen befinden. Ausgenommen sind hier, wie im § 11 die Töchter, die verheiratet oder verheiratet gewesen sind. Hiernach verlieren Minderjährige und Irrsinnige, die, ohne den Aufenthalt mit ihrem Vater zu teilen, sich 10 Jahre lang im Auslande aufgehalten, nach bisherigem Rechte nicht das Indigenat, (Reskript vom 24. April 1867 (MBl. S. 134) und vom 14. Mai 1868 (MBl. S. 181). Nach der neuen Bestimmung verlieren allerdings die gedachten Personenklassen das Indigenat, auch wenn sie bevormundet sind, denn die Geschäftsunfähigen und die in der Geschäftsunfähigkeit dauernd oder zeitweilig beschränkten (letztere für die Zeit ihrer Beschränkung) können zwar keinen selbständigen Wohnsitz, abgesehen von dem des gesetzlichen Vertreters begründen §§ 8 und 11 Abs. 1 BGB. Wohl aber steht ihnen die Wahl des Aufenthaltsortes frei (RG. in Jur. Wochenschrift 1897 S. 301_2). Lediglich 10jähriger Aufenthalt ist aber gemäß § 21 Abs. 1 erforderlich.

VII. Angeschlossen seien hier einige den Gegenstand betreffenden Vorschläge.

1. Der Staatenvertrag, gegeben zu Gotha, den 15. Juli 1881 zwischen Preußen und mehreren andern deutschen Regierungen wegen gegenseitiger Verpflichtung zur Aufnahme der Ausgewiesenen, regelt nur die gegenseitigen Ansprüche der Staaten, die ihn geschlossen haben und ihre Verpflichtung zur Aufnahme der Personen, die ihnen noch gegenwärtig angehören oder früher angehört haben (§ 1), während die Armenverbände, denen die betreffenden Personen angehörten, durch ihn weder berechtigt noch verpflichtet sind. Der Vertrag bedarf einer Änderung bezw. sinngemäßen Anwendung in Folge des BGB.

Gemäß § 1 verpflichtet sich jede der vertragsschließenden Regierungen diejenigen Individuen, welche noch fortdauernd ihre Angehörigen sind und ihre vormaligen Unterthanen, auch wenn sie die Unterthanenschaft nach der inländischen Gesetzgebung bereits verloren haben, so lange als sie nicht dem andern Staate nach dessen eigener Gesetzgebung angehörig geworden sind, auf Verlangen des andern Staates wieder zu übernehmen. Ist aber die Person, deren sich der eine kontrahierende Staat entledigen will, zu keiner Zeit einem der vertragsschließenden Staaten als Unterthan angehörig gewesen, so ist unter ihnen derjenige gemäß § 2 zur Übernahme verpflichtet, in dessen Gebiet der Auszuweisende entweder nach Zurücklegung des 21. Lebensjahres sich zuletzt 5 Jahre hindurch aufgehalten oder sich verheiratet und mit seiner Ehefrau unmittelbar nach der Eheschließung eine gemeinschaftliche Wohnung mindestens 6 Wochen innegehabt hat oder endlich, in dessen Gebiet der Auszuweisende geboren ist. Nun sind Ehefrauen gemäß § 3 des Vertrages in den Fällen der §§ 1 und 2, ihre Übernahme möge gleichzeitig mit derjenigen ihres Ehemannes oder ohne diesen in Frage kommen, von demjenigen Staate zu übernehmen, welchem der Ehemann nach den §§ 1 u. 2 zugehört. Bei Witwen und geschiedenen Ehefrauen ist jedoch nur bis zu einer in ihrer Person eintretenden, die Übernahme-Verbindlichkeit begründenden Veränderung, das Verhältnis des Ehemannes zur Zeit seines Todes und bezw. der Ehescheidung maßgebend. Es fragt sich hier nun, ob der Ehescheidung nicht die Aufhebung der ehelichen Gemeinschaft gemäß §§ 1575, 1586, 1587 und CPO. § 639 gleichsteht[5]). Dies ist unbedingt zu bejahen. Denn wenn auch ihre Wirkungen mit denen der Ehescheidung nicht zusammenfallen, so handelt es sich doch um dasselbe Institut, lediglich mit einer auf die konfessionell katholischen Ehen zugeschnittenen Modifikation. Endlich ist die Bestimmung des § 3 des Gothaer Vertrages, wonach die Frage, ob eine Ehe vorhanden sei, im Falle

[5]) Davidson, Zeitschrift für deutsch. CPO. Bd. 26 S. 79 ff.; Isensee, Archiv f. bürgerl. Recht Bd. 12 S. 337 ff.; Engelmann in Seuffert's Blättern für Rechtsanwendung, Jahrgang 1898 S. 44.

des § 1 nach den Gesetzen desjenigen Staates beurteilt wird, welchem der Ehemann angehört, im Falle des § 2 aber nach den Gesetzen desjenigen Staates, wo die Eheschließung erfolgt ist, infolge des BGB. überflüssig und kann gestrichen werden. Denn in beiden Fällen, mag es der Staat, dem der Ehemann angehört oder derjenige, wo die Eheschließung erfolgt ist, sein, es handelt sich immer um einen deutschen Staat, in welchem nunmehr das gleichmäßige Recht des BGB. waltet.

2. Die Kab.=Ordre, betreffend die Erteilung von Heimatsscheinen vom 20. Mai 1838 betrifft die Zulässigkeit der Ertheilung von Heimatscheinen für preußische Unterthanen zum Zwecke eines einstweiligen Unterkommens in einem der übrigen deutschen Bundesstaaten und in der Schweiz, Neuchâtel eingeschlossen. Die Ausstellung von Heimatsscheinen für Angehörige des norddeutschen Bundes ist durch die Bundes= und Reichsverfassung nicht aufgehoben, denn sie bildet sehr häufig das einzige Mittel, das Indigenat nachzuweisen. Reskript vom 29. Oktober 1867 (MBl. S. 258) und vom 31. Februar 1869 (MBl. S. 53). Wenn durch Reskript vom 17. Februar 1840 (MBl. S. 103) genehmigt ist, daß die Heimatsscheine künftig für Familienväter auf die Ehefrau und die in der Ehe erzeugten, in väterlicher Gewalt befindlichen Kinder mit ausgedehnt werden, so erleidet dies durch das BGB. eine mehrfache Abänderung, bezw. es tritt die Notwendigkeit einer solchen in die Erscheinung. 1. Nach § 1591 BGB. ist ein Kind, das nach der Eingehung der Ehe geboren wird, ehelich, wenn die Frau es vor oder während der Ehe empfangen und der Ehemann innerhalb der Empfängniszeit der Frau beigewohnt hat. Das Kind braucht also nicht notwendig in der Ehe erzeugt zu sein, um Ehelichkeit zu erlangen, wie jenes Reskript annimmt. 2. Elterliche Gewalt tritt an Stelle der väterlichen. Erheblich sind die Fälle, wenn jene ruht oder verwirkt ist — §§ 1701, 1684 Z. 2, 1685 BGB. 3. Da auch die Mutter die elterliche Gewalt haben kann (§§ 1701, 1721, 1684 Z. 1) muß das gedachte Reskript eine Ergänzung dahin erfahren, daß in diesem Falle der einer Frau erteilte Heimatschein auch auf die in elterlicher Gewalt stehenden Kinder ausgedehnt wird.

§ 17.

Verschollenheit.

Wer verschollen ist, kann im Wege des Aufgebotsverfahrens (§§ 960—976 CPO.) für tot erklärt werden, und zwar in der Regel, wenn seit 10 Jahren keine Nachricht von dem Leben des Verschollenen eingegangen ist (§§ 13, 14 BGB.). Ausnahmen finden statt für den Fall der Kriegs- (§ 15), See- (§ 16), Gefahrverschollenheit (§ 17 BGB.). Für uns kommt die Lehre nach zwei Richtungen hin in Betracht. 1. Dauernde Unbekanntheit des Aufenthalts beseitigt das Erfordernis der Einwilligung des Abwesenden bei der, von der Regierung eines Bundesstaates oder dem Reichskanzler auszusprechenden Ehelichkeitserklärung (§§ 1723 Abs. 2, 1726 Abs. 3 BGB.). — 2. Es kann, wer als Angehöriger einer bewaffneten Macht an einem Kriege teilgenommen hat, während des Krieges vermißt worden, und seitdem verschollen ist, für tot erklärt werden, wenn seit dem Friedensschlusse 3 Jahre verstrichen sind. Hat ein Friedensschluß nicht stattgefunden, so beginnt der 3jährige Zeitraum mit dem Schlusse des Jahres, in welchem der Krieg beendigt worden ist. Die bewaffnete Macht des Deutschen Reiches besteht aus den zum aktiven deutschen Heere oder zur kaiserlichen Marine gehörigen Militärpersonen, einschließlich der Militärärzte und Beamten (MStrGB. vom 20. Mai 1872 § 4 und Anlage; RG. betr. die Verpflichtung zum Kriegsdienste vom 9. November 1867 §§ 2, 13; RMG. vom 2. Mai 1874 § 38. Hierzu kommen noch die Landsturmpflichtigen und die Organe der freiwilligen Kriegskrankenpflege §§ 1, 2 des Gesetzes über den Landsturm vom 12. Februar 1875 (RG.Bl. S. 63). Auch wenn jemand nicht mit der bewaffneten Macht des Deutschen Reiches in den Krieg gezogen ist, ist § 15 BGB. anwendbar. Man denke an deutsche Freiwillige im englisch-südafrikanischen Krieg. Es kann sich auch um Angehörige der bewaffneten Macht eines auswärtigen Staates handeln, die als solche an einem Kriege dieses Staates teilgenommen haben (vergl. auch Art. 9 EG. BGB.).

Ein Angehöriger der Marine kann sowohl nach § 15 BGB. im Falle des Krieges als auch nach § 16 im Frieden für tot erklärt werden.

§ 18.

Wohnsitz und Aufenthalt[1]).

I. Die Bedeutung des Wohnsitzes äußert sich vielfach auf dem Gebiete des Privatrechts. Er bestimmt unter anderem den allgemeinen Gerichtsstand einer Person (§ 13 CPO.), er kommt als Leistungsort für den Schuldner in Betracht (§§ 269, 270 BGB.). Die Eintragungen in das Güterrechtsregister haben bei dem Amtsgerichte zu geschehen, in dessen Bezirk der Ehemann seinen Wohnsitz hat (§ 1558 BGB.). Im internationalen Privatrechte gewinnt er besondere Bedeutung[2]). Im Verwaltungsrechte bildet er die Voraussetzung der Angehörigkeit zum Kreise (§ 6 der Kreisordnung vom 13. Dezember 1872), zur Provinz (§ 5 der Provinzialordnung vom 29. Juni 1875), eine der Bedingungen der Wählbarkeit zum Abgeordneten des Provinziallandtages (§ 17 Prov.=O.). Wohnsitz entscheidet über die Frage, ob jemand zur Stadtgemeinde gehört (§ 3 der Städteordnung vom 30. Mai 1853); einjähriger Wohnsitz ist Voraussetzung des Bürgerrechts (§ 5 das.). Wohnsitz innerhalb des Gemeindebezirkes begründet die Angehörigkeit zur Landgemeinde, schafft das Gemeinderecht §§ 7, 41 der Landgemeindeordnung vom 30. Juli 1891[3]). Bei Verlegung eines Wohnsitzes nach einer anderen Stadt kann das Bürgerrecht an dem neuen Wohnort, wenn sonst die Erfordernisse zur Erlangung desselben vorhanden sind, von dem Magistrate im Einverständnisse mit der Stadtverordnetenversammlung schon vor Ablauf eines Jahres verliehen werden (§ 6 StO.). Ebenso das Gemeinderecht gemäß §§ 42 LGO.

---

[1]) Mot. z. BGB. I, 68. Prot. 2. Lesung Bd. I S. 37—43, 306 f., II 468 f., 476, IV 47, 382 ff., 385 ff., V 140, VI 113, 290, 490, 638 ff. Bähr, Wohnsitzrecht und Heimatsrecht. Gesammelte Aufsätze Bd. I S. 190—225. Endemann I § 40. Jebens a. a. O. 321 ff.

[2]) S. oben § 16.

[3]) Über die Anrechnung der Besitzzeit des Erblassers dabei in Landgemeinden (§ 41 LGO.), bei Stadtgemeinden (§ 5 StO.).

Der Gemeindeeinkommensteuer sind in erster Reihe unterworfen diejenigen Personen, welche in der Gemeinde einen Wohnsitz haben, § 33 Kommunalabgabengesetzes (vergl § 1 Nr. 1 des Einkommensteuergesetzes vom 24. Juni 1891). Der Grundsatz der Freilassung des Forensaleinkommens von der kommunalen Einkommenbesteuerung in der Wohnsitzgemeinde kommt zur Geltung in § 49 KAG.[4]). Soweit die Steuerpflicht von der Begründung eines Wohnsitzes oder Sitzes in der Gemeinde abhängt[5]), beginnt jene mit dem ersten Tage des auf die Begründung des Wohnsitzes oder Sitzes folgenden Monats (§ 60 KAG. Abs. 2 Nr. 1). Die Steuerpflicht erlischt unter anderem durch das Aufgeben des Wohnsitzes mit dem Ablauf des Monats, in welchem der Wohnsitz, Sitz oder Aufenthalt aufgegeben worden ist (Nr. 2 das.) Der Wechsel des Wohnsitzes eines Beamten hat Einfluß auf die Kommunalbesteuerung (Verordnung betreffend die Heranziehung der Staatsdiener zu den Kommunalauflagen in den neuerworbenen Landesteilen vom 23. September 1867 § 7). Wohnsitz gilt auch als Voraussetzung der örtlichen Zuständigkeit im Beschluß und Verwaltungsstreitverfahren (§ 57 des Gesetzes über die allgemeine Landesverwaltung vom 30. Juli 1883).

Die Steuerpflicht ist auf den Bundesstaat, innerhalb dessen der Wohnsitz begründet ist, beschränkt durch das Gesetz wegen Beseitigung der Doppelbesteuerung vom 13. Mai 1870 § 1[6]).

Die hieraus ersichtliche Erheblichkeit des Wohnsitzes nötigt zur Erörterung folgender Fragen: Welcher ist der Begriff des Wohnsitzes? Giebt es einen besonderen verwaltungsrechtlichen Begriff? Wie weit hat das BGB. neues Recht geschaffen?

II. Die dauernde Niederlassung an einem, zum Mittelpunkte des rein menschlichen oder geschäftlichen oder amtlichen Lebens gemachten Orte begründet den Wohnsitz, wenn ein hierauf ge-

---

[4]) S. auch Abs. 2 dieses § 49.

[5]) Vergl. dagegen § 12 StAG.: Der Wohnsitz in einem Bundesstaate begründet für sich allein die Staatsangehörigkeit nicht.

[6]) S. noch § 9 Abs. 2 des StAG. vom 1. Juni 1870; Gesetz, betreffend die Rechtsverhältnisse der Reichsbeamten vom 31. März 1873 §§ 21, 22; Gesetz, betreffend die Disziplinarkammer für die Beamten der Reichseisenbahnverwaltung vom 5. Nov. 1874.

richteter Wille vorliegt. Dieser Grundsatz ist sowohl der des gemeinen Rechts [7]) als auch des preußischen [8]). Nicht verschieden ist in der Hauptsache hiervon die Ansicht des preußischen ehemaligen Obertribunals [9]), des Reichsgerichts [10]) und des preußischen Oberverwaltungsgerichts [11]).

Unstreitig gelten hiernach als Voraussetzungen zur Begründung des Wohnsitzes Absicht des Aufenthalts und Bethätigung dieser Absicht. Nach den bisher in Wissenschaft und Rechtsprechung herrschenden Anschauungen — so heißt es in der Entsch. d. OVG. vom 5. Mai 1887 Bd. XV S. 57 — gehört zum Begründen, Haben und Beibehalten eines Wohnsitzes einmal der Wille, einen bestimmten Ort zum dauernden Aufenthalte und Mittelpunkt der Lebensverhältnisse zu machen und außerdem die Verwirklichung dieses Willens durch entsprechende That (vergl. Entsch. d. RG. Bd. XV S. 367, 368). Überall kommt sonach vor allem das subjektive Moment, der Wille, die Absicht des Beteiligten und weiter eine Reihe äußerlicher, objektiver Vorgänge in Frage, die eine Ausführung jenes ausdrücklich erklärten Willens enthalten oder doch einen Rückschluß auf sein Vorhandensein gestatten.

Im Einzelnen freilich giebt es Schwankungen. Es ist neben dem „dauernden Mittelpunkt des geschäftlichen Lebens" auch die Rede vom „Hauptpunkt der Verwaltungsthätigkeit", „Mittelpunkt des gesonderten Kreises des gewerblichen oder geschäftlichen Lebens". Streitig ist auch, ob diese oder der rein menschliche Mittelpunkt, d. h. der Familienkreis entscheidet, eine Frage,

---

[7]) l. 7 C. de incolis 10, 40; Entsch. d. RG. Bd. 30 Nr. 103, S. 348.

[8]) § 23—27 Einleitung ALR.; §§ 260—264 Teil II Tit. 11 ALR.; §§ 8 ff. Teil II Tit. 2 AGO.; Gruchot Beitr. Bd. 34 S. 114.

[9]) Entsch. Bd. 37 S. 356.

[10]) Entsch. Bd. 8 S. 147, Bd. XV S. 367, Bd. XXX S. 348; Preuß. Verwaltungsblatt Bd. 4 S. 343, Bd. 6 S. 118, Bd. 11 S. 449.

[11]) Entsch. Bd. II S. 185, Bd. III S. 35, Bd. VIII S. 16, Bd. X S. 3, Bd. XIII S. 121, Bd. XV S. 61, Bd. XXVI S. 72, Bd. XXIX S. 153; Pr. Verw.-Bl. Bd. 9 S. 18, 325, Bd. 10 S. 46, Bd. 11 S. 301, Bd. 12 S. 348, Bd. 17 S. 45, 381. Weitere Entscheidungen, zum Teil ungedruckte, führt an Jebens a. a. O. S. 323, 326, 327, 343, 335.

die besonders in Großstädten und deren Vororten in Betracht kommt, da oft in diesen der rein menschliche Mittelpunkt, in jenen der geschäftliche zu sein pflegt[12]) [13]).

Auch der Begriff des Dauernden ist mannigfacher Ausdehnung und Beschränkung fähig. Jedenfalls bedeutet er nicht soviel wie unabänderlich. Beim Sommeraufenthalt außerhalb des gewöhnlichen Mittelpunktes des geschäftlichen (u. s. w.) Lebens und bei dem Aufenthalt der Parlamentarier am Orte der Volksvertretung ist die Frage am häufigsten von Wichtigkeit. Es wird für die Entscheidung darauf ankommen, ob in der Sommerfrische oder am Orte des Parlaments eine dauernde Wohnungseinrichtung und ein selbstständiger Mittelpunkt einer in Betracht kommenden Thätigkeit vorliegt. Der Beamte endlich, der bei fortdauernder fester Anstellung an dem einen Orte zufolge kommissarischer Berufung nach einem anderen übersiedelt, kann auch in letzterem seinen Wohnsitz haben. Dies insbesondere dann, wenn der Beamte aus dem ihm erteilten Kommissorium Veranlassung genommen hat, seinen Haushalt am Orte der festen Anstellung aufzulösen, um mit seinem ganzen Hauswesen nach dem Orte seiner kommissarischen Beschäftigung zu übersiedeln, und er sich an diesem Orte, in der Absicht, daselbst seinen bleibenden Aufenthalt zu nehmen, häuslich niedergelassen und eingerichtet hat[14]).

Für die Fortdauer des Wohnsitzes gilt eine gewisse Vermutung, zu deren Widerlegung die Begründung eines neuen Wohnsitzes nicht immer genügt; es kann sich in diesem Falle auch um einen doppelten Wohnsitz handeln. Die zeitweilige, wenn auch längere Zeit dauernde Unterbrechung des Aufenthalts, d. h. des thatsächlichen Verweilens dient nicht immer zum Beweise der Aufgabe des Wohnsitzes[15]). Entsprechend der Art der

---

[12]) Entsch. d. OVG. Bd. XV S. 62, Pr. Verw.-Bl. Bd. 8 S. 357 ff.; Bd. 9 S. 106; Bd. 11 S. 62; Bd. 12 S. 76; Bd. 15 S. 138; Bd. 16 S. 61.

[13]) Für die Begründung eines Wohnsitzes genügt die Errichtung und Unterhaltung eines Büreaus nicht OVG. v. 1. April 1887 Bd. XV S. 41.

[14]) S. Entsch. Bd. X S. 1 ff., Bd. XIII S. 130 ff. Anderer Ansicht Jebens a. a. O.

[15]) Aufenthalt ist hiernach das rein faktische, nur als ein naturale negotii in Betracht kommende Merkmal des Wohnsitzbegriffes. Der bloße

Begründung erfolgt auch die Aufhebung des Wohnsitzes durch die thatsächliche Aufhebung, verbunden mit der Absicht, den bestehenden Mittelpunkt der geschäftlichen oder amtlichen Thätigkeit zu verlassen.

Bei alledem aber muß betont werden, daß die Frage der Begründung des Wohnsitzes wesentlich auf thatsächlichem Gebiete liegt. So hat auch die Entscheidung des OVG. vom 18. Februar 1886 Bd. XIII S. 120 ausgesprochen, daß sie in jedem einzelnen Falle, ohne daß dem gewonnenen Ergebnisse an sich eine darüber hinaus reichende Bedeutung beiwohnt, nach der gesammten, gerade diesem Falle eigentümlichen Gestaltung zu beurteilen ist. Diese rein oder vorwiegend thatsächliche Natur der Frage der Begründung und der Aufgabe eines Wohnsitzes ist deshalb besonders wichtig, weil ihre Beantwortung der Regel nach und im Allgemeinen für den Revisionsrichter bindend ist, sofern nicht etwa die Feststellung des Vorderrichters von einem Rechtsirrtume beherrscht wird. Entsch. vom 19. Dezember 1894, Preuß. Verw.-Bl. Bd. XVI S. 206.

III. Von dem festgestellten Begriffe weicht derjenige ab, den der § 1 des Bundesgesetzes wegen Beseitigung der Doppelbesteuerung vom 13. Mai 1870 dahin bestimmt, daß Jemand einen Wohnsitz an dem Orte hat, an welchem er eine Wohnung

Aufenthalt ist an und für sich weder in Beziehung auf den Erwerb noch hinsichtlich der Aufgabe des Wohnsitzes entscheidend. Insbesondere kann, wie das OVG. wiederholt ausgesprochen hat, der früher einmal begründete Wohnsitz nicht nur bei vorübergehender, sondern auch bei länger andauernder Abwesenheit von dem Orte des Wohnsitzes beibehalten werden. Aus der Wahl eines Aufenthaltsorts an und für sich allein kann daher die Folgerung nicht gezogen werden, daß damit zugleich der Wohnsitz erworben werde. Entsch. des OVG. vom 14. Nov. 1890, Pr. Verw.-Bl. XII S. 347. Daselbst ist auch zutreffend für Minderjährige zur Begründung eines neuen Wohnsitzes die Zustimmung des gesetzlichen Vertreters erfordert. Hiermit stimmt jetzt der § 8 BGB. überein, wonach ohne den Willen seines gesetzlichen Vertreters einen Wohnsitz weder begründen noch aufheben kann, wer geschäftsunfähig oder in der Geschäftsfähigkeit beschränkt ist. Zu vergleichen ist hierzu noch Entsch. des OVG. vom 29. März 1886 Bd. XIII S. 111 Bei der Begründung eines Wohnsitzes oder Aufenthaltes durch einen Minderjährigen, Handlungsunfähigen, Blödsinnigen u. s. w. entscheidet hiernach der Wille des gesetzlichen Vertreters.

unter Umständen inne hat, die auf die Absicht dauernder Beibehaltung einer solchen schließen läßt. Freilich war hier der Gesetzgeber der nicht zutreffenden, naiven Auffassung, als wenn diese Begriffsbestimmung lediglich die bis dahin herrschend gewesene wissenschaftliche Ansicht kodifiziert hätte. Die Definition ist dann übernommen worden in die preußischen Gesetze betreffend die Bestimmung des Wohnsitzes im Sinne der rheinischen Gemeindeverfassungsgesetze vom 30. Juni 1884; in das Einkommensteuergesetz vom 24. Juni 1891, § 1; in die Landgemeindeordnung vom 3. Juli 1891, § 7; mittelbar in das Kommunalabgabengesetz vom 14. Juli 1893. Dazu Art. 23 der Ausführungsanweisung vom 10. Mai 1894. Endlich treffen wir denselben Begriff an in der Städteordnung (§ 3) und der Langemeindeordnung (§ 7) für die Provinz Hessen-Nassau vom 4. August 1887.

Es ist hier daran festzuhalten, daß dieser Begriff nur innerhalb des Gesetzes Bedeutung hat, in dem er festgelegt ist. Soweit diese in den gedachten Verwaltungsrechtsgesetzen enthaltene Definition einen selbstständigen Rechtsgrundsatz aufstellt, hat er die Natur eines speziellen gegenüber dem Rechtsgrundsatze des Wohnsitzbegriffes innerhalb des ganzen Rechtssystems sonst. Es giebt hiernach einen besonderen verwaltungsrechtlichen Begriff des Wohnsitzes **nicht**, sondern es findet der allgemeine auch auf dem Gebiete des Verwaltungsrechts Anwendung, es sei denn, daß es sich um den Geltungsbereich der gedachten Gesetze handelt.

Der in diesen maßgebende Begriff unterscheidet sich von dem allgemeinen Begriffe des Wohnsitzes in Folgendem. Nach diesem bedarf es rechtsgrundsätzlich der Innehabung der Wohnung nicht, während nach dem Spezialbegriff es ohne Wohnung keinen Wohnsitz giebt. Daraus folgt, daß beim Fehlen einer Wohnung die Fortdauer des einmal begründeten Wohnsitzes noch möglich ist beim allgemeinen Begriff. Dagegen ist bei jenen Spezialgesetzen ohne Innehaben einer Wohnung eine Wohnsitzfortdauer nicht möglich.

Ist nun der Gegensatz ein allzu großer? In der Praxis gewiß nicht. Denn auch bei dem allgemeinen Wohnsitzbegriff wird erst das Innehaben einer Wohnung die Absicht der dauernden

Niederlassung erkennen lassen. Auch ist das Erfordernis der Wohnung in dem speziellen Begriffe nicht dahin zu verstehen, als wenn eine zeitweilige Aufgabe derselben den Wohnsitz aufheben müßte[17]).

IV. Das BGB. hat nun zwar keine Definition des Wohnsitzes aufgestellt, aber doch die Voraussetzungen im Allgemeinen geregelt. Wer sich an einem Orte ständig niederläßt, begründet an diesem Orte seinen Wohnsitz, § 7 Abs. 1. Der Wohnsitz kann gleichzeitig an mehreren Orten bestehen. Er wird aufgehoben, wenn die Niederlassung mit dem Willen aufgehoben wird, sie aufzugeben, Abs. 2 und 3. Es kann einem Zweifel trotz der zum Teil abweichenden Ausdrucksweise nicht unterliegen, daß der Begriff des BGB. derselbe ist, wie der oben unter II festgestellte allgemeine. Es besteht hiernach lediglich der bisherige Dualismus weiter, durch die Einführung des neuen Rechts ist eine befürchtete weitere Komplikation nicht eingetreten.

Die Fälle des gesetzlichen Wohnsitzes sind drei. Die Ehefrauen haben ihn am Wohnsitz des Ehemannes, § 10 BGB., die ehelichen Kinder am Wohnsitze des Vaters, die unehelichen am Wohnsitz der Mutter, § 11 BGB. Die Militärpersonen haben ihn am Garnisonorte. Als Wohnsitz einer Militärperson, deren Truppenteil im Inland keinen Garnisonort hat, gilt der letzte inländische Garnisonort des Truppenteils[18])[19])[20]). Diese

[17]) Mehr als dies kann nicht zugestanden werden. So halten wir es für irrig (Schepp, a. a. O. S. 4), daß überall, wo das öffentliche Recht den Begriff Wohnsitz anwendet, die betreffenden Bestimmungen künftig ihre Auslegung im BGB. finden und daß dies auch für den § 1 Abs. 2 d. Ges. wegen Beseitigung der Doppelbesteuerung vom 13. Mai 1870 (BGBl. S. 119) zutrifft. Hieraus ist zu folgern, daß nach Schepp ein Unterschied zwischen dem bisherigen allgemeinen, mit dem des BGB. übereinstimmenden Begriffe einerseits und dem Spezialbegriffe der gedachten Gesetze andererseits nicht besteht. Das kann nicht zugegeben werden. — Vergl. im übrigen Jebens a. a. O. S. 332 ff.

[18]) Über den bisherigen Rechtszustand s. ALR. Teil III Tit. 10 §§ 5—7, 11; AGO. Anhang §§ 12, 13; CO. v. 2. Nov. 1833 (GS. S. 290); Deklaration v. 31. März 1839 (GS. S. 155); CPO. § 14, RMG. v. 2. Mai 1874 § 39 (RGBl. S. 45).

[19]) S. Entsch. d. OTr. Bd. 52 S. 228; OVG. Bd. XVIII S. 155, Bd. XXIX S. 147; Pr. Verw.-Bl. Bd. 13 S. 199.

Vorschrift findet nicht Anwendung auf Militärpersonen, die nur zur Erfüllung der Wehrpflicht dienen, oder die nicht selbstständig einen Wohnsitz begründen können, § 9 BGB. Es sind dies die Geschäftsunfähigen und die in der Geschäftsfähigkeit Beschränkten[21]).

Für das Verwaltungsrecht kommt noch schließlich in Betracht, daß das BGB. einen gesetzlichen Wohnsitz für Beamte am Amtssitze nicht kennt; auch ein „dienstlicher Wohnsitz" besteht nicht mehr[22]).

---

[20]) Über den Begriff der Militärpersonen: Gemeint sind nur die zum aktiven deutschen Heere oder zur kaiserlichen Marine gehörigen Militärpersonen, einschließlich der Militärärzte und Beamten (MilStGB. vom 20. Mai 1872 § 4 und Anlage [RGBl. S. 174]; RG. betr. die Verpflichtung zum Kriegsdienst v. 9. Nov. 1867 § 2 u. 13 [BGBl. S. 131] u. RMG. vom 2. Mai 1874 § 38 [RG.Bl. S. 45]). Offiziere à la suite fallen nicht unter § 9 BGB.

[21]) Hierher gehören vor allem alle Minderjährigen, mögen sie mit oder ohne Erlaubnis ihres gesetzlichen Vertreters (KO. v. 10. Februar 1825, 1. April 1867) sich dem Militärdienst widmen oder nach Erfüllung der Militärpflicht fortdienen.

[22]) S. z. B. StAG. § 9 Abs. 2; Reichsbeamtengesetz §§ 21 u. 22; § 1 Einkommensteuergesetzes v. 24. Juni 1891; Civilprozeßordnung § 382; Verordnung betr. die Tagegelder vom 23. April 1879.

Druck von Otto Walter, Berlin.

Druck von Otto Walter, Berlin S

Kolibri 360 GmbH
Ferdinand-Jühlke-Straße 7
99095 Erfurt, Deutschland
produktsicherheit@kolibri360.de